거짓 신앙체계

거짓 신앙체계

2008년 9월 10일 · 제1판 1쇄 발행
2020년 1월 25일 · 제1판 9쇄 발행

옮긴이	여주봉
발행인	이요섭
기획 편집	강성모
제작	박태훈
영업	김승훈, 김창윤, 정준용, 이대성
	이영은, 김경혜, 정영아, 백지숙

펴낸 곳	요단출판사
등록	1973. 8. 23. 제13-10호
주소	07238 서울특별시 영등포구 국회대로 76길 10
기획 문의	(02)2643-9155
영업 문의	(02)2643-7290
	Fax(02)2643-1877
구입 문의	인터넷서점 유세근
	요단인터넷서점 www.jordanbook.com

ⓒ 여주봉 2008

값 15,000원
ISBN 978-89-350-1169-8 03230

이 책의 한국어판 저작권은 요단출판사가 소유하고 있습니다.
출판사의 사전 승인 없이 책의 내용이나 표지 등을 복제·인용할 수 없습니다.

요단인터넷서점 www.jordanbook.com

거짓 신앙체계

여주봉 지음

요단

거짓 신앙체계

1장	거짓 신앙체계의 실체	7
2장	거짓 신앙체계와 영적 전쟁	23
3장	거짓 신앙체계와 분별력	43
4장	우리의 신앙은 하나님 중심적인 삶	59
5장	하나님 중심적인 삶의 특징	75
6장	타락의 본질은 자기 중심적인 삶	93
7장	자기 중심적인 삶의 특징 : 자기 자원	107
8장	자기 중심적인 삶의 특징 : 자기 목적	121
9장	자기 중심적인 삶의 특징 : 자기 길	137
10장	율법주의 : 의식이 본질을 대체해 버린 것	153

사실은 내가 너희 조상들을 애굽 땅에서 인도하여 낸 날에 번제나 희생에 대하여 말하지 아니하며 오직 내가 이것을 그들에게 명령하여 이르기를 너희는 내 목소리를 들으라 그리하면 나는 너희의 하나님이 되겠고 너희는 내 백성이 되리라 너희는 내가 명령한 모든 길로 걸어가라 그리하면 복을 받으리라 하였으나(렘 7:22~23).

11장	율법주의 : '육신'을 의지하는 것	*171*
12장	율법주의의 가장 큰 특징 : 자기 의	*189*
13장	율법주의의 열매들1	*203*
14장	율법주의의 열매들2	*217*
15장	기복신앙의 정의	*231*
16장	성경에서 말하는 복	*243*
17장	거짓 신앙체계와 말씀	*257*
18장	거짓 신앙체계와 거짓	*271*
19장	인본주의	*291*
20장	하나님의 다루심	*305*

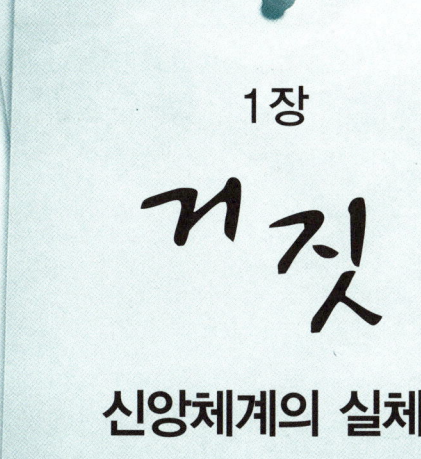

1장
거짓
신앙체계의 실체

그들의 열매로 그들을 알지니 가시나무에서 포도를, 또는 엉겅퀴에서 무화과를 따겠느냐 이와 같이 좋은 나무마다 아름다운 열매를 맺고 못된 나무가 나쁜 열매를 맺나니 좋은 나무가 나쁜 열매를 맺을 수 없고 못된 나무가 아름다운 열매를 맺을 수 없느니라(마 7:16~18).

1장

우리는 성경 여러 곳에서 거짓 신앙체계의 실체를 볼 수 있습니다. 물론 거짓 신앙체계라는 단어는 성경에 나오지 않습니다. 그러나 시대마다 거짓 신앙체계가 존재하고 있는 것을 우리는 분명히 볼 수 있습니다. 그리고 시대와 배경은 각각 다르지만, 거짓 신앙체계의 성격은 항상 똑같습니다.

거짓 신앙체계의 정의에 대해 살펴보기에 앞서, 우선 성경에 나오는 거짓 신앙체계에 대한 몇 가지 실례를 살펴보겠습니다.

 **바리새인들의 예**

대표적인 한 가지 예는 예수님 시대의 바리새인들입니다. 그들은 누구보다 철저히 안식일을 지키고, 십일조를 드리고, 성경을 연구하고, 금식하고, 기도하고, 율법을 지켰습니다. 그래서 그들은 누구보다 하나님을 더 잘 알고, 하나님을 더 사랑하고, 하나님의 말씀을 더 잘 믿는다고 자부했습니다.

우리는 로마서 2장에서 그들의 그러한 자부심을 잘 볼 수 있습니다. 로마서는 예수님 사역 약 25년 후에 쓰여진 책입니다. 그러므로 로마서 2장에 나오는 유대인들은 예수님 시대의 종교지도자들과 거의 같은 그룹의 사람들이라고 할 수 있습니다. 그들은 자신들에 대해서 이렇게 생각했습니다.

"유대인이라 불리는 네가 율법을 의지하며 하나님을 자랑하며 율법의 교훈을 받아 하나님의 뜻을 알고 지극히 선한 것을 분간하며 맹인의 길을 인도하는 자요 어두움에 있는 자의 빛이요 율법에 있는 지식과 진리의 모본을 가진 자로서 어리석은 자의 교사요 어린 아이의 선생이라고 스스로 믿으니"(롬 2:17-20).

그들은 율법 안에 하나님의 진리와 지식의 결정체가 들어있다고 믿었습니다. 그들은 그 율법으로 철저히 교육을 받았으며, 그 율법을 신뢰하고 의지했습니다. 그래서 그들은 자신들이야말로 누구보다 하나님의 뜻을 잘 알고 있다고 자부했습니다. 그리고 자신들을 어두움 가운데 있는 자들을 위한 빛, 맹인의 길을 인도하는 인도자, 어리석은 자들과 신앙이 어린 자들을 위한 선생이라고 생각했습니다. 얼마나 큰 자부심입니까!

그런데 그러한 유대인들에게 예수님은 무엇이라고 말씀하셨습니까? 한 마디로 말해서, 예수님은 그들이 하나님을 전혀 알지 못한다고 말씀하셨습니다.

"또한 나를 보내신 아버지께서 친히 나를 위하여 증언하셨느니라 너희는 아무 때에도 그 음성을 듣지 못하였고 그 형상을 보지 못하였으며 그 말씀이 너희 속에 거하지 아니하니 이는 그가 보내신 이를 믿지 아니함이라"(요 5:37-38).

더 나아가, 예수님은 그들이 하나님을 전혀 사랑하지 않는다고 말씀하셨습니다.

"다만 하나님을 사랑하는 것이 너희 속에 없음을 알았노라"(42절).

뿐만 아니라, 예수님은 그들이 하나님의 말씀을 전혀 믿지 않는다고 말씀하셨습니다.

"모세를 믿었더라면 또 나를 믿었으리니 이는 그가 내게 대하여 기록하였음이라 그러나 그의 글도 믿지 아니하거든 어찌 내 말을 믿겠느냐 하시니라"(46-47절).

어떻게 이런 일이 있을 수 있습니까? 본인들은 누구보다 하나님을 더 잘 알고, 더 사랑하고, 하나님의 말씀을 더 잘 믿고 의지한다고 생각하는데, 예수님은 정반대로 말씀하십니다. 이것이 바로 거짓 신앙체계의 실체입니다. 문제는 하나님을 아는 것, 하나님을 사랑하는 것, 하나님의 말씀을 믿는 것 등 우리 신앙의 가장 기본적인 부분에서부터 그들의 이해와 하나님의 이해가 달랐다는 것입니다. 다시 말해서, 그들은 신앙에 대한 왜곡된 이해, 즉 잘못된 이해를 가지고 있었습니다.

이사야 시대 이스라엘 백성의 예

우리는 이사야 시대 이스라엘 백성의 삶 속에서도 동일한 것을 볼 수 있습니다. 다음의 구절들을 읽으면서 그들이 얼마나 철저하게 예배를 드리고, 얼마나 정성껏 희생을 드렸으며, 얼마나 많이 기도했는지를 살펴보십시오.

"너희 소돔의 관원들아 여호와의 말씀을 들을지어다 너희 고모라의 백성아 우리 하나님의 법에 귀를 기울일지어다 여호와께서 말씀하시되 너희의 무수한 제물이 내게 무엇이 유익하뇨 나는 숫양의 번제와 살진 짐승의 기름에 배불렀고 나는 수송아지나 어린 양이나 숫염소의 피를 기뻐하지 아니하노라 너희가 내 앞에 보이러 오니 이것을 누가 너희에게 요구하였느냐 내 마당만 밟을 뿐이니라 헛된 제물을 다시 가져오지 말라 분향은 내가 가증히 여기는 바요 월삭과 안식일과 대회로 모이는 것도 그러하니 성회와 아울러 악을 행하는 것을 내가 견디지 못하겠노라 내 마음이 너희의 월삭과 정한 절기를 싫어하나니 그것이 내게 무거운 짐이라 내가 지기에 곤비하였느니라 너희가 손을 펼 때에 내가 내 눈을 너희에게서 가리고 너희가 많이 기도할지라도 내가 듣지 아니하리니 이는 너희의 손에 피가 가득함이라"(사 1:10-15).

그들은 모든 예배를 철저하게 드렸습니다. 안식일을 철저하게 지키고, 월삭 예배를 드렸습니다. 월삭은 유대력으로 매월 첫날을 가리킵니다. 그들은 한 달을 하나님 안에서 시작한다는 마음으로 매월 첫날 하나님께 특별한 예배를 드렸습니다. 그것이 월삭 예배입니다. 또한 그들은 모든 절기와 대회를 철저하게 지켰습니다. 뿐만 아니라 그들은 하나님께 나올 때 빈손으로 나오지 않았습니다. 그들은 많은 희생제물을 하나님께 드렸습니다. 숫염소, 어린양, 수송아지 등 무수한 제물을 하나님께 드렸습니다. 말라기 시대처럼 병든 짐승, 쓸모없는 짐승을 드린 것이 아니라 살진 짐승을 드렸습니다. 자기를 위해 좋은 것은 아껴두고 값어치 없고 쓸모없는 것을 하나님께 드린 것이 아니라, 가장 소중한 것을 하나님을 위해 드렸던 것입니다. 또한 그들은 기도를 많이 했습니다. 금식일에는 전 국민이 금식에 동참했을 정도입니다(사 58:1-5 참조).

이것이 그들의 신앙생활이었습니다. 그렇다면 그들은 자신들의 신앙에 대해서 어떻게 생각했겠습니까? 당연히 자신들이 신앙생활을 잘하고 있다고 생각했을 것입니다. 아니 자신들의 신앙에 대해서 대단한 자부심을 가지고 있었을 것입니다. 그리고 하나님이 그들의 예배를 기쁘게 받으신다고 자부했을 것입니다. 왜냐하면 하나님이 자신들의 예배를 받지 않으시는 줄 알면서도 그렇게 많은 희생을 드릴 사람들은 없을 것이기 때문입니다.

그러나 하나님은 그들의 신앙에 대해서 무엇이라고 말씀하고 계신 줄 아십니까? 하나님은 그들을 소돔의 백성이요, 고모라의 백성이라고 부르고 계십니다. 그들의 예배를 받지 않으실 뿐 아니라, 그것들이 하나님께 혐오감을 준다고 말씀하십니다. 더 나아가 하나님은 그들이 하나님을 버렸으며, 하나님을 멸시하여 멀리 떠나갔다고 말씀하십니다.

"슬프다 범죄한 나라요 허물 진 백성이요 행악의 종자요 행위가 부패한 자식이로다 그들이 여호와를 버리며 이스라엘의 거룩하신 이를 만홀히 여겨 멀리하고 물러갔도다"(사 1:4).

어떻게 이런 일이 있을 수 있습니까? 어째서 하나님이 이렇게 말씀하십니까? 그것은 신앙에 대한 그들의 이해와 하나님의 이해가 완전히 달랐기 때문입니다. 그래서 그 당시 이스라엘 백성은 자신들의 관점에서 자신들이 신앙생활을 잘하고 있다고 생각했지만, 하나님은 하나님의 관점에서 그들이 하나님을 천리만리 떠나 있다고 말씀하셨던 것입니다. 하지만 그 당시 이스라엘 백성들은 하나님의 관점을 몰랐기 때문에, 자신들이 하나님을 그렇게 떠나 있다는 사실을 전혀 모르고 있었습니다. 이 얼마나 두려운 일입니까! 이것이 바로 거짓 신앙체계의 실체입니다.

 거짓 신앙체계의 정의

그럼 거짓 신앙체계란 무엇입니까? 저는 거짓 신앙체계를 한마디로 말해서, 신앙에 대한 왜곡된 이해라고 정의합니다. 거짓 신앙체계는 신앙을 왜곡되게 이해함으로써 전혀 신앙이 아닌 것을 올바른 신앙이라고 이해하는 것입니다. 거짓 신앙체계는 신앙의 모조품입니다. 어떠한 하나님의 생명도 없는 가짜 신앙입니다.

거짓 신앙체계는 교리가 잘못된 것을 말하는 것이 아닙니다

거짓 신앙체계가 신앙에 대한 왜곡된 이해라고 하니까 혹시 교리적으로 잘못된 것을 말하는 것이라고 이해할지도 모르겠습니다. 하지만 전혀 그렇지 않습니다. 교리는 전적으로 옳으면서도 철저하게 거짓 신앙체계에 빠져 하나님과 상관없는 삶을 살 수 있습니다. 바리새인들의 경우에도 그들이 가르치는 교리에는 큰 문제가 없었습니다. 그래서 예수님은 제자들에게 바리새인들이 가르치는 말을 지키라고 당부하셨습니다.

"이에 예수께서 무리와 제자들에게 말씀하여 이르시되 서기관들과 바리새인들이 모세의 자리에 앉았으니 그러므로 무엇이든지 그들이 말하는 바는 행하고 지키되 그들이 하는 행위는 본받지 말라"(마 23:1-3).

만약 그들이 가르치는 바가 잘못되었으면 예수님이 제자들에게 그것들을 지키라고 말씀하셨겠습니까? 특히 여기의 "지키되"라는 말은 반드시 지키라는 말입니다. 그래서 영어 NIV 성경에서는 이 말을 "must obey"라고 표현하고 있습니다.

로이드 존스 목사는 그의 책 「부흥」에서 이 거짓 신앙체계를 '죽은 정통주의' 라고 부르고 있습니다. 죽은 정통주의는 교리적으로는 전적으로 정통이지만, 전혀 생명이 없는 것을 말합니다. 그러면서 그는 기독교 역사에서 이단 못지않게 가장 위험한 것이 죽은 정통주의라고 말합니다.

"실질상 죽은 정통은 이단만큼 나쁩니다. 왜냐하면 그러한 죽은 정통은 아무런 소용이 없기 때문입니다"(「부흥」, 81쪽 결함이 있는 정통).

거짓 신앙체계는 신앙이 미성숙한 어린 상태를 말하는 것도 아닙니다

이사야 시대의 이스라엘 백성을 보십시오. 그들은 모든 예배를 철저하게 드렸습니다. 그들은 많은 희생을 하나님께 드렸으며, 많이 기도하고, 많이 금식했습니다. 그들의 문제는 결코 미성숙한 상태에 있는 그들의 신앙이 아니었습니다. 신앙에 대한 잘못된 이해가 문제였습니다.

바리새인들을 보면 이 사실을 더욱 분명하게 알 수 있습니다. 그들은 결코 신앙이 어린 자들이 아니었습니다. 그 반대였습니다. 오히려 그들은 자신들을 신앙이 어린 자들을 위한 스승이라고까지 생각했습니다. 그러나 그들은 동일하게 신앙에 대한 그릇된 이해를 가지고 있었습니다.

이것은 오늘날도 마찬가지입니다. 오늘날 이 거짓 신앙체계는 어린 성도들만이 빠지는 함정이 아닙니다. 오히려 거짓 신앙체계에 가장 잘 빠지는 사람들은 목회자와 신학생, 장로와 안수집사 등 소위 신앙생활을 잘한다고 생각하는 사람들입니다. 그래서 예수님도 제자들에게 "바리새인들의 누룩을 주의하라"고 이 위험성을 수없이 강조하셨습니다(마 16:6, 11; 막 8:15; 눅 12:1 참조).[1]

거짓 신앙체계는 성경적인 지식이나 지능의 문제가 아닙니다

신앙에 대한 왜곡된 혹은 그릇된 이해라고 할 때, 이것은 성경적인 지식이나 지능이 부족한 것을 의미하는 것이 아닙니다. 예레미야 5장 4~5절에서 예레미야는 이렇게 말합니다.

> "내가 말하기를 이 무리는 비천하고 어리석은 것뿐이라 여호와의 길 자기 하나님의 법을 알지 못하니 내가 지도자들에게 가서 그들에게 말하리라 그들은 여호와의 길 자기 하나님의 법을 안다 하였더니 그들도 일제히 그 멍에를 꺾고 결박을 끊은지라."

이는 '이 가난하고 무식하고 배우지 못한 평민들은 하나님의 길, 하나님의 법도를 알지 못하니, 많이 배우고, 유식하고, 부유한 지도자들에게 가서 알아보리라' 는 말입니다. 더욱이 그 지도자들은 자신들이 하나님의 길, 하나님의 법도를 안다고 주장하던 자들이었습니다. 그런데 예레미야가 가서 살펴보니 그들도 똑같이 하나님의 주권에서 벗어나 있었으며, 똑같이 영적으로 눈 먼 가운데 있었습니다.

예수님 시대의 종교지도자들은 예수님이 죄인들과 함께 먹고 지낸다고 비방했습니다. 그런데 영어 성경에 보면, 죄인이라는 단어에 큰따옴표(" ")가 붙어 있음을 볼 수 있습니다(예, 마 9:10 "sinner"). 그 당시 종교지도자들의 말을 인용한 것입니다. 즉, 그 당시 종교지도자들은, 율법을 배우지 않아서 알지 못하고, 율법의 내용들을 잘 지키지 않는 일반 평민들을 죄인 취급했습니다. 그러면서 율법을 열심히 연구하고, 잘 알고, 나름대로 잘 지키는 자기들은 그들과 근본적으로 다르다고 생각했습니다. 그들은 성경적인 지식뿐 아니라, 지능이나 학식 면에서도 누구보다 뛰어난 자들이었습니다. 하지만 누구보다 바로 그들이 거짓 신앙체계에 빠져 있었습니다.

이처럼 거짓 신앙체계는 성경적인 지식이나 지능의 부족과 관련이 있는 것이 아닙니다. 거짓 신앙체계는 영적 분별력과 관련이 있습니다. 그리고 영적 분별력은 성경적인 지식이나 지능과 관련이 있지 않습니다. 그것은 하나님에 대한 각자의 마음 자세와 관련이 있습니다.

 **거짓 신앙체계에서는 어떠한 참 신앙의 열매도 맺지 못합니다**

거짓 신앙체계의 가장 무서운 점 중 하나는 그것이 신앙의 모조품이기 때문에 참 신앙의 어떠한 열매도 맺지 못한다는 것입니다. 그 대표적인 예

가 바로 바리새인들이었습니다. 그들은 누구보다 철저하게 안식일을 지키고, 누구보다 철저하게 십일조를 드리고, 누구보다 철저하게 성경을 연구하고, 누구보다 철저하게 기도하고 금식하고, 누구보다 철저하게 율법을 지켰습니다. 그러나 그들에게는 참 신앙의 어떠한 열매도 없었습니다.

그들은 우선 하나님과 어떠한 친밀한 교제도 가지고 있지 못했습니다. 누구보다 뛰어난 성경적인 지식을 가지고 있었음에도 불구하고, 그들은 인격체이신 하나님과 어떠한 교제도 가지고 있지 못했습니다.

"…너희는 아무 때에도 그(하나님) 음성을 듣지 못하였고 그(하나님) 형상을 보지 못하였으며"(요 5:37).

왜냐하면 하나님과의 친밀한 교제는 참 신앙의 열매이기 때문입니다. 이것은 오늘날도 마찬가지입니다. 우리가 아무리 많이 기도하고, 금식하고, 성경을 많이 읽어도, 거짓 신앙체계에 빠져 있는 한 하나님과의 친밀한 교제는 가질 수 없습니다.

또한 바리새인들은 그 시대를 향하신 하나님의 목적에 전혀 동참하지 못했습니다. 오히려 그들은 그것을 대적했습니다. 그 시대는 특별히 하나님의 아들이 이 땅에 오셔서 하나님의 뜻을 행하고 계신 시대였습니다. 어느 때보다 더 놀랍고 귀한 시대였습니다. 그리고 그들은 누구보다 성경을 열심히 상고하고 연구했던 사람들입니다. 그런데 그 성경이 예수님에 대해서 증거하고 있었음에도 불구하고, 그들은 예수님께 나오기를 거부했을 뿐 아니라 오히려 예수님을 대적했습니다.

이것은 오늘날도 마찬가지입니다. 거짓 신앙체계에 빠져 있으면 하나님과 친밀한 교제를 갖는 것이 불가능하기 때문에 이 시대에 하나님이 행하시는 것을 볼 수 없습니다. 그러므로 이 시대를 향한 하나님의 뜻에 동참하는 것이 불가능합니다. 오히려 하나님의 역사를 대적할 따름입니다.

뿐만 아니라, 바리새인들의 삶에는 진정한 거룩함도 없었습니다. 거룩함은 참 신앙의 열매입니다. 거룩함은 하나님의 생명입니다. 다시 말해서, 하나님이 우리 가운데 거하시며 통치하실 때, 우리에게 거룩함이 있습니다. 그러나 거짓 신앙체계는 가짜 신앙이기 때문에 하나님의 진정한 통치와 임재가 함께하지 않습니다. 그래서 거기에는 진정한 거룩함이 있을 수 없습니다. 단지 거룩함의 모양만 있을 따름입니다. 외식만이 있을 따름입니다.

"또 무거운 짐을 묶어 사람의 어깨에 지우되 자기는 이것을 한 손가락으로도 움직이려 하지 아니하며 그들의 모든 행위를 사람에게 보이고자 하나니 곧 그 경문 띠를 넓게 하며 옷술을 길게 하고 잔치의 윗자리와 회당의 높은 자리와 시장에서 문안 받는 것과 사람에게 랍비라 칭함을 받는 것을 좋아하느니라 그러나 너희는 랍비라 칭함을 받지 말라 너희 선생은 하나요 너희는 다 형제니라"(마 23:4-8).

"화 있을진저 눈 먼 인도자여 너희가 말하되 누구든지 성전으로 맹세하면 아무 일 없거니와 성전의 금으로 맹세하면 지킬지라 하는도다 어리석은 맹인들이여 어느 것이 크냐 그 금이냐 금을 거룩하게 하는 성전이냐 너희가 또 이르되 누구든지 제단으로 맹세하면 아무 일 없거니와 그 위에 있는 예물로 맹세하면 지킬지라 하는도다 맹인들이여 어느 것이 크냐 그 예물이냐 예물을 거룩하게 하는 제단이냐"(마 23:16-19).

보십시오. 그들은 개인적인 야망, 명예욕, 돈을 사랑하는 탐심 등을 전혀 내려놓지 않았습니다. 다시 말하면, 그들의 삶에는 거룩함이 전혀 없었습니다. 예수님은 더 나아가 이렇게 말씀하셨습니다.

"화 있을진저 외식하는 서기관들과 바리새인들이여 잔과 대접의 겉은 깨끗이 하되 그 안에는 탐욕과 방탕으로 가득하게 하는도다 눈 먼 바리새인이여 너는 먼저 안을 깨끗이 하라 그리하면 겉도 깨끗하리라 화 있을진저 외식하는 서기관들과 바리새인들이여 회칠한 무덤 같으니 겉으로는 아름답게 보이나 그 안에는 죽은 사람의 뼈와 모든 더러운 것이 가득하도다 이와 같이 너희도 겉으로는 사람에게 옳게 보이되 안으로는 외식과 불법이 가득하도다"(마 23:25-28).

오늘날 하나님의 백성의 삶은 어떠하다고 생각하십니까? 저는 오늘날 우리의 삶이 바리새인들보다 더했으면 더했지 결코 덜하지 않다고 생각합니다. 예수님이 바리새인들을 강하게 질책하신 마태복음 23장을 한번 읽어 보십시오. 그 중에서 오늘날 우리에게 해당되지 않는 것이 단 하나라도 있나 살펴보십시오. 오늘날 우리 가운데에는 온갖 신앙적인 언어와 형식과 모양이 가득합니다. 그러나 하나님의 실재와 능력은 거의 없습니다. 우리 가운데 주님과 동행하는 삶의 열매는 거의 나타나고 있지 않는 반면, 세상 사랑함과 죄는 가득합니다.

오늘날 목회자들의 가장 큰 고민은 성도들의 삶이 변하지 않는 것입니다. 이런저런 모든 노력을 다해보아도 성도들의 삶이 변하지 않습니다. 예수님을 믿은 지 30년, 40년, 50년이 되었는데도 이전과 달라진 것이 거의 없습니다. 그래서 심지어 목회자들 중에는 목회에 대해 회의를 느끼고 목회를 그만두는 분들도 있습니다. 반면에 성도들 역시 목회자들의 삶이 거룩하지 못하다는 고민을 가지고 있습니다. 그것 때문에 고민하고, 낙심하고, 좌절합니다. 이것이 오늘날 우리의 모습입니다. 우리의 모습에는 총체적으로 하나님의 생명이 전혀 없습니다.

또한 거짓 신앙체계에서는 진정한 성령님의 통치와 임재가 함께하지 않습니다. 바리새인들을 보십시오. 그들은 성경을 잘 알았습니다. 그리고 그 성경이 예수님에 관해서 증거하고 있었습니다. 그러나 그들은 예수님께 나오기는 커녕 예수님을 대적하고 핍박했습니다. 그 가장 주된 이유는 그들이 하나님과 전혀 개인적으로 교제하지 않았기 때문입니다.[2] 그런 그들이 하나님을 모른 것은 당연한 일이었습니다. 거짓 신앙체계에서는 진정한 성령님의 임재와 통치가 전혀 나타나지 않습니다. 이것이 거짓 신앙체계의 가장 무서운 점이기도 합니다.

오늘날 우리나라의 교회 가운데 진정한 성령님의 임재와 통치가 철저하게 걷혀 있다고 해도 과언이 아닙니다. 그 정도는 참으로 심각한 수준입니다. 심지어 우리의 예배 가운데서도 성령님의 임재를 거의 찾아볼 수 없을 정도입니다. 저는 현재 하나님께 참으로 놀랍게 쓰임 받고 있는 수많은 외국의 사역자들이 한국에 와서 사역을 해도 거의 아무런 성령의 역사가 나타나지 않는다는 이야기를 자주 듣습니다. 저는 그 원인이 그들에게 있는 것이 아니라, 오늘날 우리나라 교회 가운데 가득한 거짓 신앙체계 때문이라고 확신합니다.

이처럼 오늘날 우리 가운데 팽배한 열매들만 보아도 우리 안에 얼마나 거짓 신앙체계가 가득한가를 알 수 있습니다. 물론 이러한 사실을 받아들이는 것은 매우 고통스러운 일입니다. 그러나 우리는 우리의 현실을 직시해야 합니다. 예수님은 열매를 보면 그 나무를 알 수 있을 것이라고 말씀하셨습니다. 즉, 우리 신앙의 열매를 보면, 우리의 신앙을 알 수 있다는 말입니다.

"그들의 열매로 그들을 알지니 가시나무에서 포도 또는 엉겅퀴에서 무화과를 따겠느냐 이와 같이 좋은 나무마다 아름다운 열매를 맺고 못된 나무가 나쁜 열매를 맺나니 좋은 나무가 나쁜 열매를 맺을 수 없고 못된 나무가 아름다운 열매를 맺을 수 없느니라"(마 7:16-18).

우리 가운데 성경이 말하는 신앙의 참다운 열매들이 맺히게 하기 위해서 우리가 해야 할 일은 무엇보다 거짓 신앙체계를 철저하게 버리고, 참 신앙으로 돌이키는 것입니다. 기도도 중요하고, 금식도 중요하고, 성경공부도 중요합니다. 그러나 무엇보다 거짓 신앙체계를 버리고 참 신앙으로 돌이키는 것이 우선되어야 합니다. 그렇지 않으면 아무리 많이 기도와 금식과 성경공부를 한다고 할지라도 거기에 참다운 열매가 없을 것입니다. 사실, 오늘날 한국 교회의 문제는 기도나 헌신이 적은 것이 아닙니다. 세계에서 우리나라처럼 많은 종류의 기도와 헌금이 있는 나라도 드뭅니다. 우리의 근본적인 문제는 신앙에 대한 우리의 이해가 잘못되어 있는 것입니다. 즉, 거짓 신앙체계가 가득한 것이 우리의 문제입니다. 성령님의 사역만 하더라도 그렇습니다. 저는 얼마 전에 성령님에 대해 강의해 달라고 어떤 목회자 세미나에 초청 받은 적이 있는데, 거기에서 집중적으로 복음에 대해서 나누었어야 했습니다. 왜냐하면 교회가 십자가의 복음 위에 세워져야 거기에 진정한 성령님의 통치와 임재와 운행하심이 있는데 그렇지 않고 성령님의 사역만 강조하면 잘못된 이해를 조장시킬 수 있기 때문입니다.

반면에 우리가 참다운 신앙으로 돌이키면, 거기에 하나님의 실재, 하나님과의 친밀함, 하나님의 거룩함 등등 참 신앙의 열매들이 반드시 맺힐 것입니다. 여기에 좋은 사과나무 한 그루가 있다고 가정합시다. 그것을 충주에 있는 좋은 밭에 심고 잘 가꾸었습니다. 그럼 열매가 맺힐까요, 맺히지 않을까요? 당연히 좋은 사과들이 주렁주렁 열릴 것입니다. 마찬가지입니다. 우리가 참다운 신앙으로 돌이키면 거기에는 거룩한 삶, 죄와 세상에 대한 승리, 변화된 삶, 주님의 실제적인 임재와 생명, 주님 안에서의 안식과 평강 등 참 신앙의 열매들이 반드시 주렁주렁 맺힐 것입니다. 참다운 신앙 가운데 거하면서 그러한 열매들을 맺지 않는 것이 오히려 기적일 것입니다.

1) 예수님이 말씀하신 누룩은 율법주의 혹은 거짓 신앙체계를 가리킵니다. 성경은 이 누룩을 교훈이라고 말합니다(마 16:11-12). 그러나 이 교훈은 교리를 가리키는 것이 아닙니다. 왜냐하면 바리새인들과 사두개인들의 교리는 절대로 같을 수 없기 때문입니다. 또 다른 성경은 이것을 외식이라고 표현합니다(눅 12:1). 정확하게 거짓 신앙체계 혹은 율법주의를 말하는 것입니다.

2) "또한 나를 보내신 아버지께서 친히 나를 위하여 증언하셨느니라 너희는 아무때에도 그 음성을 듣지 못하였고 그 형상을 보지 못하였으며 그 말씀이 너희 속에 거하지 아니하니 이는 그가 보내신 이를 믿지 아니함이라 너희가 성경에서 영생을 얻는 줄 생각하고 성경을 연구하거니와 이 성경이 곧 내게 대하여 증언하는 것이니라 그러나 너희가 영생을 얻기 위하여 내게 오기를 원하지 아니하는도다"(요 5:37-40).

여기 38절의 "이는"이란 단어는 헬라어의 "가르"라는 단어를 번역한 것으로, 영어로는 "for"라는 단어입니다. 이 단어는 '이유'를 가리키기도 하고 '결과'를 가리키기도 합니다. 여기서는 '이유'보다는 '결과'로 보는 것이 문맥적으로 더 옳습니다. 만약 이 단어를 '이유'로 이해하면 이런 말이 됩니다. "너희는 아무 때에도 그 음성을 듣지 못하였다(완료형). 아무때에도 그 형상을 보지 못하였다(완료형). 그리고 지금도 그 말씀이 너희 속에 거하지 않는다(현재형). 그 이유는 너희가 지금 나를 믿지 않기 때문이다(현재형)." 말이 앞뒤가 맞지 않습니다. 반면에 결과로 보면 이런 말이 됩니다. "너희는 아무 때에도 그 음성을 듣지 못하였다(완료형). 아무 때에도 그 형상을 보지 못하였다(완료형). 그리고 지금도 그 말씀이 너희 속에 거하지 않는다(현재형). 그 결과 너희가 지금 나를 믿지 않는다(현재형)." 이것이 정확하게 맞습니다. 그래서 바리새인들은 이론적으로나 교리적으로는 하나님에 관해서 누구보다 더 잘 알았을지 모르지만, 인격체이신 하나님과는 어떠한 개인적인 친밀한 교제도 없었기 때문에 하나님이 보내신 하나님의 아들 예수님을 전혀 알지 못했던 것입니다. 그 결과, 그들은 오히려 하나님을 위한다고 생각하면서 하나님을 대적했던 것입니다. 예수님이 요한복음 16장에서 말씀하신 그대로 한 것입니다.

"사람들이 너희를 출교할 뿐 아니라 때가 이르면 무릇 너희를 죽이는 자가 생각하기를 이것이 하나님을 섬기는 일이라 하리라 그들이 이런 일을 할 것은 아버지와 나를 알지 못함이라"(요 16:2-3).

2장
거짓
신앙체계와 영적 전쟁

우리의 싸우는 무기는 육신에 속한 것이 아니요 오직 어떤 견고한 진도 무너뜨리는 하나님의 능력이라 모든 이론을 무너뜨리며 하나님 아는 것을 대적하여 높아진 것을 다 무너뜨리고 모든 생각을 사로잡아 그리스도에게 복종하게 하니(고후 10:4-5).

2장

오래 전 미국의 한 세미나에 참여하면서 기도를 받은 적이 있습니다. 같이 갔던 팀의 인솔자와 한 팀이 되어 기도를 받았습니다. 기도사역자들은 그분을 위해 기도하면서 앞으로 펼쳐질 사역에 대해 많은 부분들을 이야기했습니다. 들으면서 저는 '나에게도 그런 감동들을 주신다면 좋을텐데…'라고 기대했습니다. 그 당시 저는 하나님을 간절히 찾고 있었으나 사역적인 면에서는 어떠한 진전도 없는 상황 가운데 있었습니다. 드디어 제 차례가 되었습니다. 그분들이 저를 위해 기도하기 시작했습니다. 그러나 제 기대와는 전혀 다르게 그들은 영적 전쟁에 대한 부분만 집중적으로 말했습니다. 제 손에 무슨 긴 칼이 들려져 있다느니, 그 칼을 왼쪽으로 휘두르면 그곳에서 귀신의 세력들이 와르르 무너지고, 그 칼을 오른쪽으로 휘두르면 그곳에서 귀신의 세력들이 와르르 무너진다느니, 그래서 사탄이 온 지옥을 동원하여 저를 죽이려 했다느니, 그러나 하나님이 온 하늘을 동원해서 저를 지키셨다느니 등등. 저는 도저히 그 말들을 이해할 수 없었습니다. 또 별로 관심도 없었습니다. 제가 듣기 원하는 말은 그러한 말이 아니었습니다. 그리고 저는 그 당시 제가 영적 전쟁을 치르고 있다고 생각지도 않았습니다.

그러나 저는 나중에 그 말의 의미를 깨닫게 되었습니다. 영적 전쟁 중 가장 치열한 전쟁은 참 신앙 혹은 십자가의 복음과 거짓 신앙체계의 전쟁입니다. 저는 교회를 향한 사탄의 가장 큰 공격은 거짓 신앙체계를 통해서라는 것을 나중에 더욱 확실하게 알게 되었습니다. 교회가 거짓 신앙체계에 빠지면 앞 장에서 살펴본 것처럼, 하나님의 임재와 모든 은혜가 하나님의 교회에서 걷히며, 십자가의 능력이 소멸되고, 하나님의 모든 생명이 고갈되기 때문입니다. 반면에 교회가 참 신앙 혹은 십자가의 복음과 신앙의 본질로 돌이키면 그곳에 놀라운 하나님의 생명과 영광이 넘칠 것입니다. 그 당시 하나님은 저에게 십자가의 복음과 신앙의 본질을 집중적으로 가르치셨고, 그것을 교회에 가르치는 과정에서 수많은 어려움과 '대적'이 있었습니다.

이 장에서는 복음과 거짓 신앙체계 사이에 있는 영적 전쟁에 대해서 살펴보고자 합니다.

거짓 신앙체계의 근원은 사탄입니다

먼저 우리는 거짓 신앙체계의 배후에는 항상 사탄이 있다는 사실을 기억해야 합니다. 성경은 이 점을 명백히 하고 있습니다.

우리는 예수님이 유대인들에게 그들의 아비가 마귀라고 하신 말씀에서도 이 사실을 알 수 있습니다.

> "너희는 너희 아비 마귀에게서 났으니 너희 아비의 욕심대로 너희도 행하고자 하느니라 그는 처음부터 살인한 자요 진리가 그 속에 없으므로 진리에 서지 못하고 거짓을 말할 때마다 제 것으로 말하나니 이는 그가 거짓말쟁이요 거짓의 아비가 되었음이라"(요 8:44).

이 말은 그 당시 유대인들이, 예를 들어 바리새인들이 의식적으로 사탄을 섬겼다는 말이 아닙니다. 그들은 당연히 하나님을 섬긴다고 생각했습니다. 사실, 그들은 누구보다 열심히 하나님을 섬겼습니다. 그래서 그들은 안식일에는 땅에다 침을 뱉어도 비비지 않았는데, 당연히 하나님을 위해서 그렇게 했습니다.

그렇다면 그들의 아비가 마귀라는 예수님의 말씀은 무슨 뜻입니까? 그 말씀은 그들이 가지고 있던 신앙에 대한 이해의 배후에 사탄이 있었다는 뜻입니다. 그래서 그들은 누구보다 하나님을 위해서 산다고 자부했지만, 실제로는 사탄의 도구로 사용되었던 것입니다. 사탄의 목적을 이루는 데 사용되었던 것입니다. 우리는 그들이 하나님의 아들 예수님을 대적하고, 예수님을 통한 하나님의 사역을 반대하며, 끝내 예수님을 죽인 것만 보아도 그러한 사실을 명백히 알 수 있습니다.

또한 우리는 서신서에 나오는 거짓 사도들과 거짓 선지자들에 대한 하나님의 평가를 보아도 이러한 사실을 알 수 있습니다. 그들은 모두 거짓 신앙체계인 율법주의적인 가치관을 교회 안에 퍼뜨린 자들입니다. 그런데 성경은 그들의 배후에 사탄이 있음을 말하고 있습니다.

"그런 사람들은 거짓 사도요 속이는 일꾼이니 자기를 그리스도의 사도로 가장하는 자들이니라 이것은 이상한 일이 아니니라 사탄도 자기를 광명의 천사로 가장하나니 그러므로 사탄의 일꾼들도 자기를 의의 일꾼으로 가장하는 것이 또한 대단한 일이 아니니라 그들의 마지막은 그 행위대로 되리라"(고후 11:13-15).
"어리석도다 갈라디아 사람들아 예수 그리스도께서 십자가에 못 박히신 것이 너희 눈 앞에 밝히 보이거늘 누가 너희를 꾀더냐"(갈 3:1).

여기서 "꾀다"라는 말은 창세기 3장에서 뱀(사탄)이 이브를 꾀던 것과 같은 맥락의 말입니다. 이와 같이 거짓 신앙체계의 배후에는 사탄이 있습니다.

교회를 향한 사탄의 가장 큰 공격은 거짓 신앙체계를 통한 공격입니다

교회를 향한 사탄의 가장 큰 공격은 그 무엇보다 거짓 신앙체계를 통한 공격입니다. 사탄은 각 성도를 죄로 넘어뜨리기 위해 온갖 노력을 다합니다. 사탄은 목회자를 쓰러뜨리기 위해 모든 방법을 동원합니다. 목회자를 쓰러뜨리면 그 교회가 큰 타격을 입는 것은 당연한 일이기 때문입니다. 사탄은 환경을 통해서 성도들을 대적하기도 하고, 핍박을 통해서 성도들을 대적하기도 합니다. 그러나 그 모든 공격 중에서 가장 큰 공격은 거짓 신앙체계를 통한 공격입니다.

이러한 사실은 사도 바울이 쓴 서신서들을 보아도 알 수 있습니다. 사도 바울은 그의 거의 모든 서신서에서 거짓 신앙체계인 율법주의에 대해 다루고 있습니다. 왜냐하면 사도 바울이 교회를 세우고 지나간 자국마다 곧바로 거짓 선지자들과 사도들이 뒤따라가면서 하나님의 교회를 거짓 신앙체계로 오염시켰기 때문입니다. 그만큼 사탄은 거짓 신앙체계를 통해 집요하게 교회를 공격합니다.

이처럼 사탄이 거짓 신앙체계를 통해서 교회를 공격하는 방법에는 크게 두 가지가 있습니다. 한 가지는 교회를 거짓 신앙체계로 오염시키는 것이고, 또 다른 한 가지는 거짓 신앙체계를 가진 자들을 통해 하나님의 복음의 역사와 성령님의 역사를 대적하는 것입니다.

사탄은 교회를 거짓 신앙체계로 오염시킴으로써 교회를 대적합니다

거짓 신앙체계를 통한 사탄의 공격 중 대표적인 형태는 교회를 거짓 신앙체계로 오염시키는 것입니다. 초대교회 시대에 사도 바울이 세운 교회마다 사탄이 거짓 사도들과 선지자들을 통해 바로 그 일을 했습니다. 당연히 그 거짓 사도들과 선지자들 모두 자신들이 하나님의 위대한 사도요, 선지자라고 믿었습니다. 그리고 초대교회 성도들에 의해 그렇게 받아들여졌습니다. 그러나 그들이 가지고 있었던 신앙에 대한 이해는 거짓 신앙체계였으며, 실제적으로 그들은 사탄의 도구로서 교회를 하나님의 은혜에서 떨어지게 만드는 일을 위해 사탄에 의해 쓰임 받고 있었습니다.

> "그런 사람들은 거짓 사도요 속이는 일꾼이니 자기를 그리스도의 사도로 가장하는 자들이니라 이것은 이상한 일이 아니니라 사탄도 자기를 광명의 천사로 가장하나니 그러므로 사탄의 일꾼들도 자기를 의의 일꾼으로 가장하는 것이 또한 대단한 일이 아니니라 그들의 마지막은 그 행위대로 되리라"(고후 11:13-15).

이에 대한 대표적인 예가 갈라디아 교회입니다. 갈라디아 교회는 사도 바울이 몸이 아파서 쉬러 갔다가 세워진 교회였습니다. 창조주 하나님의 사도라는 사람이 병이 들어, 자칫 불신자들의 눈에는 시험거리가 될 만한 요소가 있었지만, 그 당시 갈라디아 사람들은 사도 바울의 말을 하나님의 말씀으로 받아들이며 놀랍게 구원을 받았습니다. 심지어 그들은 사도 바울을 위해 눈이라도 빼어주려고 할 만큼 사도 바울을 사랑했습니다.

> "내가 처음에 육체의 약함으로 말미암아 너희에게 복음을 전한 것을 너희가 아는 바라 너희를 시험하는 것이 내 육체에 있으되 이것을 너희가 업신여기지도 아니하며 버리지도 아니하고 오직 나를 하나님의 천사와 같이 또는 그리스도 예수와 같이 영접하였도다 너희의 복이 지금 어디 있느냐 내가 너희에게 증언하노니 너희가 할 수만 있었더라면 너희의 눈이라도 빼어 나에게 주었으리라"(갈 4:13-15).

그런데 그러한 갈라디아 교회가 사도 바울이 떠난 뒤로 거짓 사도들의 영향을 받아 거짓 신앙체계에 빠지게 되었습니다. 배후에는 사탄이 있었습니다. 그 결과 갈라디아 교회는 하나님의 모든 은혜에서 끊어지게 되었습니다. 그래서 사도 바울이 갈라디아서를 통해 매우 강력한 어조로 그들에게 다시 십자가의 복음으로 돌아오라고 권면하고 있는 것입니다.

"그리스도의 은혜로 너희를 부르신 이를 이같이 속히 떠나 다른 복음을 따르는 것을 내가 이상히 여기노라 다른 복음은 없나니 다만 어떤 사람들이 너희를 교란하여 그리스도의 복음을 변하려 함이라 그러나 우리나 혹은 하늘로부터 온 천사라도 우리가 너희에게 전한 복음 외에 다른 복음을 전하면 저주를 받을지어다 우리가 전에 말하였거니와 내가 지금 다시 말하노니 만일 누구든지 너희의 받은 것 외에 다른 복음을 전하면 저주를 받을지어다"(갈 1:6-9).

"어리석도다 갈라디아 사람들아 예수 그리스도께서 십자가에 못 박히신 것이 너희 눈 앞에 밝히 보이거늘 누가 너희를 꾀더냐 내가 너희에게서 다만 이것을 알려 하노니 너희가 성령을 받은 것은 율법의 행위로냐 혹은 듣고 믿음으로냐 너희가 이같이 어리석으냐 성령으로 시작하였다가 이제는 육체로 마치겠느냐 너희가 이같이 많은 괴로움을 헛되이 받았느냐 과연 헛되냐"(갈 3:1-4).

"이제는 너희가 하나님을 알 뿐 아니라 더욱이 하나님이 아신 바 되었거늘 어찌하여 다시 약하고 천박한 초등학문으로 돌아가서 다시 그들에게 종 노릇 하려 하느냐 너희가 날과 달과 절기와 해를 삼가 지키니 내가 너희를 위하여 수고한 것이 헛될까 두려워하노라…나의 자녀들아 너희 속에 그리스도의 형상을 이루기까지 다시 너희를 위하여 해산하는 수고를 하노니"(갈 4:9-11, 19).

"그리스도께서 우리를 자유롭게 하려고 자유를 주셨으니 그러므로 굳건하게 서서 다시는 종의 멍에를 메지 말라 보라 나 바울은 너희에게 말하노니 너희가 만일 할례를 받으면 그리스도께서 너희에게 아무 유익이 없으리라 내가 할례를 받는 각 사람에게 다시 증언하노니 그는 율법 전체를 행할 의무를 가진 자라 율법 안에서 의롭다 함을 얻으려 하는 너희는 그리스도에게서 끊어지고 은혜에서 떨어진 자로다 우리가 성령으로 믿음을 따라 의의 소망을 기다리노니 그리스도 예수 안에서는 할례나 무할례가 효력이 없으되 사랑으로써 역사하는 믿음뿐이니라 너희가 달음질을 잘 하더니 누가 너희를 막아 진리를 순종하지 못하게 하더냐 그 권면은 너희를 부르신 이에게서 난 것이 아니니라 적은 누룩이 온 덩이에 퍼지느니라 나는 너희가 아무 다른 마음을 품지 아니할 줄을 주 안에서 확신하노라 그러나 너희를 요동하게 하는 자는 누구든지 심판을 받으리라 형제들아 내가 지금까지 할례를 전하면 어찌하여 지금까지 박해를 받으리요 그리하였으면 십자가의 걸림돌이 제거되었으리니 너희를 어지럽게 하는 자들은 스스로 베어 버리기를 원하노라"(갈 5:1-12).

고린도 교회의 경우도 마찬가지였습니다. 그들도 거짓 사도들과 선지자들의 영향을 받아 거짓 신앙체계에 빠졌습니다. 물론 그 배후에는 사탄이 있었습니다. 그래서 사도 바울은 고린도후서 10장에서부터 13장까지 그 문제를 집중적으로 다룹니다. 그러면서 사도 바울은 10장에서 가장 먼저 영적 전쟁을 다룹니다. 특히, 사탄의 견고한 진인 사고체계에 대해서 집중적으로 다루고 있습니다. 이것을 보아도 복음과 거짓 신앙체계의 전쟁이 가장 근본적인 영적 전쟁이며, 거짓 신앙체계를 통한 공격이 교회를 향한 사탄의 가장 큰 공격임을 명백하게 볼 수 있습니다.

사도 바울이 말한 사탄의 견고한 진 중 대표적인 한 가지는 바로 거짓 신앙체계입니다.

"우리의 싸우는 무기는 육신에 속한 것이 아니요 오직 어떤 견고한 진도 무너뜨리는 하나님의 능력이라 모든 이론을 무너뜨리며 하나님 아는 것을 대적하여 높아진 것을 다 무너뜨리고 모든 생각을 사로잡아 그리스도에게 복종하게 하니"(고후 10:4-5).

여기서 견고한 진이란 말은 견고한 진지 혹은 요새를 가리킵니다. 그리고 여기서 사도 바울이 말한 사탄의 견고한 진은 사람들이 가지고 있는 사고체계를 말합니다. 사탄은 사람들의 사고체계를 통해서 사람들로 하여금 그들의 생각이 높아지게 만들고, 하나님을 알지 못하게 만들며, 그리스도에게 복종하지 못하게 만듭니다. 그리고 그러한 사탄의 견고한 진 중 대표적인 것이 바로 거짓 신앙체계입니다. 이는 신앙에 대한 왜곡된 이해를 가리킵니다. 우리는 사탄의 이 견고한 진에 관한 언급이 사도 바울이 그 당시 고린도 교회가 거짓 사도들의 영향으로 거짓 신앙체계에 빠진 것을 다루는 10장 첫 부분에 나온 것만 보아도 이것이 얼마나 중요한 문제인지를 확실히 알 수 있습니다.

사탄의 견고한 진인 거짓 신앙체계에 빠지자 고린도 교회는 하나님의 사도인 바울을 대적하기 시작했습니다. 그 당시 고린도 교회 성도들은 거짓 사도들의 영향을 받아 사도 바울을, 편지를 보면 능력은 있는데 대면하여 보면 별 볼일 없는 사람으로 여기고 있었습니다. 그리고 그를 육신적인 자라고 여기고 있었습니다.

"너희를 대면하면 유순하고 떠나 있으면 너희에 대하여 담대한 나 바울은 이제 그리스도의 온유와 관용으로 친히 너희를 권하고 또한 우리를 육신에 따라 행하는 자로 여기는 자들에 대하여 내가 담대히 대하는 것같이 너희와 함께 있을 때에 나로 하여금 이 담대한 태도로 대하지 않게 하기를 구하노라"(고후 10:1-2).

그들은 자신들도 모르는 사이에 하나님에게서 떠나고 있었습니다. 고린도 교회 성도들은 사람을 외모로 판단하기 시작했습니다(고후 10:7, 10 참조). 그들에게서 복음의 능력이 소멸되고 있었습니다(고후 10:17 참조). 그리스도를 향한 순전한 사랑에서 떠나고 있었습니다(고후 11:2-3 참조). 영적 체험을 자랑하는 자들에게 휘둘려 이용당하고 있었습니다(고후 11:20 참조).

사탄은 거짓 신앙체계를 가진 자들을 통해 하나님의 복음의 역사와 성령의 역사를 대적합니다

사탄이 거짓 신앙체계를 통해 교회를 대적하는 또 하나의 방법은 거짓 신앙체계를 가진 자들을 통해 하나님의 복음의 역사와 성령의 역사를 대적하는 것입니다.

우리는 갈라디아서 4장에서 이 점을 잘 볼 수 있습니다. 그곳에서 사도 바울은 이삭과 이스마엘을 십자가의 복음과 율법주의의 상징으로 표현하면서, 하갈과 이스마엘이 이삭을 핍박하고 대적했던 것처럼 거짓 신앙체계를 가진 자들이 항상 복음과 성령의 역사를 대적한다는 것을 말하고 있습니다.

> "기록된 바 아브라함에게 두 아들이 있으니 하나는 여종에게서 하나는 자유 있는 여자에게서 났다 하였으며 여종에게서는 육체를 따라 났고 자유 있는 여자에게서는 약속으로 말미암았느니라 이것은 비유니 이 여자들은 두 언약이라 하나는 시내 산으로부터 종을 낳은 자니 곧 하갈이라 이 하갈은 아라비아에 있는 시내 산으로서 지금 있는 예루살렘과 같은 곳이니 그가 그 자녀들과 더불어 종 노릇 하고 오직 위에 있는 예루살렘은 자유자니 곧 우리 어머니라…그러나 그 때에 육체를 따라 난 자가 성령을 따라 난 자를 박해한 것같이 이제도 그러하도다"(갈 4:22-26, 29).

우리는 성경의 역사나 기독교의 역사를 보더라도 이 사실을 잘 알 수 있습니다. 예수님이 이 땅에 오셔서 하나님의 사역을 감당하실 때, 예수님을 가장 강력하게 대적했던 무리들은 불신자들이 아니었습니다. 거짓 신앙체계를 가지고 있던 그 당시의 종교지도자들이었습니다. 사도 바울의 경우도 마찬가지였습니다. 사도 바울이 가는 곳마다 그를 따라다니며 가장 많이 그를 핍박하고 대적했던 자들은 불신자들이나 이방 종교를 믿는 자들이 아니었습니다. 물론 그들도 사도 바울을 핍박했습니다. 그러나 사도 바울을 가장 많이 대적하고 핍박했던 자들은 그 당시 거짓 신앙체계를 가지고 있던 유대인들이었습니다. 이것은 교회사를 보아도 마찬가지입니다. 하나님의 회복과 부흥의 역사가 이 땅에 임할 때마다 그것을 가장 대적했던 자들은 불신자들이나 이방 종교를 믿는 자들이 아니라, 그 당시 거짓 신앙체계를 가지고 있던, 하나님의 백성이라 칭하던 자들이었습니다.

 ## 교회가 거짓 신앙체계에 빠지면 무력해집니다

우리는 앞 장에서도 이 부분을 살펴보았습니다. 그러므로 여기서는 간단히 언급하고 넘어가고자 합니다.

거짓 신앙체계가 사탄이 교회를 공격하는 가장 강력한 무기인 이유 중 하나는 교회가 거짓 신앙체계에 빠지면 무력해지기 때문입니다. 즉 하나님의 모든 은혜와 생명에서 끊어지기 때문입니다.

우리는 갈라디아서에서 다음과 같은 참 신앙과 거짓 신앙의 특징들을 볼 수 있습니다. 주목할 사실은 거짓 신앙체계에 빠지게 되면 참 신앙의 모든 특징으로부터 제외된다는 점입니다.

참 신앙	거짓 신앙
■ 십자가의 복음 ■ 오직 믿음 ■ 하나님의 은혜 ■ 성령님 ■ 자유함 ■ 약속	■ 율법주의 신앙 ■ 자기 의 ■ 인간의 노력 ■ 육신 ■ 노예 ■ 율법을 지킴

즉, 거짓 신앙체계에 빠지게 되면 십자가의 능력이 소멸되고, 하나님이 은혜에서 떨어지고, 진정한 믿음이 가능하지 않게 되고, 진정한 성령님의 임재와 능력은 걷히고, 복음 안에서의 자유함을 경험할 수 없게 되고, 하나님의 모든 약속이 거두어지게 됩니다. 그리고 거짓 신앙체계의 모든 특징들

이 그곳에 나타나게 됩니다. 사도 바울이 갈라디아서 5장에서 언급한 것이 바로 그것입니다.

"보라 나 바울은 너희에게 말하노니 너희가 만일 할례를 받으면 그리스도께서 너희에게 아무 유익이 없으리라 내가 할례를 받는 각 사람에게 다시 증언하노니 그는 율법 전체를 행할 의무를 가진 자라 율법 안에서 의롭다 함을 얻으려 하는 너희는 그리스도에서 끊어지고 은혜에서 떨어진 자로다"(갈 5:2-4).

여기에서 할례는 자기 의(self-righteousness)를 가리키는 것으로, 거짓 신앙체계를 나타냅니다.

이처럼 우리 신앙이 거짓 신앙체계로 변질될 때, 우리는 하나님과의 올바른 관계보다 옳은 교리를 더 중요시하게 됩니다. 또한 우리의 신앙은 '일정한 규칙들을 지키는 것'으로 전락하고 맙니다. 그리고 이것은 필연적으로 우리를 자기 의에 빠지게 만듭니다. 그 결과 우리에게서 십자가의 능력은 소멸되고, 우리는 하나님의 은혜로부터 분리되며, 하나님의 임재는 우리에게서 걷히고, 우리는 영적인 실재에 대해 눈이 멀게 됩니다. 하나님의 생명은 철저하게 고갈된 채 종교적인 모양만 남게 됩니다. 성도들의 삶은 변하지 않고, 세상과 죄가 교회와 성도들의 삶 속에 가득하게 됩니다. 하나님의 명예는 땅에 떨어지고, 하나님의 이름은 세상에서 조롱을 당하게 됩니다. 이 얼마나 심각한 일입니까!

교회가 거짓 신앙체계에 빠지면 하나님의 유업을 받지 못합니다

사탄이 거짓 신앙체계를 가지고 교회를 공격하는 또 하나의 주된 이유는 교회가 거짓 신앙체계에 빠지면 하나님의 유업을 받지 못하기 때문입니다.

우리는 갈라디아서 4장에서 이 부분을 잘 볼 수 있습니다. 위에서 잠시 언급한 것처럼, 갈라디아서 4장에서 사도 바울은 아브라함의 두 아들을 두 복음에 비유하고 있습니다. 이삭을 십자가의 복음으로 대변되는 참 신앙에, 이스마엘을 율법주의로 대변되는 거짓 신앙체계에 비유하고 있습니다. 그러면서 사도 바울은 성경에 약속된 하나님의 유업이 이스마엘이 아니라, 이삭에게 주어진다는 것을 분명히 하고 있습니다.

"기록된 바 아브라함에게 두 아들이 있으니 하나는 여종에게서 하나는 자유 있는 여자에게서 났다 하였으나 여종에게서는 육체를 따라 났고 자유 있는 여자에게서는 약속으로 말미암았느니라 이것은 비유니 이 여자들은 두 언약이라 하나는 시내 산으로부터 종을 낳은 자니 곧 하갈이라 이 하갈은 아라비아에 있는 시내 산으로서 지금 있는 예루살렘과 같은 곳이니 그가 그 자녀들과 더불어 종 노릇 하고 오직 위에 있는 예루살렘은 자유자니 곧 우리 어머니라 기록된 바 잉태하지 못한 자여 즐거워하라 산고를 모르는 자여 소리 질러 외치라 이는 홀로 사는 자의 자녀가 남편 있는 자의 자녀보다 많음이라 하였으니 형제들아 너희는 이삭과 같이 약속의 자녀라 그러나 그 때에 육체를 따라 난 자가 성령을 따라 난 자를 박해한 것같이 이제도 그러하도다"(갈 4:22-29).

하나님의 모든 유업은 십자가의 복음에 주어집니다. 그것은 절대로 거짓 신앙체계에 주어지지 않습니다. 그래서 성경은 거짓 신앙체계를 철저히 교회 가운데서 몰아내라고 명령하고 있습니다.

"그러나 성경이 무엇을 말하느냐 여종과 그 아들을 내쫓으라 여종의 아들이 자유 있는 여자의 아들과 더불어 유업을 얻지 못하리라 하였느니라"(갈 4:30).

반면에 사탄은 이러한 사실을 알기 때문에 교회를 거짓 신앙체계로 오염시키려고 온갖 노력을 다합니다. 그렇게 함으로써 교회를 향한 하나님의 유업이 거두어지고, 하나님께 돌아가야 할 영광이 쏟아져 버리게 되는 것이 바로 사탄이 바라는 바입니다.

교회의 회복과 부흥 그리고 십자가의 복음

하나님의 모든 유업은 항상 십자가의 복음에 주어집니다. 그것은 한번도 거짓 신앙체계에 주어지지 않았습니다. 그런데 여기서 중요한 한 가지를 더 살펴보고자 합니다. 그것은 다름이 아니라, 교회의 회복과 부흥에 관한 하나님의 유업입니다. 이 부분이 중요한 한 가지 이유는 바로 오늘날 우리에게 이 하나님의 유업이 절실하게 필요하기 때문입니다.

갈라디아서 4장에서 사도 바울은 하나님의 유업이 이스마엘이 아닌 이삭에게 주어진다고 말하면서 이사야서 후반부에 나오는 하나님의 백성의 회복과 부흥에 관한 약속을 인용하고 있습니다. 바울이 인용한 이사야 54장 1절은 이사야서 후반부에 나오는 하나님의 백성의 회복과 부흥에 관한 하나님의 놀라운 약속의 일부입니다.

이사야서 후반부는 이스라엘 백성이 바벨론의 포로로 잡혀간 상황을 염두에 두고 쓰여진 책입니다. 그러면서 그것은 이스라엘 백성이 바벨론의 포로로부터 돌아오는 것뿐만 아니라, 더 나아가 하나님의 백성의 회복과 부흥에 관한 놀라운 하나님의 약속을 기록하고 있습니다.

몇 구절만 보아도 우리는 그 약속의 놀라운 규모를 짐작할 수 있습니다.

"나 여호와가 의로 너를 불렀은즉 내가 네 손을 잡아 너를 보호하며 너를 세워 백성의 언약과 이방의 빛이 되게 하리니 네가 눈먼 자들의 눈을 밝히며 갇힌 자를 감옥에서 이끌어 내며 흑암에 앉은 자를 감방에서 나오게 하리라"(사 42:6-7).

"두려워하지 말라 내가 너와 함께 하여 네 자손을 동쪽에서부터 오게 하며 서쪽에서부터 너를 모을 것이며 내가 북쪽에게 이르기를 내놓으라 남쪽에게 이르기를 가두어 두지 말라 내 아들들을 먼 곳에서 이끌며 내 딸들을 땅 끝에서 오게 하며 내 이름으로 불려지는 자 곧 내가 내 영광을 위하여 창조한 자를 오게 하라 그를 내가 지었고 만들었느니라 눈이 있어도 보지 못하고 귀가 있어도 듣지 못하는 백성을 이끌어 내라"(사 43:5-8).

"이제 여호와께서 말씀하시나니 그는 태에서부터 나를 그의 종으로 지으신 이시요 야곱을 야곱을 그에게로 돌아오게 하시는 이시니 이스라엘이 그에게로 모이는도다 그러므로 내가 여호와 보시기에 영화롭게 되었으며 나의 하나님은 나의 힘이 되셨도다 그가 이르시되 네가 나의 종이 되어 야곱의 지파들을 일으키며 이스라엘 중에 보전된 자를 돌아오게 할 것은 매우 쉬운 일이라 내가 또 너를 이방의 빛으로 삼아 나의 구원을 베풀어서 땅끝까지 이르게 하리라"(사 49:5-6).

"잉태하지 못하며 출산하지 못한 너는 노래할지어다 산고를 겪지 못한 너는 외쳐 노래할지어다 이는 홀로 된 여인의 자식이 남편 있는 자의 자식보다 많음이라 여호와께서 말씀하셨느니라 네 장막터를 넓히며 네 처소의 휘장을 아끼지 말고 널리 펴되 너의 줄을 길게 하며 너의 말뚝을 견고히 할지어다 이는 네가 좌우로 퍼지며 네 자손은 열방을 얻으며 황폐한 성읍들로 사람 살 곳이 되게 할 것임이라"(사 54:1-3).

"너희는 귀를 기울이고 내게로 나아와 들으라 그리하면 너희의 영혼이 살리라 내가 너희를 위하여 영원한 언약을 맺으리니 곧 다윗에게 허락한 확실한 은혜이니라 보라 내가 그를 만민에게 증인으로 세웠고 만민의 인도자와 명령자로 삼았나니 네가 알지 못하는 나라를 네가 부를 것이며 너를 알지 못하는 나라가 네게로 달려올 것은 나 여호와 네 하나님 곧 이스라엘의 거룩하신 이로 말미암음이니라 이는 그가 너를 영화롭게 하였느니라"(사 55:3-5).

"서쪽에서 여호와의 이름을 두려워하겠고 해 돋는 쪽에서 그의 영광을 두려워할 것은 여호와께서 그 기운에 몰려 급히 흐르는 강물같이 오실 것임이로다 여호와의 말씀이니라 구속자가 시온에 임하며 야곱의 자손 가운데에서 죄과를 떠나는 자에게 임하리라"(사 59:19-20)

"일어나라 빛을 발하라 이는 네 빛이 이르렀고 여호와의 영광이 네 위에 임하였음이니라 보라 어둠이 땅을 덮을 것이며 캄캄함이 만민을 가리려니와 오직 여호와께서 네 위에 임하실 것이며 그의 영광이 네 위에 나타나리니 나라들은 네 빛으로 왕들은 비취는 네 광명으로 나아오리라 네 눈을 들어 사방을 보라 무리가 다 모여 네게로 오느니라 네 아들들은 먼 곳에서 오겠고 네 딸들은 안기어 올 것이라"(사 60:1-4).

"주 여호와의 영이 내게 내리셨으니 이는 여호와께서 내게 기름을 부으사 가난한 자에게 아름다운 소식을 전하게 하려 하심이라 나를 보내사 마음이 상한 자를 고치며 포로 된 자에게 자유를 갇힌 자에게 놓임을 선포하며 여호와의 은혜의 해와 우리 하나님의 보복의 날을 선포하여 모든 슬픈 자를 위로하되 무릇 시온에서 슬퍼하는 자에게 화관을 주어 그 재를 대신하며 기쁨의 기름으로 그 슬픔을 대신하며 찬송의 옷으로 그 근심을 대신하시고 그들이 의의 나무 곧 여호와께서 심으신 그 영광을 나타낼 자라 일컬음을 받게 하려 하심이라 그들은 오래 황폐하였던 곳을 다시 쌓을 것이며 옛부터 무너진 곳을 다시 일으킬 것이며 황폐한 성읍 곧 대대로 무너져 있던 것들을 중수할 것이며"(사 61:1-4).

하나님의 백성의 회복과 부흥에 관한 이 놀라운 하나님의 약속은 가장 먼저 예수님을 통해서 성취되었습니다. 이사야서 후반부는 이 약속이 고난의 종으로 오실 메시아를 통해서 성취될 것을 예언하고 있는데, 고난의 종으로 오신 예수님을 통해서 이 약속이 성취된 것입니다.

그러나 이사야서 후반부에 나오는 이 약속들은 예수님을 통해서 온전히 성취된 것이 아닙니다. 이사야는 하나님이 이 약속의 성취를 위해 하나님의 종들을 세우시는 것을 예언하고 있습니다. 여기에 나오는 종들을 다음과 같이 표시할 수 있습니다.

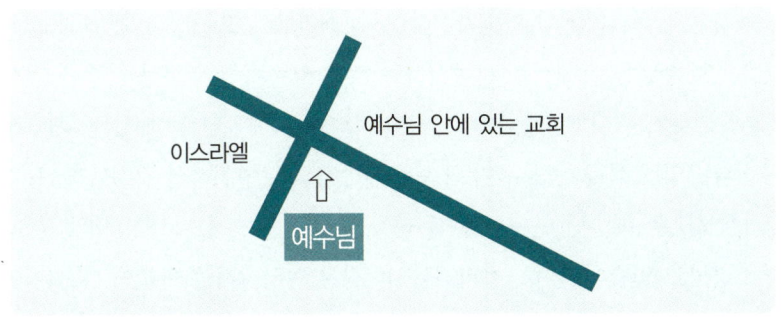

먼저 이스라엘은 불충한 종들이었습니다. 그들이 하나님을 떠난 결과, 하나님은 그들을 심판하셔서 이방 나라로 흩으셨습니다. 그런데 그러한 그들을 하나님은 불신자인 고레스 왕을 통해서 바벨론에서 돌아오게 하셨습니다. 바벨론 왕 고레스는 하나님을 믿는 자가 아니었지만, 하나님은 그를 세우셨고, 그를 통해서 하나님의 목적을 이루셨습니다.

"고레스에 대하여는 이르기를 내 목자라 그가 나의 모든 기쁨을 성취하리라 하며 예루살렘에 대하여는 중건되리라 하며 성전에 대하여는 네 기초가 놓여지리라 하는 자니라 여호와께서 그의 기름 부음을 받은 고레스에게 말씀하시되 오른손을 붙들고 그 앞에 열국을 항복하게 하며 내가 왕들의 허리를 풀어 그 앞에 문들을 열고 성문들이 닫히지 못하게 하리라 내가 너보다 앞서 가서 험한 곳을 평탄하게 하며 놋문을 쳐서 부수며 쇠빗장을 꺾고 네게 흑암 중의 보화와 은밀한 곳에 숨은 재물을 주어 네 이름을 부르는 자가 나 여호와 이스라엘의 하나님인 줄을 네가 알게 하리라 내가 나의 종 야곱 나의 택한 자 이스라엘 곧 너를 위하여 네 이름을 불러 너는 나를 알지 못하였을지라도 네게 칭호를 주었노라 나는 여호와라 나 외에 다른 이가 없나니 나밖에 신이 없느니라 너는 나를 알지 못하였을지라도 나는 네 띠를 동일 것이요 해 뜨는 곳에서든지 지는 곳에서든지 나밖에 다른 이가 없는 줄을 알게 하리라 나는 여호와라 다른 이가 없느니라"(사 44:28-45:6).

예수님은 이스라엘의 완성자이자 참 이스라엘로 오셨습니다. 그리고 하나님은 예수님을 통해서 이사야서 후반부에 약속하신 회복과 부흥을 가장 근본적으로 성취시키셨습니다. 그리고 하나님은 예수님 안에 있는 무리 혹은 하나님의 교회를 통해서 이 약속을 지속적으로 성취하실 것입니다. 갈라디아서 4장은 예수님 안에 있는 무리들을 보다 구체적으로 '이삭의 무리'라고 말하고 있습니다. 즉, 갈라디아서 4장은 이사야서 후반부에 나오는 이 놀라운 하나님의 유업이 십자가 복음 위에 선 자들에게 그리고 그들을 통해서 주어질 것이라고 말하고 있습니다.

이 '이삭의 무리'에 대한 한 가지 예는 사도 바울입니다. 사도 바울은 사도행전 13장에서 이사야 49장 6절을 인용하면서 하나님이 그것을 자기에게 주셨다고 말합니다.

"주께서 이같이 우리에게 명하시되 내가 너를 이방의 빛으로 삼아 너로 땅 끝까지 구원하게 하리라 하셨느니라 하니"(행 13:47).

이사야 49장 6절은 고난의 종으로 오실 메시아에 관한 예언입니다. 그런데 사도 바울이 어떻게 메시아에 관한 예언을 하나님이 자기에게 주셨다고 말할 수 있습니까? 이것이 바로 제가 방금 말씀드린 부분입니다. 하나님은 예수님 안에 있는 무리를 통해서 하나님의 모든 약속을 성취시키십니다. 사실, 예수님에 관한 모든 약속들은 죄의 구속에 관한 약속들을 제외하고는, 예수님 안에 거하는 하나님의 교회를 통해서 이루어질 것입니다.

여기에서 중요한 점은 이 약속이 항상 '이삭의 무리'를 통해 성취된다는 것입니다. 이 약속은 '이스마엘의 무리'를 통해서는 절대로 성취되지 않습니다. 이것은 예수님의 경우를 보더라도 명백하고, 사도 바울을 보더라도 명백합니다. 그리고 2000년의 기독교 역사를 보더라도 명백합니다. 예수님은 철저하게 하나님 중심적인 삶 가운데, 신앙의 본질 가운데 서셨습니다. 그리고 예수님은 하나님 중심적인 삶, 신앙의 본질, 하나님의 주권적인 통치를 집중적으로 전하셨습니다. '이삭의 무리' 중 한 명인 사도 바울도 자신이 먼저 철저하게 십자가의 복음과 신앙의 본질에 섰습니다. 그리고 그는 줄기차게 신앙의 본질과 십자가의 복음을 전했습니다. 그 후 기독교 역사 2000년을 살펴볼 때, 하나님은 하나님의 부흥을 보내실 때마다 한번도 예외 없이 '이삭의 무리', 즉 십자가의 복음과 신앙의 본질 위에 선 자들을 세우셨습니다. 지난 2000년 동안 회복과 부흥의 약속이 거짓 신앙체계를 가진 자들을 통해서 주어진 적은 단 한번도 없습니다. 즉, '이스마엘의 무리'를 통해서 하나님의 부흥이 온 적은 단 한번도 없습니다.

1) 1절의 "너희를 대면하면 유순하고 떠나 있으면 너희에 대하여 담대한"이란 말은 그 당시 고린도 교회 성도들의 평가를 그대로 말하고 있는 부분입니다. 그래서 영어 성경은 이 부분에 큰따옴표(" ")를 붙이고 있습니다.

3장 거짓

신앙체계와 분별력

내 백성이 지식이 없으므로 망하는도다 네가 지식을 버렸으니 나도 너를 버려 내 제사장이 되지 못하게 할 것이요 네가 네 하나님의 율법을 잊었으니 나도 네 자녀들을 잊어버리리라(호 4:6).

3장

우리가 하나님과 동행하는 삶을 살기 위해 필요한 한 가지는 영적 분별력입니다. 우리의 신앙은 모든 면에서 철저하게 하나님의 다림줄 혹은 하나님의 기준에 맞추어 세워져야 합니다. 그때에 그곳에 하나님의 모든 은혜와 생명이 넘치게 됩니다.

반면에 우리의 영적 분별력이 어두워지면 하나님과 동행하는 삶이 가능하지 않습니다. 왜냐하면 영적 분별력이 어두워지면 하나님의 기준이 가리어져서 하나님의 기준에 합한 삶을 사는 것이 가능하지 않기 때문입니다.

영적 분별력이 어두워지면 곧바로 나타나는 것이 거짓 신앙체계입니다. 하나님의 기준이 가리어지기 때문에, 하나님의 기준에 합한 신앙이 아닌, 인간적인 관점에서의 신앙이 생겨납니다. 그것이 바로 신앙에 대한 왜곡된 이해인 거짓 신앙체계입니다.

이 장에서는 영적 분별력과 거짓 신앙체계의 관계를 살펴보고자 합니다. 사실, 영적 분별력은 우리 신앙의 모든 면에서 필수적입니다. 그러므로 그 부분에 대해 좀 더 자세하게 알기 원하시면, 저의 책 「영적 분별력」을 참조하시기 바랍니다. 이 장에서는 전반적인 부분을 간략하게 살펴보고자 합니다.

# 하나님의 의도 : 하나님의 다림줄에 맞추어 똑바로 세워진 교회

영적 분별력의 중요성은 하나님의 백성을 향한 하나님의 의도에도 잘 나타나 있습니다. 하나님은 하나님의 백성이 하나님의 다림줄에 맞추어 똑바로 세워지기를 원하십니다.

아모스서에 나타난 하나님의 의도

아모스서 7장에 보면 하나님의 다림줄과 관련된 하나님의 의도가 잘 나와 있습니다.

> "또 내게 보이신 것이 이러하니라 다림줄을 가지고 쌓은 담 곁에 주께서 손에 다림줄을 잡고 서셨더니 여호와께서 내게 이르시되 아모스야 네가 무엇을 보느냐 내가 대답하되 다림줄이니이다 주께서 이르시되 내가 다림줄을 내 백성 이스라엘 가운데 두고 다시는 용서하지 아니하리니"(암 7:7-8).

하나님의 백성을 향한 하나님의 의도는 하나님의 백성이 하나님의 다림줄에 맞추어 똑바로 세워지는 것입니다. 이 구절에서 '담'은 하나님의 백성을 가리킵니다. 그리고 하나님이 아모스에게 보여주신 다림줄에 맞추어 똑바로 세워진 담은 하나님의 백성이 그렇게 세워지기 원하시는 하나님의 의도를 드러냅니다. 그리고 8절은 하나님의 백성이 그렇게 세워지지 못할 때, 하나님은 그들을 심판하시는데, 그때에도 하나님은 우리의 의견이나 사람의 판단에 의해서가 아니라, 하나님의 다림줄을 적용해 심판하실 것임을 보여줍니다.

하나님의 교회와 백성이 하나님의 다림줄에 맞추어 똑바로 세워질 때 거기에 하나님의 모든 생명이 넘칠 것입니다. 하나님의 임재, 하나님과의 친밀함, 하나님의 보호, 하나님의 인도, 하나님의 도우심, 하나님의 통치, 하나님 나라의 확장 등 모든 하나님의 생명이 넘칠 것입니다. 또한 하나님의 교회와 백성이 하나님의 다림줄에 맞추어 세워질 때, 튼튼해질 것입니다. 반석 위에 세워진 집처럼 어떤 '비바람' 이나 '창수'에도 전혀 흔들리지 않을 것입니다. 그러한 교회는 예수님이 말씀하신 것처럼 음부의 권세가 이기지 못할 교회가 될 것입니다.

반면에 하나님의 교회와 백성이 하나님의 다림줄에 맞추어 세워지지 않을 때, 거기에는 어떠한 하나님의 생명도 없을 것입니다. 그리고 그러한 교회와 개인은 조그마한 세파에도 그 신앙이 쉽게 무너질 것입니다.

성막에 나타난 하나님의 의도

하나님의 백성이 하나님의 다림줄에 맞추어 똑바로 세워지기를 원하시는 하나님의 의도는 성막에도 나와 있습니다.

원래 하나님이 거하시는 처소로서 의도된 것은 성막이나 예루살렘 성전이 아닙니다(왕상 8:27; 사 66:1 참조). 하나님은 무엇보다 하나님의 백성을 성전 삼고 거하기 원하십니다. 그래서 하나님은 성막을 이스라엘 진 한 가운데 짓게 하셨습니다.

하나님은 또한 하나님의 백성 가운데 영광으로 임하기 원하십니다. 그래서 그들 가운데 거하며 운행하기 원하십니다. 그러한 하나님의 의도를 보여주시기 위해 하나님은 성막이건 성전이건 그것이 완성되었을 때, 그곳에 영광으로 임하셨습니다.

"구름이 회막에 덮이고 여호와의 영광이 성막에 충만하매 모세가 회막에 들어갈 수 없었으니 이는 구름이 회막 위에 덮이고 여호와의 영광이 성막에 충만함이었으며" (출 40:34-35).

"제사장이 성소에서 나올 때에 구름이 여호와의 성전에 가득하매 제사장이 그 구름으로 말미암아 능히 서서 섬기지 못하였으니 이는 여호와의 영광이 여호와의 성전에 가득함이었더라"(왕상 8:10-11).

하나님이 이처럼 하나님의 백성 가운데 영광으로 임하셔서 거처 삼고 거하시기 위해서는 하나님의 백성이 철저하게 하나님의 다림줄에 맞추어 세워져야 합니다. 그래서 하나님은 그것을 보여주시기 위해서 성막이나 성전을 지을 때, 철저하게 하나님이 제시하신 양식과 기준에 맞추어 짓도록 하셨습니다. 하나님은 그 점을 '지겨울' 만큼 강조하셨습니다.

하나님은 오늘날도 하나님의 백성인 우리 가운데 영광으로 임하기 원하십니다. 우리 가운데 거하며, 운행하기를 원하십니다. 그래서 하나님은 우리 하나님이시며, 우리는 하나님의 백성인 것을 나타내기 원하십니다. 그런데 이것을 위해 필수적인 요소는 우리가 철저하게 하나님의 다림줄 위에 세워지는 것입니다. 고린도후서에 보면 이러한 하나님의 의도와 당부의 말씀이 잘 나와 있습니다.

"하나님의 성전과 우상이 어찌 일치가 되리요 우리는 살아 계신 하나님의 성전이라 이와 같이 하나님께서 이르시되 내가 그들 가운데 거하며 두루 행하여 나는 그들의 하나님이 되고 그들은 나의 백성이 되리라 그러므로 너희는 그들 중에서 나와서 따로 있고 부정한 것을 만지지 말라 내가 너희를 영접하여 너희에게 아버지가 되고 너희는 내게 자녀가 되리라 전능하신 주의 말씀이니라 하셨느니라 그런즉 사랑하는 자들아 이 약속을 가진 우리는 하나님을 두려워하는 가운데서 거룩함을 온전히 이루어 육과 영의 온갖 더러운 것에서 자신을 깨끗하게 하자"(고후 6:16-7:1).

 ## 하나님의 다림줄과 영적 분별력의 정의

저는 하나님의 다림줄이라는 말과 영적 분별력이라는 말을 상호 교환적으로 사용합니다. 물론 이 둘은 약간 다릅니다. 그러나 이 둘은 서로 깊은 연관을 가지고 있습니다.

하나님의 다림줄은 성경에 나와 있는 하나님의 기준을 말합니다. 성경에는 우리의 신앙(또는 신학)과 삶과 사역을 위한 하나님의 기준이 들어 있습니다. 성경 66권을 우리말로는 정경이라고 하는데, 그것을 영어로는 캐넌(canon)이라고 합니다. 그 말은 '자'라는 뜻입니다. 성경이 우리의 신앙과 삶과 사역을 재는 자이기에 그렇게 부르는 것입니다.

그리고 영적 분별력은 하나님의 기준인 다림줄을 볼 수 있는, 성령님이 주시는 영적인 능력을 말합니다. 하나님의 다림줄은 이미 성경에 기록되어 있습니다. 그러나 그것을 보기 위해서는 성령님의 비추심을 통한 영적 분별력이 필요합니다. 하나님의 다림줄을 보기 위해 성경을 잘 아는 것은 매우 중요합니다. 그러나 성경을 잘 아는 것만으로는 충분하지 않습니다. 신학적인 지식이나 성경적인 지식이 아무리 많다 할지라도, 그 자체가 영적 분별력을 갖게 하지는 않습니다. 바리새인들의 경우를 보아도 알 수 있듯이, 수많은 성경적인 지식과 신학적인 지식을 가지고도 영적으로 철저하게 장님일 수 있습니다.

 ## 신앙이 타락하면 영적 분별력이 가리어집니다

우리의 신앙이 타락하면 항상 영적 분별력이 가리어집니다. 이것은 어느 시대이건 예외가 없습니다. 이사야 시대에도 그랬습니다.

"여호와께서 이르시되 가서 이 백성에게 이르기를 너희가 듣기는 들어도 깨닫지 못할 것이요 보기는 보아도 알지 못하리라 하여 이 백성의 마음을 둔하게 하며 그들의 귀가 막히고 그들의 눈이 감기게 하라 염려하건대 그들이 눈으로 보고 귀로 듣고 마음으로 깨닫고 다시 돌아와 고침을 받을까 하노라"(사 6:9-10).

예레미야 시대에도 그랬습니다.

"어리석고 지각이 없으며 눈이 있어도 보지 못하며 귀가 있어도 듣지 못하는 백성이여 이를 들을지어다"(렘 5:21).

또한 예수님 시대의 종교지도자들의 경우에도 마찬가지였습니다.

"이사야의 예언이 그들에게 이루어졌으니 일렀으되 너희가 듣기는 들어도 깨닫지 못할 것이요 보기는 보아도 알지 못하리라"(마 13:14).

그래서 신앙이 타락하면 신앙의 가장 기본적인 부분에서부터 하나님의 기준이 가리어집니다. 한 가지 좋은 예가 마태복음 12장에 나옵니다. 거기에 보면, 안식일에 예수님의 제자들이 밀 이삭을 잘라 비벼서 먹었던 사건이 나옵니다. 배가 고팠기 때문입니다. 하지만 그것을 본 바리새인들은 왜 예수님의 제자들이 안식일을 범하느냐고 예수님에게 항의했습니다. 먹는 것이 문제가 아니라, 밀을 잘라 비비는 행위가 추수에 해당되는 일로서 안식일을 범하는 행위라는 것입니다. 그러자 예수님은 호세아 6장 6절을 인용하시면서 이렇게 말씀하셨습니다.

"나는 자비를 원하고 제사를 원하지 아니하노라 하신 뜻을 너희가 알았더라면 무죄한 자를 죄로 정죄하지 아니하였으리라."

즉, 예수님은 바리새인들이 몰라서 지금 무죄한 자들을 정죄하고 있다고 말씀하시는 것입니다.

그럼 예수님은 바리새인들이 무엇을 몰랐다고 말씀하시는 것입니까? 이러한 말씀이 성경에 있다는 사실을 그들이 몰랐단 말입니까? 그것은 가당치도 않은 말입니다. 바리새인들은 소위 성경 박사들이었습니다. 아니면, 그들이 하나님은 제사보다 하나님을 사랑하는 것을 더 원하신다는 것을 몰랐다는 말입니까? 그것도 말이 되지 않습니다. 저능아가 아닌 이상 누구나 호세아 6장 6절을 통해 하나님은 제사보다 하나님을 사랑하는 것을 더 원하신다는 사실을 알 수 있습니다. 참고로 여기 우리말 성경에 자비라고 번역된 말은 하나님을 사랑하는 것을 더 의미한다고 저는 믿습니다.

그들은 하나님을 사랑한다는 말이 무슨 뜻인지를 몰랐습니다. 바리새인들은 하나님의 명령 중 가장 큰 계명은 마음과 뜻과 성품을 다하여 하나님을 사랑하는 것이라는 사실을 잘 알고 있었습니다. 신명기 6장 4~5절에 나오는 쉐마라고 부르는 이 명령을 바리새인들은 문자 그대로 지키려고 노력했습니다. 그래서 그들은 자녀들에게 가장 먼저 그 구절을 가르쳤고, 그 구절을 손목에 매고 다녔으며, 문설주와 바깥문에 기록했습니다. 사실, 그들이 안식일에 마태복음 12장에서 예수님의 제자들이 한 행동과 같은 행동을 하지 않았던 이유도 하나님을 그렇게 사랑하기 위함이었습니다. 그런데 바리새인들은 하나님을 사랑하는 것이 가장 큰 계명이라는 사실을 알고, 그에 대한 성경구절들을 알고, 또 나름대로 그 계명을 지키려고 철저하게 노력하였음에도 불구하고, 정작 하나님을 사랑한다는 것이 무슨 의미인지조차 알지 못했습니다. 이것이 바로 하나님의 다림줄이 가리어진 전형적인 예입니다.

하나님을 사랑하는 것에 대한 하나님의 다림줄이 가리어졌으므로, 그들은 하나님을 사랑하는 삶을 살 수 없었습니다. 올바른 기준이 가리어지니까 어떻게 하는 것이 올바른 것인지를 알 길이 없었기 때문입니다. 그 결과 본인들은 누구보다 하나님을 사랑한다고 자부하고 있었지만, 정작 예수님은 그들이 하나님을 전혀 사랑하지 않는다고 말씀하셨습니다.

"다만 하나님을 사랑하는 것이 너희 속에 없음을 알았노라"(요 5:42).

저는 오늘날 우리의 영적 상태가 예수님 시대의 바리새인들과 매우 비슷하다고 생각합니다. 오늘날 교회 가운데 하나님의 다림줄이 심각하게 가리어져 있습니다. 오늘날 대부분의 성도는 바리새인들처럼 우리 신앙의 가장 기초적인 부분인 하나님을 아는 것, 하나님을 사랑하는 것, 하나님을 믿는 것이 무엇을 의미하는지조차 모르고 있습니다.

하나님의 다림줄이 가리어지면 우리는 절대로 올바른 신앙생활을 할 수 없습니다. 무엇이 올바른 신앙생활인 줄을 모르기 때문입니다. 한번은 교회 안에 시계가 여러 개 걸려 있었는데, 시간이 다 달랐던 적이 있습니다. 그래서 어느 것이 맞는 것인지를 알 수 없었기 때문에, 옳은 시간이 무엇인지를 알 길이 없었습니다. 하나님의 다림줄이 가리어지면 올바른 신앙생활을 하는 것이 불가능하기 때문에, 어떤 참다운 신앙의 열매나 결실도 맺을 수 없습니다. 우리는 하나님을 떠날 수밖에 없습니다. 그리고 그 결과 하나님의 징계와 심판이 우리에게 닥칩니다. 그러나 우리는 그것을 전혀 깨닫지 못할 뿐 아니라, 하나님의 징계와 심판이 왜 임하는지도 알지 못합니다.

 ## 영적 분별력이 어두워지면 나타나는 것이 거짓 신앙체계입니다

신앙이 타락하면 영적 분별력이 어두워지고, 하나님의 다림줄이 가리어집니다. 그러면 하나님의 백성들은 하나님의 관점을 이해하지 못하기 때문에, 신앙을 인간적인 관점에서 왜곡되게 이해하게 됩니다. 그 결과 나타나

는 것이 신앙에 대한 그릇된 이해인 거짓 신앙체계입니다. 그러므로 신앙이 타락하면 항상 전면에 나서는 것이 거짓 신앙체계입니다.

문제는 하나님 앞에서는 하나님의 다림줄만 통하기 때문에, 왜곡된 이해에 기초한 그러한 거짓 신앙은 하나님 앞에서 아무런 의미가 없다는 것입니다. 더욱 심각한 사실은, 그들은 신앙을 왜곡된 관점에서 이해하기 때문에, 자기들이 잘못되었다는 사실을 상상조차 못한다는 것입니다. 이것이 바로 이사야 시대, 예레미야 시대 그리고 예수님 시대의 종교지도자들에게 일어났던 일입니다.

이사야 시대의 이스라엘 백성을 다시 한번 생각해 보십시오. 그들은 그토록 철저하게 모든 예배를 잘 드렸습니다. 정성을 쏟아서 하나님께 수많은 제물을 드렸습니다. 그리고 그들은 많이 기도하고, 많이 금식했습니다. 그런데 그러한 그들에게 소돔의 백성이요, 고모라의 백성이라니요. 아니 비교할 사람이 없어서 하늘에서 불이 내려서 멸망한 소돔과 고모라의 백성과 그들을 비교합니까? 그리고 그들이 하나님을 버리고 멸시하고 멀리 떠나갔다니요. 그래서 그들은 이사야를 통한 하나님의 말씀을 전혀 받아들이지 않았습니다. 그들은 오히려 이사야가 잘못되었다고 생각했습니다. 결국 그들은 이사야를 톱으로 켜서 죽였습니다. 예수님 시대의 종교지도자들의 경우에도 마찬가지였습니다.

이것이 거짓 신앙체계의 심각성입니다. 육신적으로 눈 먼 사람은 자기가 눈이 멀었다는 사실을 잘 압니다. 그리고 그것에 대해서 늘 불편해합니다. 그러나 그들은 불편하기는 하지만, 하나님과 동행하는 삶을 사는 데는 문제가 없습니다. 그리고 하늘나라에 가면 눈을 뜨게 될 것입니다. 반면에 영적으로 눈 먼 사람은 그 결과가 영원까지 미치게 될 것입니다. 그럼에도 불구하고 그들은 자신이 눈 멀었다는 사실을 전혀 알지 못합니다. 오히려 자신은 누구보다 잘 본다고 생각할 수 있습니다. 그만큼 심각합니다.

 ## 거짓 신앙체계에 빠지면 성경을 읽어도 하나님의 뜻을 깨닫지 못합니다

거짓 신앙체계에 빠지면 성경을 읽어도 하나님의 말씀하신 바를 전혀 깨닫지 못합니다. 설령 성경을 100번 통독하고, 신약성경 전체를 외운다 할지라도, 성경을 통해서 목이 터져라 외치시는 하나님의 음성을 전혀 듣지 못하게 됩니다.

예를 들어, 바리새인들이 이사야 1장을 읽었다면 그들은 어떻게 생각했을까요?

"슬프다 범죄한 나라요 허물 진 백성이요 행악의 종자요 행위가 부패한 자식이로다 그들이 여호와를 버리며 이스라엘의 거룩한 이를 만홀히 여겨 멀리하고 물러갔도다…너희 소돔의 관원들아 여호와의 말씀을 들을지어다 너희 고모라의 백성아 우리 하나님의 법에 귀를 기울일지어다 여호와께서 말씀하시되 너희의 무수한 제물이 내게 무엇이 유익하뇨 나는 숫양의 번제와 살진 짐승의 기름에 배불렀고 나는 수송아지나 어린 양이나 숫염소의 피를 기뻐하지 아니하노라 너희가 내 앞에 보이러 오니 이것을 누가 너희에게 요구하였느냐 내 마당만 밟을 뿐이니라 헛된 제물을 다시 가져오지 말라 분향은 내가 가증히 여기는 바요 월삭과 안식일과 대회로 모이는 것도 그러하니 성회와 아울러 악을 행하는 것을 내가 견디지 못하겠노라 내 마음이 너희의 월삭과 정한 절기를 싫어하나니 그것이 내게 무거운 짐이라 내가 지기에 곤비하였느니라 너희가 손을 펼 때에 내가 내 눈을 너희에게서 가리고 너희가 많이 기도할지라도 내가 듣지 아니하리니 이는 너희의 손에 피가 가득함이라"(사 1:4, 10-15).

그들은 당연히 이사야 시대의 자기 조상들에게 많은 문제가 있었다고 생각했을 것입니다. 자기 조상들의 삶에 온갖 죄악과 우상숭배가 가득했고, 그 결과 하나님이 그들의 예배를 받지 않으셨다고 생각했을 것입니다. 한마디로 말해서, 자기 조상들이 하나님을 버렸다고 생각했을 것입니다. 그러나 자기들은 자기 조상들과는 다르다고 생각했을 것입니다.

그러나 문제는 예수님 시대의 바리새인들도 이사야 시대에 살던 그들의 조상들과 정확하게 똑같은 상태에 있었다는 것입니다. 그래서 예수님은 여러 차례에 걸쳐 "이사야가 너희에 관하여 잘 예언하였도다"라는 식으로 말씀하셨습니다.

"이사야의 예언이 그들에게 이루어졌으니…"(마 13:14).
"외식하는 자들아 이사야가 너희에 관하여 잘 예언하였도다 일렀으되"(마 15:7).

그러나 바리새인들은 영적 분별력이 어두워져서 하나님의 관점을 이해하지 못했기 때문에, 하나님이 이사야 1장을 통해서 말씀하신 바를 전혀 이해하지 못했습니다. 그 결과 그들은 그 구절을 수없이 읽고 또 설교했음에도 그 구절을 통해서 자기들에게 말씀하시는 하나님의 음성을 전혀 듣지 못했습니다.

만약 바리새인들이 하나님이 이사야 1장에서 그 당시 이스라엘 백성에게 하신 말씀의 진정한 의미를 깨닫고, 그것을 자신들의 삶에 비추어 보았다면, 그들은 자기들의 모습이 정확하게 자기 조상들의 모습인 것을 깨닫고 중심에서부터 회개했을 것입니다. 그리고 그들은 구원을 받았을 것입니다.

오늘날 우리는 이사야 시대의 이스라엘 백성에 관한 기록뿐 아니라, 바리새인들에 관한 기록도 가지고 있습니다. 하지만 나중에 자세히 살펴보면 더 분명히 알겠지만, 오늘날 많은 성도들이 영적으로 바리새인들과 정확하게 똑같은 상태에 있습니다. 그들은 영적 분별력이 어두워져 있기 때문에 그 구절들을 수없이 읽고, 심지어 설교하면서도, 그 구절을 통해 말씀하시는 하나님의 음성을 듣지 못합니다. 하나님이 이사야 시대 이스라엘 백성들을 소돔과 고모라의 백성이라고 부르시면서까지 외치셨어도 그들이 듣지 못했고, 바리새인들의 아비가 마귀라고 말씀하시면서까지 외치셨어도 그들이 듣지 못했듯이, 아무리 강하게 외치셔도 듣지 못합니다. 참으로 두려운 일입니다.

거짓 신앙체계에 빠지면 과거는 보아도 현재는 보지 못합니다

방금 살펴본 내용과 비슷한 내용이긴 합니다만, 다른 각도에서 살펴보는 것도 의미가 있다고 생각합니다. 우선 거짓 신앙체계에 빠져도 과거는 볼 수 있습니다. 그 이유는 그들이 성경을 믿기 때문입니다. 예를 들어, 예수님 시대의 바리새인들은 이사야 시대의 이스라엘 백성이나 예레미야 시대의 이스라엘 백성이 잘못되었다는 사실을 알았습니다. 그리고 이사야나 예레미야가 옳았다는 것을 알았습니다. 한 발 더 나아가 그들은 자기 조상들의 죄를 대신 회개하며 뉘우쳤습니다. 그들이 과거를 볼 수 있었던 이유는 그들이 성경을 믿었기 때문입니다. 그 당시에는 이미 구약성경 전체가 하나님의 말씀으로 받아들여지고 있었고, 그들은 성경을 일점일획 틀림없는 하나님의 말씀으로 믿고 받아들였습니다.

그러나 거짓 신앙체계에 빠지면 현재는 보지 못합니다. 모든 성경은 하나님의 관점에서 쓰여졌습니다. 그런데 거짓 신앙체계에 빠지면, 영적 분별력이 어두워지기 때문에 하나님이 말씀하신 의미를 전혀 깨닫지 못하게 됩니다. 그래서 하나님의 기준에 비춰진 자신들의 현재 모습을 전혀 보지 못합니다. 바로 그 때문에 예수님은 조상들이 죄를 뉘우치는 바리새인들을 향해 그렇게 신랄하게 비판하셨던 것입니다.

"화 있을진저 외식하는 서기관들과 바리새인들이여 너희는 선지자들의 무덤을 만들고 의인들의 비석을 꾸미며 이르되 만일 우리가 조상 때에 있었더라면 우리는 그들이 선지자의 피를 흘리는 데 참여하지 아니하였으리라 하니 그러면 너희가 선지자를 죽인 자의 자손임을 스스로 증명함이로다 너희가 너희 조상의 분량을 채우라 뱀들아 독사의 새끼들아 너희가 어떻게 지옥의 판결을 피하겠느냐"(마 23:29-33).

이 말씀을 보면 예수님은 바리새인들에 대해서 편견을 가지고 계신 것처럼 보입니다. 그러나 그렇지 않습니다. 예수님은 아무에게도 편견을 가지고 계시지 않습니다. 우리는 예수님이 바리새인들을 위해서도 십자가에 못 박히시기 위해 이 땅에 오셨다는 사실을 기억해야 합니다. 예수님은 바리새인들이 과거 조상들의 죄를 뉘우치면서도 자기 조상들과 똑같은 영적인 상태에 있는 현재 자신들의 모습을 보지 못하기 때문에 그렇게 말씀하셨던 것입니다. 그리고 그것은 열매로 증명되었습니다. 즉, 이사야 시대의 이스라엘 백성은 하나님의 선지자를 죽였지만, 바리새인들은 하나님의 아들을 죽였습니다.

이러한 사실은 오늘날 우리에게도 매우 중요한 의미를 가집니다. 오늘날 우리는 이사야 시대의 이스라엘 백성이 잘못되었다는 사실도 알고, 바리새인들이 잘못되었다는 사실도 압니다. 왜냐하면 우리는 신약과 구약을 모두 가지고 있기 때문입니다. 그리고 그 성경을 하나님의 말씀으로 믿고 받아들이기 때문입니다. 그러나 우리가 하나님의 관점을 알지 못하면, 우리도 과거는 보면서도 우리의 현재 모습은 전혀 보지 못하게 됩니다. 이사야 시대의 이스라엘 백성이나 바리새인들의 경우처럼 심판이 코앞에까지 닥친 상황에서도 그 사실조차 모르게 됩니다.

한 가지 예를 들겠습니다. 우리는 호세아 시대의 이스라엘 백성이 철저하게 타락했다는 사실을 잘 압니다. 성경이 그렇게 말하고 있기 때문입니다. 그리고 우리는 호세아 4장 6절과 같은 구절을 잘 알고 있으며, 목회자들은 그 구절을 가지고 설교를 하기도 합니다.

"내 백성이 지식이 없으므로 망하는도다 네가 지식을 버렸으니 나도 너를 버려 내 제사장이 되지 못하게 할 것이요 네가 네 하나님의 율법을 잊었으니 나도 네 자녀들을 잊어버리리라."

그러나 오늘날 많은 성도들이 그 구절을 통해 자신의 모습을 보지 못합니다. 그들은 단순히 그 당시 이스라엘 백성이 성경적인 지식이 부족해서 망했다고 생각합니다. 그리고 자신은 그 이스라엘 백성과는 다르다고 생각합니다. 그러나 하나님이 말씀하신 지식은 성경적인 지식이 아니었습니다. 그것은 인격체이신 하나님을 개인적으로 아는 지식을 의미했습니다. 즉, 하나님과의 친밀한 교제를 의미했습니다. 만약 그들이 하나님이 말씀하신 것의 진정한 의미를 알았더라면, 호세아 시대의 이스라엘 백성의 모습이 바로 자신들의 모습이라는 사실을 알았을 것입니다. 그리고 하나님 앞에 엎드려 회개하며 은혜를 구했을 것입니다. 그러나 거짓 신앙체계에 빠지면 영적 분별력이 어두워지기 때문에 바로 그 현재의 모습이 보이지 않습니다.

4장 우리의 신앙은 하나님 중심적인 삶

무릇 내게 오는 자가 자기 부모와 처자와 형제와 자매와 더욱이 자기 목숨까지 미워하지 아니하면 능히 내 제자가 되지 못하고 누구든지 자기 십자가를 지고 나를 따르지 않는 자도 능히 내 제자가 되지 못하리라(눅 14:26~27).

4장

우리의 올바른 신앙과 거짓 신앙체계를 잘 이해하기 위해서는 하나님 중심적인 삶과 자기 중심적인 삶에 대해서 살펴보는 것이 매우 중요합니다. 우리의 올바른 신앙은 하나님 중심적인 삶입니다. 반면 거짓 신앙체계는 자기 중심적인 삶에 기초하고 있습니다.

하나님이 의도하신 우리의 신앙은 하나님 중심적인 삶입니다. 이것은 처음부터 끝까지 명백합니다. 하나님 중심적인 삶은 천지 창조부터 명백하게 나타나 있습니다. 그것은 아브라함을 부르실 때에도 드러나 있습니다. 하나님이 아브라함을 부르신 것은 그를 통해서 하나님을 위한 한 백성을 세우시기 위함이었습니다. 또한 하나님 중심적인 삶은 이스라엘 민족에 대한 부르심에도 잘 나타나 있습니다. 이스라엘 민족의 부르심은 이제 아브라함으로부터 시작된 하나님을 위한 한 백성이 본격적으로 세워지는 과정입니다. 그리고 하나님 중심적인 삶은 예수님의 삶과 사역 속에 명백히 드러나 있습니다. 예수님은 참 이스라엘로 이 땅에 오셨습니다. 그리고 하나님을 위한 한 백성인 이스라엘을 완성하셔서 새 이스라엘로 세우시기 위해 이 땅에 오셨습니다. 그렇게 세워진 새 이스라엘이 하나님의 교회입니다. 이렇게 볼 때, 처음부터 끝까지 하나님이 우리에게 의도하신 신앙은 하나님 중심적인 삶인 것을 알 수 있습니다.

천지 창조에 나타난 하나님 중심적인 삶

우리의 올바른 신앙은 처음부터 끝까지 하나님 중심적인 삶입니다. 이것은 모든 것의 시작부터 그랬습니다. 성경의 맨 첫 구절인 창세기 1장 1절은 이렇게 말합니다.

"태초에 하나님이 천지를 창조하시니라."

여기에서 말하려는 주된 내용은 하나님이 모든 것을 창조하셨다는 것입니다. 즉, 이 구절의 주어는 하나님입니다. 모든 것의 주권이 하나님께 있다는 것입니다. 그리고 이것은 성경 전체에 걸쳐 사실입니다. 성경은 하나님과 하나님이 하신 일들에 관한 책입니다. 성경의 주인공은 하나님입니다. 성경은 인간들의 이야기가 아닙니다. 성경은 하나님께 귀하게 쓰임 받았던 사람들의 이야기를 담고 있지만, 성경의 주체는 그들이 아닙니다. 하나님입니다.

하나님 중심적인 삶은 인간의 창조에도 명백하게 드러나 있습니다. 하나님은 남자와 여자를 창조하시고 그들을 에덴동산에 두셨습니다. 그리고 그 동산의 모든 실과를 그들에게 주셨습니다. 그러나 하나님은 그들에게 동산 중앙에 있는 선악을 알게 하는 나무의 실과는 먹지 말라고 하셨습니다. 먹는 날에는 그들이 반드시 죽을 것이라고 말씀하셨습니다.

어떤 사람들은 "하나님이 선악과를 만들지 않으셨더라면, 인간이 타락하는 일은 없었을 텐데. 왜 선악과를 만들어서 인간으로 하여금 타락하게 만드셨는가?"라고 말합니다. 그러나 선악과는 최소한 두 가지 면에서 매우 중요한 의미를 가집니다.

첫째, 선악과야말로 인간으로 하여금 인간되게 하는 것입니다. 선악과는 하나님이 인간을 로봇으로 만들지 아니하시고, 하나님처럼 스스로 선택할 수 있는 존재로 만드신 것을 의미합니다. 만약 죄를 지을 수 있는 기회가 전혀 없기 때문에 죄를 짓지 않는다면, 그것은 진정으로 죄를 짓지 않는 것이 아닙니다. 그리고 불순종할 수 있는 기회가 전혀 없기 때문에 순종한다면, 그것은 진정으로 순종하는 것이 아닙니다. 그래서 하나님은 선악과를 만드시고 인간으로 하여금 스스로 선택하여 자발적으로 하나님을 사랑하고 하나님께 순종하는 삶을 살기 원하셨습니다. 하나님은 인간이 불순종할 수 있는 가능성을 감수하면서까지 인간을 사랑하셔서 인간을 로봇이 아닌 하나님의 형상을 닮은 존재로 만드신 것입니다.

둘째, 선악과는 하나님의 주권을 상징합니다. 선악과는 하나님의 주권을 상징합니다. 하나님이 인간에게 에덴동산의 모든 실과를 다 먹되, 선악을 알게 하는 나무의 열매는 먹지 말라고 하신 것은 그들에게 하나님의 주권적인 통치 아래서 살라고 말씀하신 것입니다. 다시 말해서, 하나님 중심적인 삶을 살라고 하신 것입니다. 이처럼 하나님은 인간을 처음 창조하실 때부터 그들에게 하나님 중심적인 삶을 살도록 하셨습니다.

하나님 중심적인 삶에 하나님의 생명이 넘칩니다

사람들은 하나님의 주권적인 통치를 부담스러워합니다. 하나님이 주시는 복을 싫어하는 사람은 거의 없을 것입니다. 그러나 사람들이 하나님께 나오기를 꺼려하는 주된 이유는 하나님이 그들의 삶 속에서 요구하시는 하나님의 주권적인 통치 때문입니다. 심지어 하나님의 백성 가운데도 그런 사람들이 많습니다. 그러나 앞으로 자세히 살펴보겠지만, 하나님 중심적인 삶에 모든 하나님의 생명이 넘칩니다. 하나님 중심적인 삶의 반대인 자기 중심적인 삶에는 어떠한 하나님의 생명도 없습니다. 이것은 에덴동산의 삶을 보아도 명백히 알 수 있습니다. 아담과 하와가 하나님의 주권적인 통치 아래 살 때, 그들에게는 하나님의 모든 생명이 넘쳤습니다. 하나님과의 친밀한 교제가 그들에게 있었습니다. 하나님의 진정한 보호가 거기에 있었습니다. 부부 사이에도 온전한 화평이 있었습니다. 온전한 평강과 안식이 있었습니다. 자연 세계도 그들에게 협조적이었습니다. 물질적인 풍요도 그들에게 있었습니다.

아브라함을 부르실 때 나타난 하나님 중심적인 삶

하나님 중심적인 삶은 아브라함을 향한 부르심에도 나와 있습니다. 아브라함을 부르실 때 하나님은 그를 통해 하나님을 위한 한 백성을 세울 계획을 가지고 계셨습니다. 그리고 하나님이 의도하신 그 백성은 오직 믿음으로 하나님을 의지하는 백성이었습니다.

하나님은 아브라함을 통해서 오직 믿음으로 하나님을 의지하는 백성을 세울 계획을 가지고 계셨기 때문에, 처음부터 아브라함에게 믿음으로 하나님을 의지하는 삶을 집중적으로 훈련시키셨습니다. 그래서 하나님은 75세가 된 그에게 모든 삶의 기반을 두고 어디로 가야 할지 모르는 상태에서 떠나라고 하셨습니다.

"여호와께서 아브람에게 이르시되 너는 너의 고향과 친척과 아버지의 집을 떠나 내가 네게 보여 줄 땅으로 가라 내가 너로 큰 민족을 이루고 네게 복을 주어 네 이름을 창대하게 하리니 너는 복이 될지라 너를 축복하는 자에게는 내가 복을 내리고 너를 저주하는 자에게는 내가 저주하리니 땅의 모든 족속이 너로 말미암아 복을 얻을 것이라 하신지라 이에 아브람이 여호와의 말씀을 따라갔고 롯도 그와 함께 갔으며 아브람이 하란을 떠날 때에 칠십오 세였더라"(창 12:1-4).

많은 실수와 넘어짐도 있었지만, 그 모든 과정을 통해 아브라함은 하나님을 믿음으로 의지하게 되었습니다. 그래서 하나님의 명령에 순종하여 독생자 이삭을 번제로 드릴지라도, 하나님은 재 가운데서 그를 다시 살리셔서 그를 통한 하나님의 약속을 이루실 것을 신뢰했습니다. 즉 그의 믿음은 이삭을 번제로 드리려고 순종하는 자리까지 자라났던 것입니다.

하나님은 그를 믿음의 조상으로 삼으셨습니다. 그리고 그의 자손을 오직 믿음으로 말미암아 사는 백성으로 삼으셨습니다. 그래서 하나님은 구약에서부터 "…의인은 그의 믿음으로 말미암아 살리라"(합 2:4)고 말씀하셨던 것입니다. 오직 믿음으로 하나님을 의지하는 삶, 이것이 바로 하나님 중심적인 삶입니다. 하나님은 아브라함을 부르시는 것을 통해 하나님의 백성의 삶이 하나님 중심적인 삶이어야 한다는 것을 명백하게 보이셨습니다.

하나님이 아브라함과 그를 통해 세워질 하나님의 백성을 하나님 중심적인 삶으로 부르신 것은 매우 중요한 이유를 가지고 있습니다. 그 이유는 하나님이 그들을 통해 하나님의 목적을 성취하시기 위함이었습니다. 하나님이 아브라함을 부르실 때, 그것은 단순히 아브라함과 아브라함의 자손만을 위한 것이 아니었습니다. 하나님은 아브라함과 그의 자손을 통해 열방이 복을 받도록 계획하셨습니다.

"여호와께서 아브람에게 이르시되 너는 너의 고향과 친척과 아버지의 집을 떠나 내가 네게 보여 줄 땅으로 가라 내가 너로 큰 민족을 이루고 네게 복을 주어 네 이름을 창대하게 하리니 너는 복이 될지라 너를 축복하는 자에게는 내가 복을 내리고 너를 저주하는 자에게는 내가 저주하리니 땅의 모든 족속이 너로 말미암아 복을 얻을 것이라 하신지라"(창 12:1-3).

열방이 아브라함과 그의 자손을 통해 복을 받는 방법은 이렇습니다. 하나님은 자신의 놀라운 영광과 능력을 아브라함과 그를 통해 세워질 하나님의 백성에게 나타내십니다. 그러면 열방이 그것을 보고 하나님께로 돌아옵니다.

우리는 하나님이 여호수아를 통해 요단강을 가르신 사건 속에서 이러한 하나님의 의도를 잘 볼 수 있습니다.

> "너희의 하나님 여호와께서 요단 물을 너희 앞에서 마르게 하사 너희를 건너게 하신 것이 너희의 하나님 여호와께서 우리 앞에 홍해를 말리시고 우리를 건너게 하심과 같았나니 이는 땅의 모든 백성에게 여호와의 손이 강하신 것을 알게 하며 너희가 너희의 하나님 여호와를 항상 경외하게 하려 하심이라 하라"(수 4:23-24).

하나님이 이스라엘 백성으로 요단강을 건너게 하실 수 있는 보편적인 방법들이 많이 있었습니다. 물론 시간은 좀더 많이 걸렸겠지만, 그 당시 이스라엘 백성이 가진 것은 시간뿐이었습니다. 그러나 하나님은 그러한 보편적인 방법들을 사용하지 않으시고, 하나님의 능력으로 강을 가르셨습니다. 성경은 그 이유로 두 가지를 들고 있습니다. 첫째, 그것은 하나님의 백성으로 하여금 하나님을 경외하게 하기 위함이었습니다. 둘째, 그것은 온 열방으로 하나님의 능하신 손을 알게 하기 위함이었습니다. 그리고 그 결과 그들이 하나님께로 돌아옴으로 하나님으로부터 복을 받게 하기 위함이었습니다.

이처럼 하나님은 하나님의 백성을 통해 열방이 복을 받게 하시기 위해 하나님의 백성 가운데 그리고 열방 가운데 하나님의 놀라운 영광과 능력을 나타내기 원하십니다. 그런데 하나님이 하나님의 영광과 능력을 하나님의 백성에게 나타내시기 위해서는 하나님의 백성이 반드시 하나님을 전적으로 의지하고 순종해야 합니다. 즉, 하나님 중심적인 삶을 살아야 합니다 그래서 하나님이 아브라함을 부르시면서 그에게 집중적으로 하나님 중심적인 삶을 훈련시키신 것입니다.

 ## 이스라엘을 부르실 때 나타난 하나님 중심적인 삶

아브라함을 통해 시작하신 하나님의 계획을 실현시키기 위해 하나님은 하나님의 놀라운 권능으로 이스라엘 백성을 애굽에서 건져내셨습니다. 그러면서 하나님은 그들에게 무엇보다 하나님 중심적인 삶에 대해서 말씀하셨습니다.

예레미야는 이 점을 이렇게 말했습니다.

"사실은 내가 너희 조상들을 애굽 땅에서 인도하여 낸 날에 번제나 희생에 대하여 말하지 아니하며 명하지 아니하고 오직 내가 이것을 그들에게 명령하여 이르기를 너희는 내 목소리를 들으라 그리하면 나는 너희 하나님이 되겠고 너희는 내 백성이 되리라 너희는 내가 명령한 모든 길로 걸어가라 그리하면 복을 받으리라 하였으며"(렘 7:22-23).

여기서 하나님이 이스라엘 백성을 애굽에서 건져내실 때 번제나 희생에 대해서 말씀하시지 않았다는 말은 번제나 희생에 대해서 전혀 언급하시지 않았다는 말이 아닙니다. 하나님은 번제나 희생에 대해서 많이 말씀하셨습니다. 특히 레위기나 민수기를 보면 이 사실을 잘 알 수 있습니다. 이 말은 하나님이 그들에게 원하신 주된 것이 번제나 희생이 아니라, 그들이 하나님의 음성을 듣고 순종하는 것이었고, 하나님의 모든 길로 행하는 것이었다는 말입니다. 다시 말해서, 하나님 중심적인 삶을 원하셨다는 말입니다.

그러면 하나님은 이스라엘 백성을 애굽에서 건져내시면서, 어디에서 그렇게 말씀하셨습니까? 여러 곳에서 그렇게 말씀하셨습니다만 그 중 대표적인 두 구절을 보면 다음과 같습니다.

먼저 출애굽기 19장입니다.

"모세가 하나님 앞에 올라가니 여호와께서 산에서 그를 불러 말씀하시되 너는 이같이 야곱의 집에 말하고 이스라엘 자손들에게 말하라 내가 애굽 사람에게 어떻게 행하였음과 내가 어떻게 독수리 날개로 너희를 업어 내게로 인도하였음을 너희가 보았느니라 세계가 다 내게 속하였나니 너희가 내 말을 잘 듣고 내 언약을 지키면 너희는 모든 민족 중에서 내 소유가 되겠고 너희가 내게 대하여 제사장 나라가 되며 거룩한 백성이 되리라 너는 이 말을 이스라엘 자손에게 전할지니라"(출 19:3-6).

무엇보다 하나님은 여기에서 이스라엘 백성을 자기에게로 인도했다고 말씀하십니다. 우리는 흔히 이스라엘 백성을 애굽에서 건져내어 가나안 땅으로 보내기 위해 그들을 인도하셨다고 생각합니다. 그러나 하나님은 여기에서 이스라엘 백성을 애굽에서 건져내신 주된 목적이 그들을 가나안 땅으로 인도하기 위함이 아니라, 그들을 자신과의 친밀한 교제로 인도하시기 위함이었다고 말씀하십니다. 그리고 하나님은 그들에게 하나님과의 친밀함을 위해 하나님의 목소리를 청종하여 순종하라고 말씀하십니다. 정확하게 하나님 중심적인 삶으로 그들을 초청하신 것입니다. 그리고 그렇게 살아갈 때 그들이 제사장 나라가 되며, 열국 중에서 하나님의 소유가 되는 등 그들에게 하나님의 생명이 넘칠 것을 말씀하십니다. 사실, 가나안 땅도 그들이 그렇게 살아갈 때 그들에게 주어질 하나님의 생명 중 하나였습니다.

또 다른 구절은 흔히 두 번째 율법이라고 말하는 신명기에 나옵니다. 그 구절은 두 번째 율법으로서 출애굽기 19장에서 하나님이 말씀하신 바의 의미를 보다 잘 설명하고 있습니다.

"보라 내가 오늘 생명과 복과 사망과 화를 네 앞에 두었나니 곧 내가 오늘 네게 명령하여 네 하나님 여호와를 사랑하고 그 모든 길로 행하며 그의 명령과 규례와 법도를 지키라 하는 것이라 그리하면 네가 생존하며 번성할 것이요 또 네 하나님 여호와께서 네가 가서 차지할 땅에서 네게 복을 주실 것임이니라"(신 30:15-16).

여기서 하나님은 이스라엘 백성에게 세 가지를 명령하십니다. 첫째, 하나님을 사랑하라. 둘째, 하나님의 모든 길로 행하라. 셋째, 하나님의 명령과 규례를 지키라.

하나님을 사랑하는 것이 가장 첫째입니다. 출애굽기 19장에서 하나님은 이스라엘 백성을 하나님께로, 즉 하나님과의 친밀한 관계로 인도했다고 말씀하셨는데, 이 구절(신 30:15-16)은 그 의미를 보다 구체적으로 설명하고 있습니다. 하나님과의 친밀한 교제는 하나님을 알고 사랑하는 것을 의미하는 것이기 때문입니다. 그리고 하나님을 사랑하는 것은 전 존재로 하나님을 사랑하는 것을 의미합니다. 신명기 6장이 이것을 잘 보여주고 있습니다.

"이스라엘아 들으라 우리 하나님 여호와는 오직 유일한 여호와이시니 너는 마음을 다하고 뜻을 다하고 힘을 다하여 네 하나님 여호와를 사랑하라"(신 6:4-5).

하나님을 전 존재로 사랑한다는 말은 하나님 그분 자신이 우리의 모든 것 되시는 것을 말합니다. 하나님이 우리의 유일한 목적과 목표가 되시는 것을 말합니다.

하나님의 명령에 순종하는 것은 단순한 문자적인 순종 이상을 의미합니다. 그것은 하나님의 모든 길로 행하는 것을 포함합니다. 예수님 시대의 바리새인들은 율법을 문자적으로 지키면 잘 지키는 것이라고 생각했습니다. 그래서 그들은 실제로 다른 사람을 죽이지 않으면 살인하지 않은 것이라고 생각했습니다. 그러나 예수님은 올바른 관점에서 접근하셨습니다. 예수님은 단순한 문자적인 순종을 넘어 하나님의 길로 행하는 것이 요구됨을 아셨습니다.

그래서 예수님은 이렇게 말씀하셨습니다.

"옛 사람에게 말한 바 살인하지 말라 누구든지 살인하면 심판을 받게 되리라 하였다는 것을 너희가 들었으나 나는 너희에게 이르노니 형제에게 노하는 자마다 심판을 받게 되고 형제를 대하여 라가라 하는 자는 공회에 잡혀가게 되고 미련한 놈이라 하는 자는 지옥 불에 들어가게 되리라"(마 5:21-22).

예수님은, 만약 어떤 사람이 신명기의 말씀처럼 하나님을 전 존재로 사랑한다면, 형제를 미워하고 대적하는 행위가 얼마나 나쁜 것인지에 대한 하나님의 길을 그가 알게 될 것을 아셨습니다.

그러므로 하나님의 모든 길로 행하기 위해서는 먼저 하나님을 전 존재로 사랑하는 것이 필수입니다. 하나님의 길은 하나님을 사랑하는 자들에게 계시되기 때문입니다. 반면에 먼저 하나님을 전 존재로 사랑하지 않으면 하나님의 명령에 대한 문자적인 순종은 있을지 모르지만, 전혀 하나님의 길로 행하지 못하게 됩니다. 영적 분별력이 가리어져 하나님의 길을 보지 못하기 때문입니다. 예수님 시대의 바리새인들이 그랬습니다.

> "화 있을진저 외식하는 서기관들과 바리새인들이여 너희가 박하와 회향과 근채의 십일조는 드리되 율법의 더 중한 바 정의와 긍휼과 믿음은 버렸도다 그러나 이것도 행하고 저것도 버리지 말아야 할지니라 맹인 된 인도자여 하루살이는 걸러 내고 낙타는 삼키는도다"(마 23:23-24).
>
> "화 있을진저 눈 먼 인도자여 너희가 말하되 누구든지 성전으로 맹세하면 아무 일 없거니와 성전의 금으로 맹세하면 지킬지라 하는도다 어리석은 맹인들이여 어느 것이 크냐 그 금이냐 그 금을 거룩하게 하는 성전이냐 너희가 또 이르되 누구든지 제단으로 맹세하면 아무 일 없거니와 그 위에 있는 예물로 맹세하면 지킬지라 하는도다 맹인들이여 어느 것이 크냐 그 예물이냐 그 예물을 거룩하게 하는 제단이냐"(마 23:16-19).

하나님의 명령은 당연히 하나님의 명령과 규례를 지키는 것을 포함합니다. 그러나 하나님의 명령과 규례를 지키는 것은 하나님을 전 존재로 사랑하고, 그 모든 길로 행하는 토대 위에서만 가능합니다.

하지만 하나님을 전 존재로 사랑하지 않으면 하나님의 명령과 규례를 지키는 것은 최소한 세 가지 이유로 인해 가능하지 않게 됩니다. 첫째, 하나님을 전 존재로 사랑하지 않으면 자기의 취향과 선호하는 바와 유익에 따라 하나님의 명령을 선별적으로 순종하게 됩니다. 그리고 그러한 선별적인 순종은 전적인 불순종과 같습니다. 둘째, 하나님을 전 존재로 사랑하지 않으면, 하나님의 명령을 온전히 순종할 능력이 우리에게 없게 됩니다. 하나님의 명령을 온전히 순종하는 것은 우리의 노력과 결단만 가지고는 가능하지 않습니다. 그것은 하나님의 은혜로만 가능합니다. 즉 하나님이 우리 가운데 오셔서 운행하실 때에만 가능합니다. 우리가 하나님을 전 존재로 사랑할 때, 그분은 우리 가운데 오셔서 주권적으로 통치하십니다. 셋째, 우리가 하나님을 전 존재로 사랑하지 않으면, 위에서 살펴본 바리새인들의 경우처럼 문자적인 순종 혹은 외부적인 순종만이 우리에게 있을 따름입니다. 그러한 순종은 우리의 중심을 절대로 변화시키지 못합니다. 바리새인들의 경우가 그랬습니다.

"화 있을진저 외식하는 서기관들과 바리새인들이여 너희가 박하와 회향과 근채의 십일조는 드리되 율법의 더 중한 바 정의와 긍휼과 믿음은 버렸도다 그러나 이것도 행하고 저것도 버리지 말아야 할지니라 맹인 된 인도자여 하루살이는 걸러 내고 낙타는 삼키는도다 화 있을진저 외식하는 서기관들과 바리새인들이여 잔과 대접의 겉은 깨끗이 하되 그 안에는 탐욕과 방탕으로 가득하게 하는도다 눈 먼 바리새인이여 너는 먼저 안을 깨끗이 하라 그리하면 겉도 깨끗하리라 화 있을진저 외식하는 서기관들과 바리새인들이여 회칠한 무덤 같으니 겉으로는 아름답게 보이나 그 안에는 죽은 사람의 뼈와 모든 더러운 것이 가득하도다 이와 같이 너희도 겉으로는 사람에게 옳게 보이되 안으로는 외식과 불법이 가득하도다"(마 23:23-28).

이처럼 하나님은 이스라엘 백성을 애굽에서 건져내시면서 그들에게 하나님 중심적인 삶을 명령하셨습니다. 그리고 하나님 중심적인 삶을 살 때, 그들에게 하나님의 모든 생명과 복이 넘치게 될 것을 말씀하셨습니다.

예수님의 삶 속에 나타난 하나님 중심적인 삶

예수님은 우리의 신앙과 사역과 삶을 위한 온전한 모델이십니다. 그리고 예수님은 우리의 온전한 모델이실 뿐 아니라, 우리의 목표이기도 합니다. 왜냐하면 하나님이 우리를 빚으시되, 예수님의 형상을 닮도록 빚으시기 때문입니다(롬 8:29 참조). 예수님은 철저하게 하나님 중심적인 삶을 사셨습니다(이 부분에 대해서는 다음 장에서 보다 상세하게 살펴볼 것입니다). 이 점 하나만 보아도 우리는 우리의 삶이 얼마나 하나님 중심적인 삶이 되어야 하는가를 잘 볼 수 있습니다.

뿐만 아니라 예수님은 집중적으로 하나님 중심적인 삶을 전하셨습니다. 예수님이 전파하신 메시지는 하나님 나라의 메시지였습니다. 예수님이 전파하신 하나님 나라는 어떤 지역이나 영토를 가리키는 것이 아닙니다. 그것은 하나님의 주권적인 통치를 가리킵니다. 예수님은 이 땅에 하나님을 위한 백성을 완성하러 오신 분입니다. 그렇기 때문에 그분은 누구보다 더 분명하게 하나님 중심적인 삶을 전하신 것입니다. 하나님의 백성이라면 그만큼 하나님 중심적인 삶 가운데 서야 하기 때문입니다.

예수님이 전파하신 하나님 중심적인 메시지의 한 예를 들면, 누가복음 14장을 들 수 있습니다. 많은 무리가 예수님을 따를 때, 예수님은 돌아서서 그들에게 이렇게 말씀하셨습니다.

"무릇 내게 오는 자가 자기 부모와 처자와 형제와 자매와 더욱이 자기 목숨까지 미워하지 아니하면 능히 내 제자가 되지 못하고 누구든지 자기 십자가를 지고 나를 따르지 않는 자도 능히 내 제자가 되지 못하리라 너희 중의 누가 망대를 세우고자 할진대 자기의 가진 것이 준공하기까지에 족할는지 먼저 앉아 그 비용을 예산하지 아니하겠느냐 그렇게 아니하여 그 기초만 쌓고 능히 이루지 못하면 보는 자가 다 비웃어 이르되 이 사람이 공사를 시작하고 능히 이루지 못하였다 하리라 또 어떤 임금이 다른 임금과 싸우러 갈 때에 먼저 앉아 일만 명으로써 저 이만 명을 거느리고 오는 자를 대적할 수 있을까 헤아리지 아니하겠느냐 만일 못할 터이면 그가 아직 멀리 있을 때에 사신을 보내어 화친을 청할지니라 이와 같이 너희 중의 누구든지 자기의 모든 소유를 버리지 아니하면 능히 내 제자가 되지 못하리라"(눅 14:26-33).

여기에서 예수님은 심지어 우리 자신과 우리 가족과 우리의 재산까지도 하나님의 주권 아래 내려져야 할 것을 말씀하십니다. 예나 지금이나 세상에서 우리에게 가장 소중한 것이 있다면, 그것은 우리 자신과 우리 가족과 우리 재산일 것입니다. 그런데 예수님은 그러한 것들을 하나님의 주권 아래 내려놓으라고 말씀하십니다. 그 이유는 하나님이 우리 삶의 진정한 주인이 되시려면 그러한 것들이 하나님의 주권 아래 내려져야 하기 때문입니다. 아무리 우리가 "하나님이 우리의 주님이요, 왕이라"고 말할지라도, 우리의 그러한 것들이 하나님의 주권 아래 내려지지 않는다면, 실제적으로 우리의 주인은 하나님이 아니요, 우리 자신일 것입니다. 그만큼 예수님은 철저하게 하나님 중심적인 삶을 전하셨습니다.

바리새인들은 하나님이 그들의 하나님이요, 왕이라고 고백했습니다. 그래서 그들은 철저히 안식일을 지키고, 십일조를 드렸습니다. 그러나 마태복음 23장을 보면 알 수 있듯이, 그들의 삶 속에 있는 개인적인 야망, 명예욕, 세상에 대한 집착, 돈에 대한 탐심은 전혀 내려져 있지 않았습니다. 실제적으로 그들의 주인은 하나님이 아니라, 그들 자신이었습니다. 그래서 예수님은 그들이 하나님을 전혀 사랑하지 않는다고 말씀하셨습니다(요 5:42 참조).

또한 계속 반복적으로 나오지만, 하나님 중심적인 삶에 하나님의 모든 생명과 안식이 있습니다.

"수고하고 무거운 짐 진 자들아 다 내게로 오라 내가 너희를 쉬게 하리라 나는 마음이 온유하고 겸손하니 나의 멍에를 메고 내게 배우라 그러면 너희 마음이 쉼을 얻으리니 이는 내 멍에는 쉽고 내 짐은 가벼움이라 하시니라"(마 11:28-30).

사실, 예수님이 우리에게 주기를 원하시는 평안과 안식과 생명은 예수님이 우리 삶의 왕이 되실 때에만 발견됩니다. 그것이 바로 예수님께서 많은 이들이 예수님의 메시지로 인하여 부담을 느끼고 떠나는 것을 감수하시면서까지 하나님 중심적인 삶을 전하신 또 하나의 이유이기도 합니다. 예수님이 그렇게 하신 것은 흩어지는 사람들에 대해 무관심하거나 그들을 사랑하지 않으셔서가 아닙니다. 예수님은 그들을 위해 십자가를 지시기 위해 이 땅에 오셨다는 사실을 우리는 기억해야 합니다. 예수님이 그렇게 하신 것은 하나님 중심적인 삶이야말로 그들이 살 수 있는 유일한 길이었기 때문입니다. 그리고 거기에 하나님의 진정한 생명이 넘치기 때문입니다.

우리는 예수님보다 더 동정적이 되지 않도록 조심해야 합니다. 인간을 가장 사랑하신 분이 있다면, 그분은 바로 예수님이실 것입니다. 그런 그분이 그렇게 철저하게 하나님 중심적인 삶을 전하셨습니다. 그러므로 우리도 당연히 자신이 먼저 하나님 중심적인 삶을 살 뿐 아니라, 하나님 중심적인 삶을 전해야 할 것입니다.

예레미야 23장은 양들을 흩는 목자들에게 하나님의 심판이 있을 것을 말하고 있습니다.

"그러므로 이스라엘의 하나님 여호와께서 내 백성을 기르는 목자에게 이와 같이 말씀하시니라 너희가 내 양 떼를 흩으며 그것을 몰아내고 돌아보지 아니하였도다 보라 내가 너희의 악행 때문에 너희에게 보응하리라 여호와의 말씀이니라 내가 내 양 떼의 남은 것을 그 몰려 갔던 모든 지방에서 모아 다시 그 우리로 돌아오게 하리니 그들의 생육이 번성할 것이며 내가 그들을 기르는 목자들을 그들 위에 세우리니 그들이 다시는 두려워하거나 놀라거나 잃어 버리지 아니하리라 여호와의 말씀이니라 여호와의 말씀이니라 보라 때가 이르리니 내가 다윗에게 한 의로운 가지를 일으킬 것이라 그가 왕이 되어 지혜롭게 다스리며 세상에서 정의와 공의를 행할 것이며"(렘 23:2-5).

여기서 양들을 흩는 목자들은 하나님 중심적인 메시지를 전함으로 인해 하나님의 백성이 흩어지는 것을 초래한 목자들을 말하는 것이 아닙니다. 오히려 부드러운 평화의 메시지를 전한 자들입니다. 왜냐하면 그들이야말로 양들을 하나님으로부터 흩은 자들이기 때문입니다. 하나님의 백성을 하나님의 유업으로부터 흩은 자들이기 때문입니다.

이러한 사실은 4절과 5절을 보아도 확실히 알 수 있습니다. 성경은 이제 하나님이 직접 일어나셔서 하나님의 백성 중 남은 자들을 모으시고, 그 위에 참 목자들을 세우실 것이라고 예언하고 있습니다. 그리고 그 목자들 중 대표적인 인물이 다윗의 가지로 오실 메시아가 될 것이라고 예언하고 있습니다. 그 메시아로 오신 분이 바로 예수님입니다. 그리고 예수님은 사람들이 흩어지는 것을 감수하면서까지 하나님 중심적인 삶을 전하셨습니다.

5장 하나님
중심적인 삶의 특징

예수께서 이르시되 나의 양식은 나를 보내신 이의 뜻을 행하며 그의 일을 온전히 이루는 이것이니라(요 4:34).

5장

하님 중심적인 삶은 몇 가지 중요한 특징들을 가지고 있습니다. 그리고 그 특징들을 살펴보면 어떻게 우리의 삶이 처음부터 끝까지 하나님 중심적일 수 있는지를 더욱 분명하게 볼 수 있습니다. 그래서 이 장에서는 하나님 중심적인 삶의 특징들을 하나하나 살펴보려고 합니다. 특히 누구보다 하나님 중심적인 삶을 사셨던 예수님의 삶을 본보기로 삼아서 그 특징들을 살펴보고자 합니다.

하나님 중심적인 삶은 다음의 세 가지 중요한 특징들을 가지고 있습니다. 즉, 하나님 중심적인 삶은 하나님의 자원으로, 하나님의 목적을 위해, 하나님의 방법대로 사는 삶입니다.

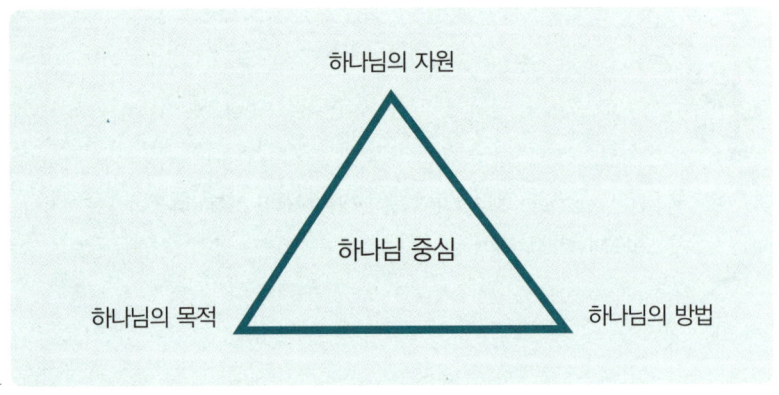

 ## 하나님의 자원으로 사는 삶

　하나님 중심적인 삶은 먼저 하나님의 자원으로 사는 삶입니다. 우리의 신앙생활은 모든 면에서 하나님의 자원으로 사는 삶입니다. 우선 우리가 하나님 앞에 나아갈 수 있는 것은 오직 하나님의 자원으로만 가능합니다. 즉, 십자가에 못 박힌 예수님의 공로만을 의지하여 하나님 앞에 설 수 있습니다. 세상과 죄를 이기는 것 그리고 우리의 삶이 변화되는 것도 마찬가지입니다. 그것은 십자가의 능력과 성령님의 능력으로만 가능합니다. 하나님의 은혜로만 가능합니다. 우리의 사역에 있어서도 마찬가지입니다. 우리의 사역은 우리의 힘과 노력으로 성취하는 그 무엇이 아닙니다. 하나님이 하나님의 능력으로 우리를 통해서 하나님의 일을 이루시는 것입니다. 애굽에서 이스라엘 백성을 건져내신 사건을 생각해 보십시오. 기드온을 통해 이스라엘 백성을 미디안 사람들의 손에서 건져내신 것을 보십시오. 예수님의 십자가를 통해서 죄와 사망과 사탄의 세력을 멸하신 것을 보십시오. 이처럼 우리의 모든 신앙생활은 하나님의 자원으로 사는 삶입니다. 이 부분에 대한 좀 더 자세한 설명을 원하시면 새물결선교회에서 출판한 이길수 목사의 책 「하나님의 자원으로 사는 삶」을 참조하십시오.

　우리는 예수님의 삶에서 이에 대한 가장 좋은 예를 볼 수 있습니다. 예수님은 누구보다 철저하게 하나님의 자원으로 사셨습니다. 그리고 하나님의 자원으로 사는 삶을 우리에게 가르치셨습니다. 그것을 보여주는 대표적인 구절 중 하나는 요한복음 6장입니다.

　　"살아 계신 아버지께서 나를 보내시매 내가 아버지로 말미암아 사는 것같이 나를 먹는 그 사람도 나로 말미암아 살리라"(요 6:57).

　여기에서 예수님이 아버지로 말미암아 사셨다고 하는 말은 예수님은 철저하게 아버지의 자원으로 사셨다는 말입니다. 예수님은 판단이나 말이나 행동에 있어서 모두 하나님의 자원으로만 사셨습니다. 그래서 예수님은 자주 아무것도 스스로 할 수 없다고 말씀하셨습니다. 아무것도 스스로 하지 않는다 정도가 아니었습니다. 아무것도 스스로 할 수 없다고 말씀하셨습니다. 요한복음에 나오는 몇 구절만 보아도 우리는 이 점을 분명하게 볼 수 있습니다.

"그러므로 예수께서 그들에게 이르시되 내가 진실로 진실로 너희에게 이르노니 아들이 아버지께서 하시는 일을 보지 않고는 아무 것도 스스로 할 수 없나니 아버지께서 행하시는 그것을 아들도 그와 같이 행하느니라"(요 5:19).

"내가 아무 것도 스스로 할 수 없노라 듣는 대로 심판하노니 나는 나의 뜻대로 하려 하지 않고 나를 보내신 이의 뜻대로 하려 하므로 내 심판은 의로우니라"(요 5:30).

"예수께서 대답하여 이르시되 내 교훈은 내 것이 아니요 나를 보내신 이의 것이니라"(요 7:16).

"이에 예수께서 이르시되 너희가 인자를 든 후에 내가 그인 줄을 알고 또 내가 스스로 아무 것도 하지 아니하고 오직 아버지께서 가르치신 대로 이런 것을 말하는 줄도 알리라"(요 8:28).

"내가 내 자의로 말한 것이 아니요 나를 보내신 아버지께서 내가 말할 것과 이를 것을 친히 명령하여 주셨으니"(요 12:49).

"내가 아버지 안에 거하고 아버지는 내 안에 계신 것을 네가 믿지 아니하느냐 내가 너희에게 이르는 말은 스스로 하는 것이 아니라 아버지께서 내 안에 계셔서 그의 일을 하시는 것이라 내가 아버지 안에 거하고 아버지께서 내 안에 계심을 믿으라 그렇지 못하겠거든 행하는 그 일로 말미암아 나를 믿으라"(요 14:10-11).

또한 예수님은 자신의 "원수 갚는 것"을 포함하여 자신의 명예 회복을 위해서도 오직 하나님만을 의지하셨습니다.

"나는 내 영광을 구하지 아니하나 구하고 판단하시는 이가 계시니라"(요 8:50).

다른 말로 하면, 예수님은 스스로 세우는 것을 철저하게 포기하시고, 오직 하나님만을 의지하셨습니다.

"유대인의 명절인 초막절이 가까운지라 그 형제들이 예수께 이르되 당신의 행하는 일을 제자들도 보게 여기를 떠나 유대로 가소서 스스로 나타나기를 구하면서 묻혀서 일하는 사람이 없나니 이 일을 행하려 하거든 자신을 세상에 나타내소서 하니 이는 그 형제들까지도 예수를 믿지 아니함이러라 예수께서 이르시되 내 때는 아직 이르지 아니하였거니와 너희 때는 늘 준비되어 있느니라"(요 7:2-6).

덧붙여서 말씀드린다면, 요한복음은 하나님과의 친밀함을 강조하고 있습니다. 그런데 그곳에서 예수님은 자신이 철저하게 하나님의 자원으로 사셨다는 것을 강조하고 있습니다. 이것을 보아도 알 수 있듯이 하나님과의 친밀함과 오직 하나님의 자원으로 사는 삶은 밀접한 관계를 가지고 있습니다.

특히 예수님이 얼마나 철저하게 하나님의 자원으로 사셨는가 하는 것은, 예수님이 하나님의 아들이심에도 불구하고 오직 하나님의 선(善)만을 의지하셨다는 점에서 가장 잘 확인할 수 있습니다. 부자 청년이 예수님께 나아와 어떻게 구원을 얻을 수 있느냐고 물었을 때, 예수님은 이렇게 대답하셨습니다.

"예수께서 길에 나가실새 한 사람이 달려와서 꿇어 앉아 묻자오되 선한 선생님이여 내가 무엇을 하여야 영생을 얻으리이까 예수께서 이르시되 네가 어찌하여 나를 선하다 일컫느냐 하나님 한 분 외에는 선한 이가 없느니라"(막 10:17-18).

저는 신학대학원에 다니면서 이 구절에 대해 의문점을 가졌던 적이 있습니다. 왜냐하면 이 구절에 의하면 마치 예수님이 자신의 선함을 부인하고 계신 것처럼 보이기 때문입니다. 만약 예수님이 자신의 선함을 부인하셨다면 그것은 자신의 신성을 부인하신 것과 마찬가지이기 때문입니다. 그래서 그 당시 저는 몇 가지 주석들을 찾아보았지만, 설득력 있는 답변을 얻지 못했습니다. 그런데 얼마 전 하나님의 자원으로 사는 삶을 살펴보면서 예수님이 말씀하신 의미를 깨달을 수 있었습니다. 예수님은 온전하신 하나님의 아들이셨습니다. 그리고 온전하신 하나님의 아들로서 그분에게는 어떠한 죄도 없으셨습니다.

"우리에게 있는 대제사장은 우리의 연약함을 동정하지 못하실 이가 아니요 모든 일에 우리와 똑같이 시험을 받으신 이로되 죄는 없으시니라"(히 4:15).

그럼에도 예수님은 선을 위해 자신의 선을 의지하지 않으셨습니다. 예수님이 의지하신 선은 오직 하나님의 선뿐이었습니다. 그것이 바로 예수님이 부자 청년에게 말씀하신 내용이었습니다. 그만큼 예수님은 철저하게 하나님의 자원으로만 사셨습니다.

예수님처럼 우리도 철저하게 하나님의 자원으로만 살아야 합니다. 하나님의 자원으로 사는 삶, 그것이 바로 십자가에 의한 삶입니다. 예수님이 요한복음 6장에서 하나님의 자원으로 사셨다고 말씀하신 구절은 십자가 복음과 관련하여 가장 핵심적인 구절 중 하나입니다.

"예수께서 이르시되 내가 진실로 진실로 너희에게 이르노니 인자의 살을 먹지 아니하고 인자의 피를 마시지 아니하면 너희 속에 생명이 없느니라 내 살을 먹고 내 피를 마시는 자는 영생을 가졌고 마지막 날에 내가 그를 다시 살리리니 내 살은 참된 양식이요 내 피는 참된 음료로다 내 살을 먹고 내 피를 마시는 자는 내 안에 거하고 나도 그 안에 거하나니 살아 계신 아버지께서 나를 보내시매 내가 아버지로 말미암아 사는 것같이 나를 먹는 그 사람도 나로 말미암아 살리라"(요 6:53-57).

여기에서 예수님의 살과 피는 예수님의 십자가를 의미합니다. 그리고 그 것을 먹고 마시는 것은 믿는 것을 의미합니다(요 6:28-29 참조). 예수님은 순간순간 십자가의 공로를 의지하여 서는 사람은 예수님과의 친밀함 가운데 거할 것이고(56절), 그러한 사람은 예수님과 같이 오직 하나님의(예수님의) 자원으로만 살게 될 것(57절)이라고 말씀하셨습니다.

예수님은 하나님의 선만을 자기가 의지하는 선으로 삼고, 하나님의 능력만을 자기가 의지하는 능력으로 삼았으며, 하나님의 지혜만을 자기가 의지하는 지혜로 삼았습니다. 이와 같이 예수님만이 우리가 의지하는 능력과 지혜와 의와 거룩함과 구속함이 되시는 것이 바로 십자가에 의한 삶입니다.

"우리는 십자가에 못 박힌 그리스도를 전하니 유대인에게는 거리끼는 것이요 이방인에게는 미련한 것이로되 오직 부르심을 받은 자들에게는 유대인이나 헬라인이나 그리스도는 하나님의 능력이요 하나님의 지혜니라…너희는 하나님으로부터 나서 그리스도 예수 안에 있고 예수는 하나님으로부터 나와서 우리에게 지혜와 의로움과 거룩함과 구원함이 되셨으니 기록된 바 자랑하는 자는 주 안에서 자랑하라 함과 같게 하려 함이니라"(고전 1:23-24, 30-31).

예레미야 시대에 이스라엘 백성의 신앙이 지극히 타락하여 하나님의 심판이 코앞에까지 와 있던 상황에서, 하나님은 예레미야를 통해 그들에게 동일한 메시지를 전하셨습니다. 그들에게 살 길을 제시하신 것입니다. 만약 그들이 하나님이 말씀하신 의도를 깨닫고 그렇게 하나님의 자원으로 사는 삶으로 돌이켰더라면, 그들은 멸망당하지 아니하고 구원을 얻었을 것입니다.

"여호와께서 이와 같이 말씀하시되 지혜로운 자는 그 지혜를 자랑하지 말라 용사는 그의 용맹을 자랑하지 말라 부자는 그의 부함을 자랑하지 말라 자랑하는 자는 이것으로 자랑할지니 곧 명철하여 나를 아는 것과 나 여호와는 사랑과 정의와 공의를 땅에 행하는 자인 줄 깨닫는 것이라 나는 이 일을 기뻐하노라 여호와의 말씀이니라"(렘 9:23-24).

 ## 하나님의 목적을 위해 사는 삶

성경은 모든 피조물이 하나님(예수님)을 위해 창조되었다고 말하고 있습니다.

"만물이 그에게서 창조되되 하늘과 땅에서 보이는 것들과 보이지 않는 것들과 혹은 왕권들이나 주관들이나 통치자들이나 권세들이나 만물이 다 그로 말미암고 그를 위하여 창조되었고 또한 그가 만물보다 먼저 계시고 만물이 그 안에 함께 섰느니라"(골 1:16-17).

뿐만 아니라, 하나님은 우리를 구원하셔서 하나님의 영광을 위해 살게 하셨습니다.

"그러나 너희는 택하신 족속이요 왕 같은 제사장들이요 거룩한 나라요 그의 소유가 된 백성이니 이는 너희를 어두운 데서 불러 내어 그의 기이한 빛에 들어가게 하신 이의 아름다운 덕을 선포하게 하려 하심이라"(벧전 2:9).
"…너희는 너희 자신의 것이 아니라 값으로 산 것이 되었으니 그런즉 너희 몸으로 하나님께 영광을 돌리라"(고전 6:19-20).
"우리 중에 누구든지 자기를 위하여 사는 자가 없고 자기를 위하여 죽는 자도 없도다 우리가 살아도 주를 위하여 살고 죽어도 주를 위하여 죽나니 그러므로 사나 죽으나 우리가 주의 것이로다"(롬 14:7-8).

우리의 올바른 신앙은 하나님의 목적을 위해 사는 삶입니다. 다시 말하면, 하나님이 유일한 목적이 되는 삶을 말합니다. 그리고 거기에 진정한 하나님의 생명이 넘칩니다.

세계적인 베스트셀러 중 하나인 「목적이 이끄는 삶」의 저자인 릭 워렌 목사님은 그의 책 1장에서 하나님이 의도하신 목적이 우리의 삶 속에 이루어지기 위해서는 하나님의 목적을 위해 사는 삶으로부터 시작해야 한다고 말합니다.

"우리가 스스로에게 초점을 맞추고 시작한다면 삶의 목적에 도달할 수 없다. 삶의 목적에 도달하기 위해서는 우리의 창조주, 하나님으로부터 시작해야 한다. 우리는 하나님에 의해, 하나님을 위해서 창조되었고, 그것을 이해하기 전에는 결코 삶을 이해할 수 없다"(「목적이 이끄는 삶」, 22쪽).

예수님은 철저하게 하나님의 목적을 위해 사셨습니다. 다시 말해서, 예수님은 철저하게 하나님의 영광을 위해 사셨습니다. 요한복음에 나오는 몇 구절들을 보아도 이 점을 쉽게 알 수 있습니다.

"내가 아무 것도 스스로 할 수 없노라 듣는 대로 심판하노니 나는 나의 뜻대로 하려 하지 않고 나를 보내신 이의 뜻대로 하려 하므로 내 심판은 의로우니라"(요 5:30).
"예수께서 대답하시되…오직 내 아버지를 공경함이거늘…나는 내 영광을 구하지 아니하나…"(요 8:49-50).
"아버지여 아버지의 이름을 영광스럽게 하옵소서 하시니 이에 하늘에서 소리가 나서 이르되 내가 이미 영광스럽게 하였고 또다시 영광스럽게 하리라 하시니"(요 12:28).
"아버지께서 내게 하라고 주신 일을 내가 이루어 아버지를 이 세상에서 영화롭게 하였사오니"(요 17:4).

예수님은 특별히 아버지의 목적을 위해 사는 것을 자신의 양식으로 삼으셨습니다.

"예수께서 이르시되 나의 양식은 나를 보내신 이의 뜻을 행하며 그의 일을 온전히 이루는 이것이니라"(요 4:34).

뿐만 아니라, 예수님은 어떠한 핍박에도 불구하고 아버지의 목적을 위해 사셨습니다.

"그러므로 안식일에 이러한 일을 행하신다 하여 유대인들이 예수를 박해하게 된지라 예수께서 그들에게 이르시되 내 아버지께서 이제까지 일하시니 나도 일한다 하시매"(요 5:16-17).
"때가 아직 낮이매 나를 보내신 이의 일을 우리가 하여야 하리라 밤이 오리니 그 때는 아무도 일할 수 없느니라"(요 9:4).

여기의 "하여야 하리라"는 말은 영어로 "must do"라고 번역될 만큼 "반드시 해야 하리라"는 말입니다. 그리고 이 구절은 날 때부터 맹인된 자를 고치신 사건과 관련된 구절인데, 여기서도 예수님은 나중에 이 일로 인해 유대인들에게 핍박을 받게 됩니다.

예수님의 이러한 삶으로 인해 하나님은 예수님에게 놀라운 생명을 부으셨습니다. 먼저 성경은 하나님이 예수님의 그러한 삶으로 인해 하나님과의 친밀함을 예수님에게 허락하셨다고 말하고 있습니다. 요한복음 5장 30절을 자세히 보십시오. 예수님은 하나님께로부터 듣는 대로 판단하시기 때문에 자신의 판단이 옳다고 말씀하십니다. 그러면서 예수님은 그 이유를 자신이 항상 하나님을 기쁘시게 하기를 추구하기 때문이라고 말씀하십니다. 즉, 예수님이 늘 하나님을 기쁘시게 하기를 추구하니까 하나님이 하나님의 판단을 수시로 예수님에게 알려주시는 친밀함을 허락하셨다는 말씀입니다.

영어 NIV 성경을 보면 이 연결을 분명히 볼 수 있습니다. "By myself I can do nothing; I judge only as I hear, and my judgment is just, for I seek not to please myself but him who sent me."

우리는 일반적으로 예수님이 하나님의 아들이시기 때문에, 당연히 하나님은 예수님에게 하나님과의 친밀함을 허락하셨다고 믿습니다. 그 말이 전혀 틀린 말은 아닐 것입니다. 그러나 정작 예수님은 그렇게 말씀하고 계시지 않습니다.

요한복음 8장 29절을 보십시오.

"나를 보내신 이가 나와 함께 하시도다 나는 항상 그가 기뻐하시는 일을 행하므로 나를 혼자 두지 아니하셨느니라."

여기서도 예수님은 하나님이 예수님과 항상 함께하시는 이유를 예수님이 항상 하나님을 기쁘시게 하기를 추구하기 때문이라고 말씀하십니다. 영어 NIV 성경을 보면 더 분명하게 알 수 있습니다. "The one who sent me is with me; he has not left me alone, for I always do what pleases him."

또한 하나님은 예수님을 높이셨습니다. 예수님은 자신이 철저하게 하나님의 영광을 구하는 삶을 살면 자신의 영광은 하나님께서 구하신다고 거듭 말씀하셨습니다.

"예수께서 대답하시되 나는 귀신 들린 것이 아니라 오직 내 아버지를 공경함이거늘 너희가 나를 무시하는도다 나는 내 영광을 구하지 아니하나 구하고 판단하시는 이가 계시니라"(요 8:49-50).

영어 NIV 성경은 50절을 "I am not seeking glory for myself; but

there is one who seeks it, and he is the judge"(나는 내 자신을 위한 영광을 구하지 않는다. 그러나 그것을 추구하시는 분이 계신데, 그분은 재판장이시다)라고 번역하고 있습니다. 그 외에도 요한복음 8장 54절, 13장 31~32절, 17장 1~5절 등이 동일한 내용을 말하고 있습니다. 하나님은 지금도 예수님의 영광을 구하고 계십니다. 이처럼 우리가 하나님의 영광을 위해 살 때, 우리의 영광은 하나님이 구하십니다. 우리가 우리 자신의 영광을 구하는 것과 하나님이 우리의 영광을 구하시는 것 중 어느 것이 더 귀하겠습니까?

하나님의 방법대로 사는 삶

우리의 신앙은 모든 면에서 오직 하나님의 방법대로 사는 삶입니다.
우선 하나님의 의도는 하나님의 백성이 철저하게 하나님의 다림줄(기준)에 세워지는 것입니다.

> "또 내게 보이신 것이 이러하니라 다림줄을 가지고 쌓은 담 곁에 주께서 손에 다림줄을 잡고 서셨더니 여호와께서 내게 이르시되 아모스야 네가 무엇을 보느냐 내가 대답하되 다림줄이니이다 주께서 이르시되 내가 다림줄을 내 백성 이스라엘 가운데 두고 다시는 용서하지 아니하리니"(암 7:7-8).

7절에 나오는 담은 하나님의 백성을 가리킵니다. 하나님은 하나님의 백성이 다림줄에 맞추어 똑바로 세워진 담처럼 그렇게 하나님의 기준에 맞추어 세워지기를 바라십니다. 그리고 하나님의 백성이 하나님을 떠나 그들을 심판하실 때에도 하나님은 하나님의 다림줄(기준)을 가지고 그들을 심판하십니다.

그래서 우리 신앙의 가장 본질적인 부분 중 하나가 하나님의 모든 길로 행하는 것입니다.

"곧 내가 오늘 네게 명령하여 네 하나님 여호와를 사랑하고 그 모든 길로 행하며 그 명령과 규례와 법도를 지키라 하는 것이라 그리하면 네가 생존하며 번성할 것이요 또 네 하나님 여호와께서 네가 가서 차지할 땅에서 네게 복을 주실 것임이니라"(신 30:16).

"사실은 내가 너희 조상들을 애굽 땅에서 인도하여 낸 날에 번제나 희생에 대하여 말하지 아니하며 명령하지 아니하고 오직 내가 이것을 그들에게 명령하여 이르기를 너희는 내 목소리를 들으라 그리하면 나는 너희 하나님이 되겠고 너희는 내 백성이 되리라 너희는 내가 명령한 모든 길로 걸어가라 그리하면 복을 받으리라 하였으나"(렘 7:22-23).

"오직 여호와의 종 모세가 너희에게 명령한 명령과 율법을 반드시 행하여 너희의 하나님 여호와를 사랑하고 그의 모든 길로 행하며 그 계명을 지켜 그에게 친근히 하고 너희의 마음을 다하며 성품을 다하여 그를 섬길지니라 하고"(수 22:5).

특히 여호수아 22장은 여호수아가 가나안 땅의 정복을 마치고 르우벤 사람과 갓 사람과 므낫세 반 지파를 요단 동편으로 보내면서, 그들을 향한 모든 신앙의 권면을 이 한 마디에 담아서 그들에게 당부한 구절입니다. 여기에서 여호수아는 모세가 신명기 30장에서 이스라엘 백성에게 명한 것과 정확하게 동일한 것을 명령하고 있습니다. 그 중 중요한 한 가지는 하나님의 모든 길로 행하라는 것이었습니다.

예수님은 철저하게 하나님의 방법을 따라 사셨습니다. 먼저 예수님은 항상 하나님의 행하심을 보고 그대로 순종하셨습니다.

"그러므로 예수께서 그들에게 이르시되 내가 진실로 진실로 너희에게 이르노니 아들이 아버지께서 하시는 일을 보지 않고는 아무 것도 스스로 할 수 없나니 아버지께서 행하시는 그것을 아들도 그와 같이 행하느니라"(요 5:19).

그것이 그날 예수님이 베데스다 연못가에 모여 있던 그 많은 환자들 중 38년 된 병자 한 사람만 고치신 것과 안식일임에도 불구하고 그에게 자리를 들고 걸어가라고 명하신 이유였습니다. 그리고 예수님은 비슷한 종류의 환자들을 고치실 때에도 각기 다른 방법들을 사용하셨습니다. 예수님은 치유를 위해 어떤 방법을 의지하신 것이 아니라, 하나님의 지시를 따라 행하셨습니다.

하나님의 방법을 따라 살기 위해 우리에게 필수적인 요소 중 하나는 하나님께 묻는 것입니다. 이 부분에서 가장 잘한 사람 중 하나가 다윗입니다. 그는 매사에 자기의 판단과 지혜를 의지하지 않고 하나님의 판단과 하나님의 지혜를 구하며 하나님께 물었습니다. 즉, 하나님의 길과 방법을 구하며 물었습니다.

"이에 다윗이 여호와께 묻자와 이르되 내가 가서 이 블레셋 사람들을 치리이까 여호와께서 다윗에게 이르시되 가서 블레셋 사람들을 치고 그일라를 구원하라 하시니…다윗이 여호와께 다시 묻자온대 여호와께서 대답하여 이르시되 일어나 그일라로 내려가라 내가 블레셋 사람들을 네 손에 넘기리라 하신지라"(삼상 23:2, 4).

"그 후에 다윗이 여호와께 여쭈어 아뢰되 내가 유다 한 성읍으로 올라가리이까 여호와께서 이르시되 올라가라 다윗이 아뢰되 어디로 가리이까 이르시되 헤브론으로 갈지니라"(삼하 2:1).

"다윗이 여호와께 여쭈어 이르되 내가 블레셋 사람에게로 올라가리이까 여호와께서 그들을 내 손에 넘기시겠나이까 하니 여호와께서 다윗에게 말씀하시되 올라가라 내가 반드시 블레셋 사람을 네 손에 넘기리라 하신지라…다윗이 여호와께 여쭈니 이르시되 올라가지 말고 그들 뒤로 돌아서 뽕나무 수풀 맞은편에서 그들을 기습하되"(삼하 5:19, 23).

그 중 가장 대표적인 예는 사무엘상 30장에 나옵니다. 다윗이 블레셋에 피신해 있을 당시 블레셋 족장들과 합세하여 사울을 치러 간 적이 있었습니다. 그런데 블레셋의 다른 족장들이 받아들이지 않아서 그냥 자기가 머물던 시글락으로 돌아왔습니다. 시글락에 돌아오자, 다윗과 그의 부하들은 그동안 아말렉 사람들이 시글락을 침범하여 모든 집을 불태우고 자기들의 자녀들과 아내들을 포로로 잡아가버린 것을 발견했습니다. 그러자 다윗의 부하들이 돌을 들어 다윗을 치려고 합니다. 이렇게 긴박한 상황에서 다윗은 하나님께 물었습니다.

"백성들이 자녀들 때문에 마음이 슬퍼서 다윗을 돌로 치자 하니 다윗이 크게 다급하였으나 그의 하나님 여호와를 힘입고 용기를 얻었더라 다윗이 아히멜렉의 아들 제사장 아비아달에게 이르되 원하건대 에봇을 내게로 가져오라 아비아달이 에봇을 다윗에게로 가져가매 다윗이 여호와께 묻자와 이르되 내가 이 군대를 추격하면 따라잡겠나이까 하니 여호와께서 그에게 대답하시되 그를 쫓아가라 네가 반드시 따라잡고 도로 찾으리라"(삼상 30:6-8).

만약 하나님이 쫓아가지 말라고 하면 안 갈 참이었습니다. 얼마나 놀랍습니까. 이처럼 다윗은 철저하게 하나님께 물었습니다. 그는 하나님의 방법을 따르는 하나님 중심적인 삶을 살기 원했기 때문입니다.

그런데 그러한 다윗도 하나님께 묻지 않아서 큰 낭패를 경험한 적이 있었습니다. 그것은 하나님의 언약궤를 자기 성으로 가져올 때였습니다. 역대상 13장에 보면, 그가 언약궤를 가져오기 위해 새로운 수레를 만들었습니다. 그리고 그는 언약궤를 그 위에 싣고 나르게 했습니다. 다윗과 온 이스라엘 백성은 하나님 앞에서 기뻐 춤추며 온갖 악기로 하나님을 찬양했습니다. 그러다 갑자기 소들이 뛰는 바람에 언약궤가 땅에 떨어지려고 했습니다. 이를 본 웃사라는 다윗의 부하가 언약궤를 붙잡았습니다. 그러자 하나님이 하나님의 언약궤를 만졌다고 해서 그 웃사를 그 자리에서 죽이셨습니다. 모든 일이 중단되었습니다. 다윗은 심히 분을 내며 낙심했습니다. 그러나 다윗은 나중에 자기의 잘못을 깨닫습니다. 하나님의 언약궤는 수레에다 나르는 것이 아니라, 레위인들이 어깨에 메고 나르게 되어 있는 하나님의 방법을 발견한 것입니다. 그러면서 그는 그의 가장 근본적인 잘못이 하나님께 묻지 않았던 것에 있었음을 발견합니다.

"전에는 너희가 메지 아니하였으므로 우리 하나님 여호와께서 우리를 찢으셨으니 이는 우리가 규례대로 그에게 구하지 아니하였음이라 하니"(대상 15:13).

영어 NIV 성경을 보면 이 부분을 아주 분명하게 잘 표현하고 있습니다. "It was because you, the Levites, did not bring it up the first time that the LORD our God broke out in anger against us. We did not inquire of him about how to do it in the prescribed way."

우리의 참다운 신앙은 하나님 중심적인 삶입니다. 하나님 중심적인 삶은 하나님의 목적을 위해, 하나님의 자원으로 그리고 하나님의 방법으로 사는 삶입니다. 사실, 사역만 하더라도 그렇습니다. 성경에서 말하는 참다운 사역은 하나님의 목적을 위해, 하나님의 자원으로 그리고 하나님의 방법으로 감당하는 것입니다. 성경에서 말하는 우리의 사역은 우리가 하나님을 위해서 무엇인가를 계획하고, 그것을 위해 수고하는 것이 아닙니다. 성경에서 말하는 사역은 하나님이 자신의 계획을 우리를 통해서 이루시는 것입니다. 즉, 하나님의 목적에 동참하는 것이 우리의 사역입니다.

또한 우리의 사역은 하나님의 자원으로만 가능합니다. 예를 들어, 하나님이 이스라엘 백성을 애굽에서 건져내신 것을 보십시오. 하나님이 기드온을 통해 이스라엘을 미디안 백성의 손에서 건져내신 것을 보십시오. 그 모든 것은 오직 하나님의 자원으로만 가능했습니다. 끝으로 우리의 사역은 전적으로 하나님의 방법으로만 가능합니다. 예를 들어, 하나님은 모세가 하나님의 계획을 알고 동참한 뒤에, 그에게 그 일을 잘 이룰 수 있는 계획을 짜서 실천하라고 요구하지 않으셨습니다. 대신 하나님은 그에게 구체적인 방법들을 제시해 주셨습니다. 만약 모세가 하나님의 방법을 따르지 않았다면, 그 일은 결코 성공하지 못했을 것입니다. 여호수아를 통해서 가나안 땅을 정복할 때에도 마찬가지였습니다. 그러므로 우리는 하나님과의 친밀한 교제 가운데 머물러 있으면서, 순간순간 하나님의 구체적인 지시를 따라 순종해야 합니다. 그때 하나님이 하나님의 능력으로 역사하셔서 하나님의 일을 이루십니다.

6장 타락의 본질은 자기 중심적인 삶

너희는 너희 아비가 행한 일들을 하는도다 대답하되 우리가 음란한 데서 나지 아니하였고 아버지는 한 분뿐이시니 곧 하나님이시로다…너희는 너희 아비 마귀에게서 났으니 너희 아비의 욕심대로 너희도 행하고자 하느니라(요 8:41, 44).

6장

앞에서 살펴본 것처럼 우리의 신앙은 처음부터 끝까지 하나님 중심적인 삶입니다. 그런데 우리 신앙이 타락하면 자기 중심적이 됩니다. 사실, 타락의 본질은 자기 중심적인 삶입니다.

 **사탄의 타락과 자기 중심적인 삶**

자기 중심적인 삶은 사탄의 타락으로부터 시작됩니다. 많은 학자들이 이사야 14장에 나오는 계명성에 관한 내용을 사탄의 타락에 대한 내용이라고 받아들입니다. 사탄은 원래 천사장 중 하나로서 하나님의 가장 훌륭한 피조물 중 하나였습니다. 그러나 그는 하나님이 주신 그 놀라운 능력과 영광을 경험하였음에도 불구하고, 하나님의 주권적인 통치 아래 머무는 것으로 만족하지 못했습니다. 그래서 그는 자신이 하나님처럼 되기를 원했습니다.

"너 아침의 아들 계명성이여 어찌 그리 하늘에서 떨어졌으며 너 열국을 엎은 자여 어찌 그리 땅에 찍혔는고 네가 네 마음에 이르기를 내가 하늘에 올라 하나님의 뭇 별 위에 내 자리를 높이리라 내가 북극 집회의 산 위에 앉으리라 가장 높은 구름에 올라가 지극히 높은 이와 같아지리라 하는도다 그러나 이제 네가 스올 곧 구덩이 맨 밑에 떨어짐을 당하리로다"(사 14:12-15).

물론 그 결과는 스올의 맨 바닥으로 내리꽂히는 것이었습니다. 아무도 하나님처럼 될 수 없습니다. 가장 높아지려고 하는 자는 오히려 가장 낮아지게 되어 있습니다.

사탄의 타락, 이것이 바로 자기 중심적인 삶의 시작이었습니다. 사탄은 하나님과 같이 되고자 했습니다. 하나님과 같이 되고자 했다는 말은, 그가 더 이상 하나님의 주권과 통치 아래 있는 것으로 만족하지 못하고 자기가 자기의 하나님이 되고자 했다는 것을 의미합니다. 자기가 자기의 하나님이 되는 것, 그것이 바로 자기 중심적인 삶입니다. 이처럼 자기 중심적인 삶은 타락의 본질이요, 핵심입니다. 그리고 그것은 사탄의 타락으로부터 시작되었습니다.

인류의 타락과 자기 중심적인 삶

사탄은 하나님처럼 되려고 시도하다가 지옥에 떨어지게 되었습니다. 그러자 이제 그는 하나님의 걸작품인, 하나님의 형상으로 창조함을 받은 인간을 시험합니다. 인간을 넘어뜨리려고 유혹합니다. 주목할 사실은 인간에 대한 사탄의 유혹 또한 하나님처럼 되라는 것이었습니다. 다시 말해서, 자기 중심적인 삶으로의 유혹이었습니다.

창세기 3장에 보면, 이 부분이 잘 나와 있습니다.

"그런데 뱀은 여호와 하나님이 지으신 들짐승 중에 가장 간교하니라 뱀이 여자에게 물어 이르되 하나님이 참으로 너희에게 동산 모든 나무의 열매를 먹지 말라 하시더냐 여자가 뱀에게 말하되 동산 나무의 열매를 우리가 먹을 수 있으나 동산 중앙에 있는 나무의 열매는 하나님의 말씀에 너희는 먹지도 말고 만지지도 말라 너희가 죽을까 하노라 하셨느니라 뱀이 여자에게 이르되 너희가 결코 죽지 아니하리라 너희가 그것을 먹는 날에는 너희 눈이 밝아져 하나님과 같이 되어 선악을 알 줄 하나님이 아심이니라 여자가 그 나무를 본즉 먹음직도 하고 보암직도 하고 지혜롭게 할 만큼 탐스럽기도 한 나무인지라 여자가 그 열매를 따먹고 자기와 함께 있는 남편에게도 주매 그도 먹은지라"(창 3:1-6).

인간의 타락의 본질은 단순히 한 나무의 열매를 따먹는 것이 아니었습니다. 선악과는 우리가 앞에서 살펴본 것처럼 하나님의 주권적인 통치를 상징하는 것이었습니다. 인간 타락의 본질은 인간이 하나님처럼 되고자 하는 것이었습니다. 다시 말해서, 인간이 더 이상 하나님의 주권과 통치 아래 있는 것으로 만족하지 못하고 자기가 자기의 하나님이 되는 것이었습니다. 즉, 하나님 중심적인 삶에서 자기 중심적인 삶으로의 전환이었습니다.

 ## 타락의 본질은 자기 중심적인 삶

사탄의 타락이나 인간의 타락에서 볼 수 있듯이, 자기 중심적인 삶은 타락의 본질입니다. 타락의 핵심입니다. 그것이 모든 죄의 원조입니다.

자기 중심적인 삶은 하나님 없는 삶

아담과 하와의 타락 이후로 인류는 하나님 없는 삶을 살아왔습니다. 자기가 자기의 하나님인 삶, 즉 자기 중심적인 삶을 살아왔습니다. 그래서 이사야 53장은 인류를 구원하기 위해 고난의 종으로 오실 메시아에 관해 예언하면서 인간의 타락을 한마디로 이렇게 표현하고 있습니다.

"우리는 다 양 같아서 그릇 행하여 각기 제 길로 갔거늘…"(사 53:6).

성경은 하나님 없는 불신자들의 삶을 이렇게 표현하고 있습니다.

"그는 허물과 죄로 죽었던 너희를 살리셨도다 그 때에 너희는 그 가운데서 행하여 이 세상 풍속을 따르고 공중의 권세 잡은 자를 따랐으니 곧 지금 불순종의 아들들 가운데서 역사하는 영이라 전에는 우리도 다 그 가운데서 우리 육체의 욕심을 따라 지내며 육체와 마음의 원하는 것을 하여 다른 이들과 같이 본질상 진노의 자녀이었더니"(엡 2:1-3).

자기의 타락한 마음과 육체의 욕심을 따라 사는 삶, 육체와 마음이 원하는 대로 사는 삶, 그것이 정확하게 하나님 없는 불신자의 삶입니다. 그것이 바로 정확하게 자기 중심적인 삶입니다.

의식이 아무리 많다 할지라도 자기 중심적인 삶을 살면 그것은 전적으로 타락한 삶입니다

자기 중심적인 삶은 타락의 본질이기 때문에, 우리가 아무리 신앙생활을 한다 할지라도 자기 중심적인 삶을 살면, 그것은 전적으로 타락한 삶입니다. 거기에 아무리 많은 의식이나 희생이 있다 할지라도 상관이 없습니다. 아무리 많은 성경적 지식이 있다 할지라도 상관이 없습니다. 자기 중심적인 삶을 살면 그것은 전적으로 타락한 삶입니다.

이사야나 예레미야 시대의 이스라엘 백성이나 예수님 시대의 종교지도자들의 삶에서 우리는 그 점을 잘 볼 수 있습니다. 그들에게는 종교적인 헌신이나 희생이나 열심이 부족한 것이 아니었습니다. 그들의 삶에는 참으로 많은 예배와 희생과 헌신이 있었습니다. 그러나 그들은 철저하게 자기 중심적인 삶을 살았습니다. 그 결과 하나님의 관점에서 그들은 철저하게 하나님을 떠나 있었습니다. 하나님은 그들이 하나님을 버렸다고 말씀하셨습니다.

"슬프다 범죄한 나라요 허물 진 백성이요 행악의 종자요 행위가 부패한 자식이로다 그들이 여호와를 버리며 이스라엘의 거룩하신 이를 만홀히 여겨 멀리하고 물러갔도다"(사 1:4).

"내 백성이 두 가지 악을 행하였나니 곧 그들이 생수의 근원되는 나를 버린 것과 스스로 웅덩이를 판 것인데 그것은 그 물을 가두지 못할 터진 웅덩이들이니라"(렘 2:13).

그리고 그들에게 하나님의 심판이 임했습니다.

이것은 오늘날도 마찬가지입니다. 우리가 아무리 주일을 잘 성수하고, 십일조를 잘 드리고, 새벽기도를 빠지지 않고, 성경을 많이 읽고, 금식을 많이 하고, 교회에서 봉사를 열심히 할지라도, 자기 중심적인 삶을 살면 하나님의 관점에서 우리는 철저히 타락한 것입니다. 하나님과 상관없는 삶을 사는 것입니다. 하나님을 버리고 떠난 것입니다.

 ## 자기 중심적인 삶에는 생명의 고갈이 있습니다

하나님 중심적인 삶에는 하나님 생명의 풍요가 있는 반면에, 자기 중심적인 삶에는 어떠한 하나님의 생명도 없습니다. 거기에는 생명의 고갈이 있을 따름입니다. 이에 대한 가장 좋은 예를 우리는 타락한 이후의 아담과 하와의 삶에서 찾아볼 수 있습니다. 아담과 하와가 자기 중심적인 삶으로 타락했을 때, 그들에게는 생명의 고갈이 즉각적으로 찾아왔습니다.

그들은 가장 먼저 영적으로 죽었습니다. 즉, 하나님과의 관계가 끊어졌습니다. 타락하기 전 그들은 하나님과 친밀한 교제를 누리고 있었습니다.

"그들이 그 날 바람이 불 때 동산에 거니시는 여호와 하나님의 소리를 듣고 아담과 그의 아내가 여호와 하나님의 낯을 피하여 동산 나무 사이에 숨은지라 여호와 하나님이 아담을 부르시며 그에게 이르시되 네가 어디 있느냐"(창 3:8-9).

그러나 이제 그들은 하나님과의 관계가 단절된 채, 하나님의 임재로부터 쫓겨나게 되었습니다. 오늘날도 자기 중심적인 삶에서는 하나님과의 친밀한 교제가 절대로 가능하지 않습니다.

그리고 사람과 사람 사이에 불신과 간격이 생기게 되었습니다. 타락 이전에 그들은 벗었으나 부끄러움을 몰랐습니다. 그 말은 그들 사이에 온전한 화합이 있었다는 것을 의미합니다. 그러나 타락 이후로 그들은 부부 사이임에도 불구하고, 서로에게 대해 불신과 간격이 생기게 되었습니다.

"이에 그들의 눈이 밝아져 자기들이 벗은 줄을 알고 무화과나무 잎을 엮어 치마로 삼았더라"(7절).

그들은 정서적으로 병들게 되었습니다. 그들의 삶 속에 불안과 두려움이 찾아온 것입니다.

"이르되 내가 동산에서 하나님의 소리를 듣고 내가 벗었으므로 두려워하여 숨었나이다"(10절).

사실, 마음의 상처와 병은 모두 자기 중심적인 삶의 결과들입니다. 오늘날도 우리의 내적 상처나 병이 치유되는 진정한 길은 하나님 중심적인 삶으로 서는 것입니다. 여전히 자기 중심적인 삶을 살고 자기 중심적인 가치관을 가지고 있으면서, 몇 가지 치유의 기법을 사용한다고 해서 근본적인 치유가 일어나지 않습니다.

그들은 사회적으로도 병들게 되었습니다. 정직하게 자기들의 잘못을 하나님 앞에서 인정하고 하나님의 용서와 긍휼을 구하기보다, 하나님 앞에서 적당하게 둘러대고, 자신의 잘못을 다른 사람에게 전가시키는 일이 일어났습니다.

"아담이 이르되 하나님이 주셔서 나와 함께 있게 하신 여자 그가 그 나무 열매를 내게 주므로 내가 먹었나이다 여호와 하나님이 여자에게 이르시되 네가 어찌하여 이렇게 하였느냐 여자가 이르되 뱀이 나를 꾀므로 내가 먹었나이다"(12-13절).

그리고 환경이 그들로 인해 저주를 받게 되었습니다. 즉, 환경적인 고갈이 그들에게 찾아왔습니다.

"또 여자에게 이르시되 내가 네게 임신하는 고통을 크게 더하리니 네가 수고하고 자식을 낳을 것이며 너는 남편을 원하고 남편은 너를 다스릴 것이니라 하시고 아담에게 이르시되 네가 네 아내의 말을 듣고 내가 네게 먹지 말라 한 나무 열매를 먹었은즉 땅은 너로 말미암아 저주를 받고 너는 네 평생에 수고하여야 그 소산을 먹으리라 땅이 네게 가시덤불과 엉겅퀴를 낼 것이라 네가 먹을 것은 밭의 채소인즉 네가 흙으로 돌아갈 때까지 얼굴에 땀을 흘려야 먹을 것을 먹으리니…"(16-19절).

그들은 육신적으로 죽게 되었습니다.

"…네가 그것에서 취함을 입었음이라 너는 흙이니 흙으로 돌아갈 것이니라 하시니라…여호와 하나님이 이르시되 보라 이 사람이 선악을 아는 일에 우리 중 하나같이 되었으니 그가 그의 손을 들어 생명 나무 열매도 따먹고 영생할까 하노라 하시고 여호와 하나님이 에덴 동산에서 그를 내보내어 그의 근원이 된 땅을 갈게 하시니라"(19, 22-23절).

그리고 그들에게서 평안과 안식이 거두어졌습니다. 신성한 평안과 안식은 하나님 중심적인 삶 속에 있습니다. 어느 시대건 하나님의 백성들이 자기 중심적인 삶으로 타락할 때, 거기에는 진정한 평안이나 안식이 없었습니다.

> "그들이 내 백성의 상처를 가볍게 여기면서 말하기를 평강하다 평강하다 하나 평강이 없도다"(렘 6:14).

우리는 탕자의 비유에서도 이러한 사실을 잘 볼 수 있습니다. 그는 아버지의 주권적인 통치 아래 있는 것으로 만족하지 못하고 자기 마음대로 살고자 아버지의 집을 떠났습니다. 그러나 그에게 찾아온 것은 생명의 고갈뿐이었습니다. 이 비유는 특히 자기 중심적인 삶이 가져다주는 생명의 고갈이 얼마나 심각한가를 극적으로 잘 보여주고 있습니다. 그 당시 유대인들에게 돼지는 더러운 짐승으로서 이스라엘 경내에서는 돼지를 치는 것이 허락되지 않았습니다. 그런데 탕자는 그 돼지가 먹는 음식으로 배를 채우려 했으나 그것마저 그에게 주어지지 않았습니다.

> "다 없앤 후 그 나라에 크게 흉년이 들어 그가 비로소 궁핍한지라 가서 그 나라 백성 중 한 사람에게 붙여 사니 그가 그를 들로 보내어 돼지를 치게 하였는데 그가 돼지 먹는 쥐엄 열매로 배를 채우고자 하되 주는 자가 없는지라"(눅 15:14-16).

그가 생명의 풍요함을 다시 누리기 위해서는 아버지의 집으로 돌아와야 했습니다. 하나님 중심적인 삶으로 돌아와야 거기에 생명의 풍요가 있습니다.

자기 중심적인 삶과 세상과 사탄

자기 중심적인 삶과 세상은 밀접한 관계를 가지고 있습니다. 자기 중심적인 삶은 타락한 본성을 따르는 삶입니다. 그러므로 하나님 없는 세상 사람들은 당연히 타락한 본성을 따라 삽니다. 모두가 그렇게 살아갑니다. 그러므로 자기 중심적인 삶은 세상의 풍조나 유행이나 습관과 밀접한 관계를 가지고 있습니다.

위에서 간단히 언급한 불신자들의 삶의 특징을 에베소서 2장에서 우리는 분명히 볼 수 있습니다.

"그는 허물과 죄로 죽었던 너희를 살리셨도다 그 때에 너희는 그 가운데서 행하여 이 세상 풍속을 따르고 공중의 권세 잡은 자를 따랐으니 곧 지금 불순종의 아들들 가운데서 역사하는 영이라 전에는 우리도 다 그 가운데서 우리 육체의 욕심을 따라 지내며 육체와 마음의 원하는 것을 하여 다른 이들과 같이 본질상 진노의 자녀이었더니"(엡 2:1-3).

보십시오. 하나님 없는 불신자들의 삶은 타락한 본성을 따르는 삶입니다. 정확하게 자기 중심적인 삶입니다. 그런데 그 삶은 또한 이 세상 풍속을 좇는 삶입니다(2절).

이처럼 자기 중심적인 삶과 세상은 분리할 수 없도록 밀접한 관계를 가지고 있기 때문에, 자기 중심적인 신앙생활은 세상 사람들에게 잘 받아들여집니다. 세상과 별로 구별이 되지 않습니다. 그 가치관에 있어서 안 믿는 사람들과 별로 다를 것이 없습니다. 그것은 그 배후에 동일한 가치관이 놓여 있기 때문입니다.

이런 관점에서 오늘날 우리의 상태는 어떻다고 생각합니까? 오늘날 대부분의 성도는 주일이면 교회에 가서 열심히 예배를 드리고, 헌금을 드리고, 봉사하고, 기도합니다. 그러나 많은 성도의 경우에 세상에서 귀하다고 생각하는 것, 그 귀한 것을 얻는 방법, 세상에서 살아가는 목적과 목표와 방법 등은 안 믿는 사람들과 똑같습니다. 그 말은 그만큼 오늘날 많은 성도의 신앙이 자기 중심적이라는 것을 의미합니다. 다시 말해서, 그만큼 신앙이 타락했다는 것을 의미합니다. 올바른 신앙은 빛과 어둠이 다른 것처럼, 하나님과 사탄이 다른 것처럼 살아가는 목적과 방법, 가치관 등이 세상 사람들과 근본적으로 달라야 합니다.

또한 자기 중심적인 삶은 사탄과 밀접한 관계를 가지고 있습니다. 자기 중심적인 삶의 배후에는 사탄이 있습니다. 이것은 처음부터 그랬습니다. 자기 중심적인 삶의 원조가 사탄입니다. 그리고 아담과 이브를 자기 중심적인 삶으로 미혹한 것도 사탄이었습니다.

위에서 언급한 하나님 없는 불신자의 삶도 보십시오. 타락한 본성을 따르는 삶, 즉 자기 중심적인 삶은 한편으로는 세상의 풍조를 따르는 삶이요, 다른 한편으로는 공중의 권세 잡은 자 사탄을 따르는 삶이라고 성경은 말하고 있습니다. 이 말은 하나님 없는 불신자들이 모두 사탄을 숭배하는 자들이라는 말이 아닙니다. 세상에는 실제로 사탄을 숭배하고 섬기는 자들이 있습니다. 그러나 그러한 사람들의 수는 전체에 비하면 매우 적은 수에 불과합니다. 이 말은 어떤 사람이 사탄의 존재를 인정하건 안 하건 상관없이 자기 중심적인 삶을 살면, 실제로는 사탄을 섬기는 삶을 산다는 것을 의미합니다. 자기 중심적인 삶의 배후에는 항상 사탄이 있기 때문입니다.

베드로의 경우를 보십시오. 예수님이 제자들에게 "너희는 나를 누구라 하느냐?"(마 16:15)고 물으셨을 때, 베드로는 "주는 그리스도시요 살아 계신 하나님의 아들이시니이다"(16절)라고 대답해서 예수님께로부터 큰 칭찬을 받았습니다. 그러나 이어서 예수님이 앞으로 지실 십자가에 대해 가르치기 시작하셨을 때, 베드로는 "주여, 그리 마옵소서"(22절)라고 말렸다가 "사탄아 내 뒤로 물러 가라 너는 나를 넘어지게 하는 자로다"(23절)라는 호된 질책과 꾸중을 들었습니다. 그럼 이 말은 베드로가 사탄이라는 말입니까? 자기 스승이 그렇게 처참하게 죽을 것이라고 말씀하시는데, "그렇게 하십시오"라고 말할 제자가 있겠습니까? 그렇다면 무엇이 문제였습니까? 문제는 예수님을 말리는 베드로의 생각이 자기 중심적인 것이었다는 데 있습니다.

"예수께서 돌이키시며 베드로에게 이르시되 사탄아 내 뒤로 물러 가라 너는 나를 넘어지게 하는 자로다 네가 하나님의 일을 생각지 아니하고 도리어 사람의 일을 생각하는도다 하시고"(마 16:23).

그 배후에 사탄이 있었습니다. 베드로는 자기 중심적인 태도로 인해 자기도 모르는 사이에 결과적으로 사탄에게 이용당했던 것입니다.

역대상 21장에 보면, 다윗이 인구조사를 하는 장면이 나옵니다. 인구조사는 국가적인 여러 가지 계획을 위해 매우 중요한 부분일 수 있습니다. 그러나 다윗의 인구조사는 자기 자원을 의지하여 서고자 하는 자기 중심적인 태도에서 나온 심각한 죄였습니다. 불신의 행동이었습니다. 그 결과 하나님의 심판이 그에게 임했습니다. 그런데 성경은 다윗에게 그렇게 인구를 조사하도록 미혹한 것이 사탄이었음을 말하고 있습니다.

"사탄이 일어나 이스라엘을 대적하고 다윗을 충동하여 이스라엘을 계수하게 하니라"(대상 21:1).

이처럼 매우 심각하게도 자기 중심적인 삶 배후에는 항상 사탄이 있습니다. 자기 중심적인 삶은 사탄을 섬기는 삶입니다. 사탄의 목적을 이루는 삶입니다. 사탄을 기쁘게 하는 삶입니다. 그래서 누구보다 하나님을 잘 섬긴다고 자타가 공인하던 바리새인들에게, 그러나 자기 중심적인 삶을 살던 그들에게 예수님은 다음과 같이 말씀하셨습니다.

"너희는 너희 아비가 행한 일들을 하는도다…너희는 너희 아비 마귀에게서 났으니 너희 아비의 욕심대로 너희도 행하고자 하느니라"(요 8:41, 44).

사탄과 세상과 자기 중심직인 삶(육신의 삶)은 마치 삼위일체처럼 서로 밀접하게 연관되어 있습니다. 그 세 가지는 항상 같이 갑니다. 절대로 서로 떨어지지 않습니다.

 ## 자기 중심적인 삶과 하나님의 심판

자기 중심적인 삶은 타락한 삶입니다. 불신의 삶입니다. 타락한 본성을 따르는 삶입니다. 세상의 풍조를 따르는 삶입니다. 결국 사탄을 따르는 삶입니다. 그러므로 자기 중심적인 삶에는 하나님의 심판이 있습니다. 그래서 하나님은 인구조사를 한 다윗을 심판하셨습니다.

"하나님이 이 일을 악하게 여기사 이스라엘을 치시매 다윗이 하나님께 아뢰되 내가 이 일을 행함으로 큰 죄를 범하였나이다 이제 간구하옵나니 종의 죄를 용서하여 주옵소서 내가 심히 미련하게 행하였나이다 하니라 여호와께서 다윗의 선견자 갓에게 말씀하여 이르시되 가서 다윗에게 말하여 이르기를 여호와의 말씀이 내가 네게 세 가지를 내어 놓으리니 그 중에서 하나를 네가 택하라 내가 그것을 네게 행하리라 하셨다 하라 하신지라 갓이 다윗에게 나아가 그에게 말하되 여호와의 말씀이 너는 마음대로 택하라 혹 삼 년 기근이든지 혹 네가 석 달을 적군에게 패하여 적군의 칼에 쫓길 일이든지 혹 여호와의 칼 곧 전염병이 사흘 동안 이 땅에 유행하며 여호와의 천사가 이스라엘 온 지경을 멸할 일이든 지라고 하셨나니 내가 무슨 말로 나를 보내신 이에게 대답할지를 결정하소서"(대상 21:7-12).

7장

자기

중심적인 삶의 특징 : 자기 자원

여호와께서 이르시되 패역한 자식들은 화 있을진저 그들이 계교를 베푸나 나로 말미암지 아니하며 맹약을 맺으나 나의 영으로 말미암지 아니하고 죄에 죄를 더하도다 그들이 바로의 세력 안에서 스스로 강하려 하며 애굽의 그늘에 피하려 하여 애굽으로 내려갔으되 나의 입에 묻지 아니하였도다 그러므로 바로의 세력이 너희의 수치가 되며 애굽의 그늘에 피함이 너희의 수욕이 될 것이라(사 30:1~3).

7장

하님 중심적인 삶이 크게 세 가지의 특징을 가지고 있듯이, 자기 중심적인 삶도 크게 세 가지의 특징을 가지고 있습니다. 이 장에서는 이 세 가지의 특징들을 하나하나 살펴보고자 합니다. 이 특징들을 살펴볼 때, 자기 중심적인 삶을 보다 잘 이해할 수 있게 될 것입니다. 뿐만 아니라, 우리가 그 가운데 빠져 있을 경우 그러한 사실을 더욱 분명하게 알 수 있게 될 것입니다.

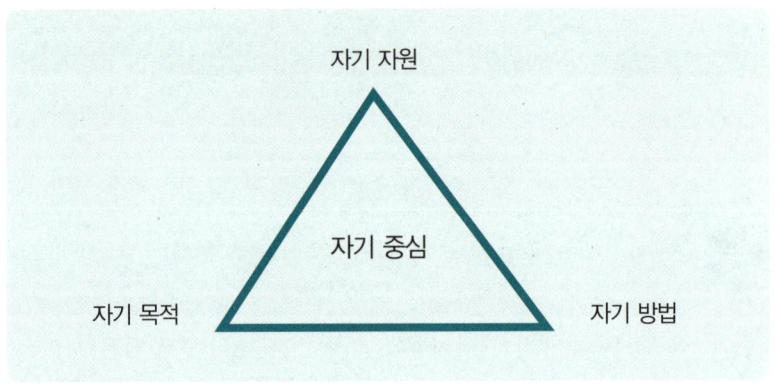

자기 중심적인 삶은 자기 목적을 위해, 자기 자원으로, 자기 방법대로 사는 삶입니다.

 ## 자기 자원으로 사는 삶

우리의 올바른 신앙은 하나님의 자원으로 사는 삶입니다. 그것은 하나님만이 우리의 자원되는 삶을 말하며, 따라서 하나님만을 의지하고 신뢰하는 삶을 말합니다. 그러한 삶에는 하나님의 생명이 넘칩니다.

> "이러한 백성은 복이 있나니 여호와를 자기 하나님으로 삼는 백성은 복이 있도다"
> (시 144:15).

반면 타락한 자기 중심적인 삶은 자기 자원으로 사는 삶입니다. 그것은 자기를 의지하는 삶입니다. 자기의 힘을 의지하고, 자기의 지혜를 의지하고, 자기의 지식을 의지하고, 자기의 배경을 의지하고, 자기의 능력을 의지하고, 자기의 부를 의지하고, 자기의 세상적 지위를 의지하는 삶입니다.

 ## 자기를 의지하는 사람은 하나님을 의지하지 않습니다

자기를 의지하는 사람은 하나님을 의지하지 않습니다. 이것이 매우 당연한 말처럼 들릴 것입니다. 그리고 이것이 단순히 하나님 없는 불신자들에게 해당되는 것처럼 들릴 것입니다. 그러나 그렇지 않습니다. 아무리 하나님을 믿는 하나님의 백성이라 할지라도, 자기를 의지하는 사람은 실제로는 하나님을 의지하지 않습니다

여기에 매우 중요한 한 가지 법칙이 있습니다. 그것은 우리가 하나님을 의지하려면 하나님만 의지해야 한다는 것입니다. 만약 우리가 하나님도 의지하고 자기도 의지하면, 그것은 전혀 하나님을 의지하는 것이 아닙니다.

그것은 실제로 자기를 의지하는 것입니다. 오늘날 많은 성도들이 이러한 사실을 모르기 때문에 실제로는 자기를 의지하면서도 하나님을 의지한다고 생각합니다.

한 가지 예를 들겠습니다. 다윗은 "나의 힘이신 여호와여 내가 주를 사랑하나이다"(시 18:1)라고 고백했습니다. 만약 오늘날 성도들에게 "하나님이 당신의 힘이십니까?"라고 물으면, 그들은 무엇이라고 대답하겠습니까? 대부분의 성도는 아마 아무런 거리낌이나 주저함 없이 "아멘"으로 화답할 것입니다. 문제는 하나님이 우리의 힘이 되시려면 하나님만이 우리의 힘이 되셔야 한다는 것입니다. 그것이 다윗이 고백한 말의 의미입니다. 다윗에게는 하나님만이 그의 힘이었습니다. 사울이 온 나라를 동원해서 그를 대적하고 죽이려 할 때에도, 다윗은 하나님만으로 자기의 힘과 산성을 삼고 하나님 안에서 안식했습니다.

오래 전 저희가 첫 번째 교회를 개척할 당시였습니다. 하루는 제 아내가 시장에 가려고 하는데 호주머니에 천 원짜리 몇 장밖에 없었습니다. 교회에 앉아 있는데 힘이 빠지더랍니다. 저희 식구가 다섯인데, 가장 기본적인 것을 사기 위해서도 최소한 몇만 원이 필요했기 때문입니다. 그때 하나님이 제 아내의 마음속에 또렷하게 말씀하셨습니다. "너는 나만이 너의 힘이라며…" 그러면서 하나님은 제 아내가 하나님이 자신의 힘이라고 고백해 왔는데 돈이 부족하자 힘이 빠진 것은 돈이 결국 제 아내가 의지하는 힘인 것을 비추어 주셨습니다. 제 아내는 즉시 하나님께 회개하고 돌이켰습니다. 그 이후로 제 아내는 돈이 많거나 적다고 해서 힘이 생기거나 빠지지 않습니다.

오늘날 대부분의 성도는 당연히 하나님이 자신의 힘이라고 고백합니다. 그러나 실제로 하나님만이 그들의 힘인 성도는 많지 않습니다. 다시 말해서, 다윗처럼 하나님의 자원으로 사는 성도가 많지 않습니다. 많은 성도들이 하나님이 자신의 힘이라고 말하고 생각할지 모르지만 실제로는 돈, 세상의 지위, 환경, 자기 능력 등이 그들의 힘이 될 때가 많습니다. 그것은 전혀 하나님을 의지하는 것이 아닙니다. 그것은 자기를 의지하는 것입니다. 타락한 자기 중심적인 삶의 열매입니다.

"자기의 재물을 의지하는 자는 패망하려니와 의인은 푸른 잎사귀 같아서 번성하리라"(잠 11:28).
"이 사람은 하나님을 자기 힘으로 삼지 아니하고 오직 자기 재물의 풍부함을 의지하며 자기의 악으로 스스로 든든하게 하던 자라 하리로다"(시 52:7).
"자기의 마음을 믿는 자는 미련한 자요 지혜롭게 행하는 자는 구원을 얻을 자니라"(잠 28:26).

이러한 구절들은 단순히 불신자들에 대해 말하는 구절들이 아닙니다. 가장 먼저는 하나님의 백성이라고는 하나 실제로는 자기를 의지하는 자들을 두고 한 말씀입니다.

자기를 의지하는 것과 세상을 의지하는 것

우리는 앞에서 자기 중심적인 삶과 세상은 서로 밀접하게 연결되어 있다는 것을 살펴보았습니다. 둘은 항상 같이 갑니다. 그래서 자기를 의지하는 것과 세상을 의지하는 것은 같습니다. 다시 말해서, 세상을 의지하는 것은 결국 자기를 의지하는 자기 중심적인 삶입니다.

이사야 30장에 보면, 애굽으로 사신을 보낸 유다에 대해 하나님이 강력하게 성토하시는 모습이 나옵니다.

"여호와께서 이르시되 패역한 자식들은 화 있을진저 그들이 계교를 베푸나 나로 말미암지 아니하며 맹약을 맺으나 나의 영으로 말미암지 아니하고 죄에 죄를 더하도다 그들이 바로의 세력 안에서 스스로 강하려 하며 애굽의 그늘에 피하려 하여 애굽으로 내려갔으되 나의 입에 묻지 아니하였도다 그러므로 바로의 세력이 너희의 수치가 되며 애굽의 그늘에 피함이 너희의 수욕이 될 것이라"(사 30:1-3).

그 당시 유다는 동쪽에서 서진하고 있는 강대국 앗수르로 인해 국가의 운명이 풍전등화와 같은 상황에 처해 있었습니다. 앗수르는 매우 잔인한 민족이었습니다. 그러한 상황에서 유다는 고심 끝에 남방에 있는 다른 강대국인 애굽과 동맹을 맺음으로써 앗수르를 견제하고자 했습니다. 그 당시 아람이나 가나안 지역의 많은 작은 나라들이 그렇게 했습니다. 이러한 유다의 행위는 외교적으로 보면 당연하면서도 지혜로운 처사였습니다. 그런데 하나님은 그것을 강력하게 책망하신 것입니다. 그 이유는 유다의 그러한 행동이 하나님을 의지하는 것에서 나온 것이 아니라, 세상을 의지한 자기 중심적인 태도에서 나온 것이기 때문에 그렇습니다. 즉, 자기 자원을 의지한 불신의 행동이었기 때문에 그렇습니다. 자기 자원을 의지하는 것은 불신입니다. 그리고 그것은 우상숭배입니다.

 ## 자부심과 자랑

타락한 자기 중심적인 삶의 한 가지 특징인 자기 자원으로 사는 삶은 자기를 의지하는 삶을 말합니다. 그런데 자기를 의지하는 사람은 자기가 의지하는 것에 대해서 자부심을 갖게 되고, 또 그것을 자랑하게 되어 있습니다. 그러므로 자기에 대한 자부심과 자랑은 자기를 의지하는 삶에 맺히는 열매입니다.

시편 52편에 나오는 자기를 의지하는 자를 다시 한번 보십시오.

> "이 사람은 하나님을 자기 힘으로 삼지 아니하고 오직 자기 재물의 풍부함을 의지하며 자기의 악으로 스스로 든든하게 하던 자라 하리로다"(시 52:7).

그는 하나님을 자기 힘으로 삼지 않았습니다. 즉, 하나님의 자원으로 살지 않았습니다. 그는 자기 재물의 풍부함을 의지했습니다. 어쩌면 그는 자기가 하나님을 믿는 하나님의 백성이라고 생각했을지 모릅니다. 그러나 그는 실제로는 자기의 재물, 즉 자기를 의지한 자였습니다. 하나님을 의지한 자가 전혀 아니었습니다. 자기를 스스로 든든하게 하는 자였습니다. 그리고 그는 동시에 자기의 계획을 자랑했습니다. 그는 아마 돈을 많이 버는 계획을 자랑스럽게 생각했던 것 같습니다. 그것이 하나님 앞에서 악한 것인지도 알지 못한 채 그는 그것을 자랑했습니다. 이처럼 자기를 의지하는 사람은 자기에게 속한 것에 대해 자부심을 가지며, 그것을 자랑합니다.

이 사실을 아는 것은 매우 중요합니다. 왜냐하면 우리가 영적으로 타락하여 자기 중심적인 삶으로 전락해도, 우리는 대부분의 경우 그 사실을 잘 모르기 때문입니다. 영적인 소경은 자신이 소경인 것을 알지 못합니다. 그래서 이러한 열매들이 우리 삶 속에 나타날 때, 우리는 우리가 자기를 의지하는 자기 중심적인 삶에 빠져 있다는 사실을 깨달을 수 있습니다.

그러므로 우리가 하나님 외에 다른 무엇을 자랑하거나 그것으로 인해 자부심을 가지고 있으면, 우리는 철저하게 타락한 자기 중심적인 삶에 빠져 있는 것입니다. 이것은 우리가 아무리 열심히 기도하고, 아무리 열심히 성경을 읽고, 아무리 철저히 예배를 드리고, 아무리 많이 봉사해도 마찬가지입니다. 세상의 부, 명예, 자기 지식, 경험, 열심, 배경 등 그것이 무엇이든지 그것으로 인해 자부심을 가지고 있으면, 그 사람은 하나님을 의지하는 사람이 아닙니다. 자기를 의지하는 사람입니다. 다른 사람의 눈에는 신앙생활 잘하는 것처럼 보여도 마찬가지입니다. 교회에서도 그렇습니다. 성도들이 자부심을 갖는 요인이 건물이나 성도들의 분포나 사람의 숫자나 예산이나 목회자나 사역의 확장이나 은사이면, 그 교회는 철저하게 타락한 자기 중심적인 삶에 빠져 있는 것입니다.

이런 관점에서 오늘날 성도들과 교회의 삶을 살펴보십시오. 우리가 얼마나 철저하게 자기 중심적인 삶에 빠져 있습니까! 그만큼 우리의 신앙이 타락해 있는 것입니다. 하나님의 생명이 오늘날의 많은 교회 가운데 철저하게 걷힌 것은 너무나 당연한 결과입니다. 참다운 신앙은 하나님 중심적인 신앙으로서, 하나님의 자원으로 사는 삶입니다. 하나님만 의지하는 삶입니다. 그 삶의 열매는 오직 하나님만 자랑하며, 하나님만이 자부심의 요인이 되는 것으로 나타납니다. 그래서 신구약 모두 참다운 신앙에 대해 말하면서 이 부분을 집중적으로 말하고 있습니다.

"너희는 하나님으로부터 나서 그리스도 예수 안에 있고 예수는 하나님으로부터 나와서 우리에게 지혜와 의로움과 거룩함과 구속함이 되셨으니 기록된 바 자랑하는 자는 주 안에서 자랑하라 함과 같게 하려 함이니라"(고전 1:30-31).

"여호와께서 이와 같이 말씀하시되 지혜로운 자는 그의 지혜를 자랑하지 말라 용사는 그의 용맹을 자랑하지 말라 부자는 그의 부함을 자랑하지 말라 자랑하는 자는 이것으로 자랑할지니 곧 명철하여 나를 아는 것과 나 여호와는 사랑과 정의와 공의를 땅에 행하는 자인 줄 깨닫는 것이라 나는 이 일을 기뻐하노라 여호와의 말씀이니라"(렘 9:23-24).

"개들을 삼가고 행악하는 자들을 삼가고 몸을 상해하는 일을 삼가라 하나님의 성령으로 봉사하며 그리스도 예수로 자랑하고 육체를 신뢰하지 아니하는 우리가 곧 할례파라"(빌 3:2-3).

자기 과신

죄는 자라나게 되어 있습니다.

"욕심이 잉태한즉 죄를 낳고 죄가 장성한즉 사망을 낳느니라"(약 1:15).

예를 들어, 의식이 본질을 대체해 버린 것이 율법주의인데, 율법주의가 타락하면 의식을 남용하게 되어 있습니다. 마찬가지로 자기 중심적인 삶이 심화되면, 열매로 나타나는 자기에 대한 자랑과 자부심이 자기 과신으로 이어집니다. 하지만 대부분의 사람들은 자신은 예외라고 생각합니다. 자기 자신에 대해 관대합니다. 그래서 다른 사람의 작은 잘못에 대해서는 아주 비판적이고 통탄하면서도, 자신에 대해서는 실제로는 더 큰 잘못을 범하면서도 괜찮을 것이라고 생각합니다. 이 모든 것들이 자신을 과신하는 데서 나온 태도입니다.

그러나 하나님 앞에서는 어떠한 예외도 없습니다. 우리는 모세의 경우에서 이 부분을 분명히 볼 수 있습니다. 반석에서 두 번째 물을 내실 때, 하나님은 모세에게 물을 내라고 반석에게 명하라고 하셨습니다(민 20장). 그러나 모세는 이스라엘 백성의 반복적인 거역으로 인해 분을 내며 반석을 두 번 쳤습니다. 물론 반석에서 물은 나왔습니다. 그러나 하나님은 모세가 이스라엘 백성 앞에서 하나님의 거룩함을 드러내지 않았다고 해서 그를 가나안 땅에 들이지 않으셨습니다.

"여호와께서 모세와 아론에게 이르시되 너희가 나를 믿지 아니하고 이스라엘 자손의 목전에서 내 거룩함을 나타내지 아니한 고로 너희는 이 회중을 내가 그들에게 준 땅으로 인도하여 들이지 못하리라 하시니라"(민 20:12).

물론 모세가 지옥에 간 것은 아닙니다. 그러나 하나님은 그에게 이스라엘 백성을 가나안 땅으로 인도하는 특권은 허락하지 않으셨습니다. 얼마나 두려운 일입니까! 하나님 앞에서는 어떠한 예외도 없습니다.

또한 어떤 사람은 다른 사람들은 죄에 자주 넘어질지 모르지만, 자기는 절대로 넘어지지 않을 것이라고 생각합니다. 자기는 예외라고 생각하기 때문입니다. 자기는 그들과 다르다고 생각하기 때문입니다. 이러한 태도 또한 그 바탕에는 자기 과신이 있습니다. 성적인 죄에 넘어져서 자신의 삶과 가정과 사역에 엄청난 좌절을 가져온 대부분의 목회자가 이구동성으로 하는 이야기는 '설마 내가 그 죄에 넘어질 것이라고는 생각지도 못했다'는 것입니다.

베드로의 경우도 마찬가지였습니다. 그는 조그마한 계집종 앞에서 예수님을 세 번씩이나 그것도 저주까지 해가면서 부인하는 엄청난 잘못을 범했습니다. 왜 그에게 이런 일이 생겼습니까? 그것은 그 역시 자기를 과신하였기 때문입니다. 예수님은 그에게 사탄이 그를 시험하게 될 것이라고 경고하셨습니다.

"시몬아 시몬아 보라 사탄이 너희를 밀 까부르듯 하려고 요구하였으나 그러나 내가 너를 위하여 네 믿음이 떨어지지 않기를 기도하였노니 너는 돌이킨 후에 네 형제를 굳게 하라"(눅 22:31-32).

그때 베드로는 사태의 심각성을 인식하고 하나님의 은혜를 절박하게 구하는 자리로 나갔어야 했습니다. 그러나 베드로는 자신을 과신했습니다.

"그가 말하되 주여 내가 주와 함께 옥에도 죽는 데에도 가기를 각오하였나이다"(33절).

자기 능력을 의지하여 영적 전쟁에서 승리할 수 있는 사람은 단 한 사람도 없습니다. 자기 능력을 의지하여 하나님과 동행할 수 있는 사람은 한 사람도 없습니다. 그래서 그는 철저하게 무너지고 말았던 것입니다. 자신의 과거 경력과 헌신으로 볼 때, 그는 능히 그렇게 할 수 있다고 생각했을 것입니다. 사실, 주님을 따르는 일이라면 베드로는 물불을 가리지 않았습니다.

그러나 우리가 기억해야 할 것은 베드로의 과거의 헌신도 본인은 미처 깨닫지 못했을지 모르지만, 하나님의 은혜로 가능했던 것입니다.

한편 하나님이 쓰시려면, 하나님은 자기를 신뢰하는 것 혹은 자신을 과신하는 것을 철저하게 깨뜨리십니다. 우리는 베드로의 경우에서 이것을 잘 볼 수 있습니다. 베드로가 예수님을 세 번씩이나 부인한 사건은 그에게 치명적이었습니다. 그러나 한편으로 그 사건은 베드로를 오늘날 우리가 아는 베드로로 만든, 그에게 없어서는 안 될 소중한 경험이었습니다. 그 사건을 통해 베드로의 자기 자부심, 자만심, 자기에 대한 과신이 안전유리가 산산조각 나듯이 박살났습니다. 베드로는 자신에 대해서 환멸을 느꼈을 것입니다. 그는 예수님을 부인한 후, 닭이 우는 소리를 듣고서야 자신이 한 일을 깨달았습니다. 그리고 밖으로 나가서 통곡을 했습니다. 하지만 저는 그 눈물이 회개의 눈물이 아니라고 생각합니다. 그것은 자신에 대한 환멸의 통곡이었습니다.

그러나 이 사건이 있었기에 베드로는 나중에 오직 하나님의 은혜로만 서는 삶을 배웠습니다. 그 일은 예수님이 부활하신 후, 다른 제자들과 함께 갈릴리로 돌아가 고기를 잡고 있는 베드로에게 찾아가셨을 때 일어났습니다. 예수님이 베드로에게 그가 다른 제자들보다 더 예수님을 사랑하느냐고 물으셨습니다. 그것도 세 번씩이나 그렇게 물으셨습니다. 사실 베드로는 누구보다 예수님을 사랑했지만, 자신이 과거에 한 일이 있었기 때문에, 자기가 주님을 사랑하는 것을 주님이 아신다고 대답했습니다. 그러자 예수님은 "내 양을 먹이라"며 세 번씩이나 그의 소명을 확인시켜 주셨습니다. 그때 비로소 베드로는 자기의 열심이나 열정이 아닌, 오직 하나님의 은혜로 서는 것을 배웠습니다. 그것이 바로 베드로를 오늘날 우리가 아는 그 베드로로 만든 사건이었습니다. 그리고 예수님은 그것을 두고 이렇게 표현하셨습니다.

"내가 진실로 진실로 네게 이르노니 네가 젊어서는 스스로 띠 띠고 원하는 곳으로 다녔

거니와 늙어서는 네 팔을 벌리리니 남이 네게 띠 띠우고 원하지 아니하는 곳으로 데려가 리라"(요 21:18).

여기의 다른 사람은 바로 성령님을 가리킵니다. 오직 은혜에 의한 삶, 오 직 성령님에 의한 삶 가운데 베드로가 세워진 것입니다.

 ## 하나님께 묻지 않음

자기 자원을 의지하여 사는 사람의 또 하나의 특징은 하나님께 묻지 않는 것입니다. 물론 하나님께 묻지 않는 것은 자기 방법을 따라 사는 사람의 특 징이기도 합니다. 그러나 자기 자원으로 사는 사람과 자기 방법을 따라 사는 사람은 서로 다른 사람들이 아닙니다. 자기 자원으로 사는 것과 자기 방법대 로 사는 것은 자기 중심적인 삶을 사는 사람의 동일한 특징들입니다. 그러므 로 그것들은 삼위일체처럼 서로 밀접하게 결탁되어 있습니다.

하나님께 가장 잘 물었던 사람 중 하나는 하나님이 친히 자기 마음에 합 한 자라고 증거하셨던 다윗이었습니다. 반면에 사울은 하나님께 버림받은 자였습니다. 그런데 사울의 특징 중 하나는 하나님께 묻지 않는 것이었습니 다. 성경은 사울의 시대를 특징지으면서 하나님께 묻지 않은 시대였다고 말 하고 있습니다.

"우리가 우리 하나님의 궤를 우리에게로 옮겨오자 사울 때에는 우리가 궤 앞에서 묻지 아니하였느니라 하매"(대상 13:3).

또한 성경은 하나님이 사울을 버리신 중요한 한 가지 이유로 그가 하나 님께 묻지 않은 것을 들고 있습니다.

"여호와께 묻지 아니하였으므로 여호와께서 그를 죽이시고 그 나라를 이새의 아들 다윗에게 넘겨주셨더라"(대상 10:14).

하나님의 백성이라도 신앙이 타락하면 자기를 의지하기 때문에 하나님께 묻지 않습니다.

"여호와를 배반하고 따르지 아니한 자들과 여호와를 찾지도 아니하며 구하지도 아니한 자들을 멸절하리라"(습 1:6).

보십시오. 이 구절은 하나님을 배반하고 따르지 않는 자와 하나님께 묻지 않는 자를 같은 맥락에 두고 있습니다. 즉, 하나님을 배반하고 따르지 않는 자가 곧 하나님께 묻지 않는 자입니다. 여기에서 우리 말 성경에 "구하지도 아니한"다는 말은 "묻지도 아니한"다는 말입니다.
심지어 종교지도자들도 신앙이 타락하면 하나님께 묻지 않았습니다.

"목자들은 어리석어 여호와를 찾지 아니하므로 형통하지 못하며 그 모든 양 떼는 흩어졌도다"(렘 10:21).

이 구절의 "여호와를 찾지 아니하므로"를 영어 NIV 성경은 "do not inquire of the Lord"(여호와께 묻지 아니하므로)라고 번역하고 있습니다. 그리고 리더들이 하나님께 묻지 아니한 결과, 부정적인 영향이 자신들뿐 아니라 백성들에게까지 미쳤습니다.
하나님께 묻지 않는 것은 큰 죄입니다. 어떤 사람은 이 죄를 "간주하는 죄"(a sin of assumption)라고 부릅니다. 하나님이 당연히 우리의 계획을 뒷받침하실 것이라고 간주하는 것은 큰 죄입니다. 우리의 결정이 당연히 하나님의 뜻에 합할 것이라고 간주하는 것은 큰 죄입니다.

우리는 앞에서 그 훌륭한 다윗이 이 죄를 범했던 것을 보았습니다. 그는 하나님의 언약궤를 예루살렘으로 가져오기 위해 수레를 새로 만들고, 온 백성을 동원하여 춤을 추고, 모든 악기를 동원하여 하나님께 찬양을 드렸습니다. 그러나 그는 언약궤를 옮기는 하나님의 방법에 대해 알지 못했습니다. 그는 자신이 하는 방법이 당연히 옳을 것이라고 간주하여 하나님께 묻지 않았습니다. 그 결과 자기 부하 한 명의 목숨을 잃고, 그 날의 행사는 엉망이 되었습니다.

여호수아의 경우에도 두 차례에 걸쳐 이 죄를 지었습니다. 한번은 아이 성을 처음 칠 때였습니다. 그는 하나님께 구체적인 방법을 묻지 않고 쉽게 생각하여 자기 생각대로 했습니다. 그 결과, 그는 그날 전투에서 대패했습니다. 그리고 많은 부하들의 목숨을 잃었습니다.

또 한번의 잘못은 여호수아서 9장에서 기브온 사람들이 여호수아에게 나왔을 때입니다. 여호수아는 그들의 외모와 말만 듣고 그들을 받아들였습니다. 그리고 그들과 언약을 세웠습니다. 그들은 여호수아가 받아들이지 말아야 할 사람들이었습니다. 문제는 그가 하나님께 묻지 않았다는 데 있습니다.

"무리가 그들의 양식을 취하고는 어떻게 할지를 여호와께 묻지 아니하고"(수 9:14).

자기 중심적인 삶의 한 가지 특징은 자기 자원으로 사는 삶, 즉 자기를 의지하는 삶입니다.

8장

자기

중심적인 삶의 특징 : 자기 목적

사무엘이 가려고 돌아설 때에 사울이 그의 겉옷자락을 붙잡으매 찢어진지라 사무엘이 그에게 이르되 여호와께서 오늘 이스라엘 나라를 왕에게서 떼어 왕보다 나은 왕의 이웃에게 주셨나이다 이스라엘의 지존자는 거짓이나 변개함이 없으시니 그는 사람이 아니시므로 결코 변개하지 않으심이니이다 하니 사울이 이르되 내가 범죄하였을지라도 이제 청하옵나니 내 백성의 장로들 앞과 이스라엘 앞에서 나를 높이사 나와 함께 돌아가서 내가 당신의 하나님 여호와께 경배하게 하소서 하더라(삼상 15:27~30).

8장

자기 중심적인 삶의 특징 중 두 번째는 자기 목적을 위해 사는 것입니다. 올바른 신앙을 가진 하나님 중심적인 사람은 하나님의 목적을 위해 사는 반면, 타락한 자기 중심적인 사람은 자기 목적을 위해 삽니다.

 ### 탐심과 개인적인 야망

자기 목적을 위해 사는 사람의 중심에는 탐심과 개인적인 야망이 있습니다. 하나님의 관점에서 탐심은 우상숭배입니다.

"…땅에 있는 지체를 죽이라 곧 음란과 부정과 사욕과 악한 정욕과 탐심이니 탐심은 우상 숭배니라"(골 3:5).

그러므로 자기 목적을 위해 살면 그것이 타락한 삶이요, 우상 숭배입니다. 이것은 비단 불신자들에게만 해당되는 것이 아닙니다. 아무리 사람들 눈에 보기에는 신앙생활을 잘하는 하나님의 백성이라 할지라도, 아무리 그의 삶 속에 많은 종교적인 의식과 희생이 있다 할지라도, 그가 자기 목적을 위해 사는 사람이면, 그는 철저하게 타락한 사람이요, 우상 숭배하는 사람입니다.

우리는 바리새인들의 삶에서 이것을 잘 볼 수 있습니다. 그들은 누구보다 철저히 안식일을 지키고, 십일조를 드리고, 기도하고, 금식하고, 성경을 연구했습니다. 또한 그들은 그 당시 내려오는 모든 전통적인 가르침을 포함하여 율법을 지키려고 누구보다 더 열심히 노력했습니다. 그렇기 때문에 그들은 자신들이 누구보다 더 신앙생활을 잘한다고 자부했습니다. 그러나 그들의 삶 속에는 탐심과 개인적인 야망이 벌겋게 살아 있었습니다.

"그들의 모든 행위를 사람에게 보이고자 하나니 곧 그 경문 띠를 넓게 하며 옷술을 길게 하고 잔치의 윗자리와 회당의 높은 자리와 시장에서 문안 받는 것과 사람에게 랍비라 칭함을 받는 것을 좋아하느니라"(마 23:5-7).

"화 있을진저 눈 먼 인도자여 너희가 말하되 누구든지 성전으로 맹세하면 아무 일 없거니와 성전의 금으로 맹세하면 지킬지라 하는도다 어리석은 맹인들이여 어느 것이 크냐 그 금이냐 금을 거룩하게 하는 성전이냐 너희가 또 이르되 누구든지 제단으로 맹세하면 아무 일 없거니와 그 위에 있는 예물로 맹세하면 지킬지라 하는도다 맹인들이여 어느 것이 크냐 그 예물이냐 예물을 거룩하게 하는 제단이냐"(마 23:16-19).

"화 있을진저 외식하는 서기관들과 바리새인들이여 잔과 대접의 겉은 깨끗이 하되 그 안에는 탐욕과 방탕으로 가득하게 하는도다"(마 23:25).

"집 하인이 두 주인을 섬길 수 없나니 혹 이를 미워하고 저를 사랑하거나 혹 이를 중히 여기고 저를 경히 여길 것임이니라 너희는 하나님과 재물을 겸하여 섬길 수 없느니라 바리새인들은 돈을 좋아하는 자들이라 이 모든 것을 듣고 비웃거늘"(눅 16:13-14).

그래서 하나님은 그들이 하나님을 전혀 사랑하지 않는다고 말씀하셨습니다.

자기 중심적인 삶의 특징 : 자기 목적　8장

"다만 하나님을 사랑하는 것이 너희 속에 없음을 알았노라"(요 5:42).

그들은 당연히 자신들이 누구보다 더 하나님을 사랑한다고 자부했을 것입니다. 왜냐하면 그들은 그 많은 의식과 희생을 다 하나님을 위해서 했다고 생각했기 때문입니다. 그러나 하나님의 관점에서 그들은 하나님을 전혀 사랑한 것이 아니었습니다. 그들은 자기 목적을 위해 사는 우상 숭배의 삶을 살고 있었을 뿐입니다.

또 하나의 대표적인 예는 사울입니다. 하나님의 부름을 받을 당시 사울은 장래가 촉망되는 젊은이였습니다.

"기스에게 아들이 있으니 그의 이름은 사울이요 준수한 소년이라 이스라엘 자손 중에 그보다 더 준수한 자가 없고 키는 모든 백성보다 어깨 위만큼 컸더라"(삼상 9:2).

뿐만 아니라, 하나님의 성령이 그에게 놀랍게 임했습니다.

"그가 사무엘에게서 떠나려고 몸을 돌이킬 때에 하나님이 새 마음을 주셨고 그 날 그 징조도 다 응하니라 그들이 산에 이를 때에 선지자의 무리가 그를 영접하고 하나님의 영이 사울에게 크게 임하므로 그가 그들 중에서 예언을 하니 전에 사울을 알던 모든 사람들이 사울이 선지자들과 함께 예언함을 보고 서로 이르되 기스의 아들에게 무슨 일이 일어났느냐 사울도 선지자들 중에 있느냐 하고"(삼상 10:9-11).

그러나 그는 사람 두려워함과 하나님께 대한 불순종으로 인해 결국 하나님께 버림을 받았습니다. 사무엘상 13장에서 우리는 그가 사무엘을 기다리다 못해서 하나님께 제사를 지내는 것을 볼 수 있습니다. 절체절명의 상황에서 7일 동안을 기다렸으나 사무엘은 오지 않고, 군사들은 흩어지기 시작했기 때문입니다. 사실 그런 훈련되지 않은 백성을 데리고 막강한 적의 군대 앞에서 7일을 기다린 것도 대단한 것이었습니다.

"사울이 왕이 될 때에 사십 세라 그가 이스라엘을 다스린 지 이 년에 이스라엘 사람 삼천 명을 택하여 그 중에서 이천 명은 자기와 함께 믹마스와 벧엘 산에 있게 하고 일천 명은 요나단과 함께 베냐민 기브아에 있게 하고 남은 백성은 각기 장막으로 보내니라 요나단이 게바에 있는 블레셋 사람의 수비대를 치매 블레셋 사람이 이를 들은지라 사울이 온 땅에 나팔을 불어 이르되 히브리 사람들은 들으라 하니 온 이스라엘이 사울의 블레셋 사람들의 수비대를 친 것과 이스라엘이 블레셋 사람들의 미움을 받게 되었다 함을 듣고 그 백성이 길갈로 모여 사울을 따르니라 블레셋 사람들이 이스라엘과 싸우려고 모였는데 병거가 삼만이요 마병이 육천 명이요 백성은 해변의 모래같이 많더라 그들이 올라와 벧아웬 동편 믹마스에 진 치매 이스라엘 사람들이 위급함을 보고 절박하여 굴과 수풀과 바위 틈과 은밀한 곳과 웅덩이에 숨으며 어떤 히브리 사람들은 요단을 건너 갓과 길르앗 땅으로 가되 사울은 아직 길갈에 있고 그를 따른 모든 백성은 떨더라 사울은 사무엘이 정한 기한대로 이레 동안을 기다렸으나 사무엘이 길갈로 오지 아니하매 백성이 사울에게서 흩어지는지라 사울이 이르되 번제와 화목제물을 이리로 가져오라 하여 번제를 드렸더니" (삼상 13:1-9).

그는 흩어지는 사람을 붙잡기 위해 하나님의 명령을 어기고 스스로 제사를 지냈습니다. 사람들을 붙잡는 것이 그에게는 하나님의 명령에 순종하는 것보다 더 앞섰습니다. 그만큼 그는 자기 중심적이었습니다. 그가 제사를 드리고 나자마자 사무엘이 도착했습니다. 그리고 그의 불순종에 대해 하나님이 사무엘을 통해서 이렇게 말씀하셨습니다.

"…왕이 망령되이 행하였도다 왕이 왕의 하나님 여호와께서 왕에게 내리신 명령을 지키지 아니하였도다 그리하였더면 여호와께서 이스라엘 위에 왕의 나라를 영원히 세우셨을 것이거늘 지금은 왕의 나라가 길지 못할 것이라 여호와께서 왕에게 명하신 바를 왕이 지키지 아니하였으므로 여호와께서 그의 마음에 맞는 사람을 구하여 여호와께서 그를 그 백성의 지도자로 삼으셨느니라 하고"(13-14절).

그러한 그에게 사무엘상 15장에서 하나님은 다시 한번 기회를 주셨습니다. 만약 이번에라도 그가 하나님께 순종하면 하나님은 그를 용서하시고, 그를 통해 하나님의 계획을 이루실 작정이셨습니다. 만약 하나님이 그런 마음이 없으셨더라면 그에게 그런 기회를 주지 않으셨을 것입니다. 그런데 이번에도 사울은 불순종했습니다. 아말렉을 심판하기 위해 사람이건 짐승이건 모든 생명 있는 것을 죽이라는 하나님의 명령을 그는 자기 취향에 따라 선별적으로 순종했습니다. 사람은 왕만 남기고 다 죽였고, 짐승은 가장 살진 일부의 좋은 짐승을 남기고 나머지는 다 죽였습니다. 그러자 하나님은 그를 왕 삼으신 것을 후회하시고 그를 최종적으로 버리셨습니다.

"내가 사울을 왕으로 세운 것을 후회하노니 그가 돌이켜서 나를 따르지 아니하며 내 명령을 행하지 아니하였음이니라 하신지라 …"(삼상 15:11).

사울에게 있어서 문제의 핵심은 그에게 아직 개인적인 야망이 다루어지지 않았다는 데 있었습니다. 우리는 이것을 사무엘상 15장에서 잘 볼 수 있습니다. 하나님이 사울을 버리셨다는 사실을 알고 사울을 직면하러 간 사무엘이 처음으로 발견한 것은 사울이 자기를 위해 세워놓은 승전 기념비였습니다.

"내가 사울을 왕으로 세운 것을 후회하노니 그가 돌이켜서 나를 따르지 아니하며 내 명령을 행하지 아니하였음이니라 하신지라 사무엘이 근심하여 온 밤을 여호와께 부르짖으니라 사무엘이 사울을 만나려고 아침에 일찍이 일어났더니 어떤 사람이 사무엘에게 말하여 이르되 사울이 갈멜에 이르러 자기를 위하여 기념비를 세우고 발길을 돌려 길갈로 내려갔다 하는지라"(11-12절).

또한 하나님이 사울를 버렸다고 말씀하셨을 때에도 사울에게는 사람들 앞에서의 자기에 대한 평가가 소중했음을 볼 수 있습니다.

"사무엘이 가려고 돌아설 때에 사울이 그의 겉 옷자락을 붙잡으매 찢어진지라 사무엘이 그에게 이르되 여호와께서 오늘 이스라엘 나라를 왕에게서 떼어 왕보다 나은 왕의 이웃에게 주셨나이다 이스라엘의 지존자는 거짓이나 변개함이 없으시니 그는 사람이 아니시므로 결코 변개하지 않으심이니이다 하니 사울이 이르되 내가 범죄하였을지라도 이제 청하옵나니 내 백성의 장로들 앞과 이스라엘 앞에서 나를 높이사 나와 함께 돌아가서 내가 당신의 하나님 여호와께 경배하게 하소서 하더라"(27-30절).

이처럼 사울의 삶 속에는 개인적인 야망이 가득했습니다. 그에게는 성령의 기름부음, 성령의 놀라운 은사, 하나님으로 인한 큰 영향력, 세상에서의 높은 지위와 젊음 등이 있었지만, 타락한 우상숭배인 자기 중심적인 삶에서 돌이키지 않았습니다. 그래서 결국 그는 하나님께로부터 버림을 받았습니다.

 ## 사람 두려워함과 선별적인 순종

탐심과 개인적인 야망의 전형적인 열매는 사울의 삶에서 잘 볼 수 있듯이 사람 두려워함과 선별적인 순종으로 나타납니다.

위에서 살펴본 대로 사울이 하나님의 명령을 어기고 제사를 지낸 것은 그 밑바탕에 사람을 두려워하는 마음이 깔려 있었습니다. 즉, 사람을 붙잡고, 사람의 평가를 소중히 여기는 것이 깔려 있었습니다.

이것은 예수님 시대의 종교지도자들의 경우에도 마찬가지였습니다.

"너희가 서로 영광을 취하고 유일하신 하나님께로부터 오는 영광은 구하지 아니하니 어찌 나를 믿을 수 있느냐"(요 5:44).

만약 그 당시 종교지도자들에게 하나님의 평가를 소중히 여기느냐고 물으면, 그들은 진심으로 그렇다고 대답했을 것입니다. 그러나 그들 속에는 개인적인 야망으로 가득했기 때문에, 실제적으로 그들에게는 하나님의 평가보다 사람의 평가가 더 소중했던 것입니다.

오늘날 목회자들 중에서도 많은 이들이 성경에 나오는 하나님의 말씀을 정직하게 전하면 교회가 잘 세워지지 않을 것이라고 생각합니다. 그래서 성경에 나오는 말씀 중 좋은 구절들만을 선별적으로 전합니다. 그것은 모두 사람을 두려워하는 자세에서 나온 것입니다. 그리고 그 배후에는 개인적인 야망이 놓여 있습니다. 그들에게 하나님의 평가를 소중히 여기느냐고 물으면 당연히 그렇다고 대답할 것입니다. 그러나 실제로는 하나님의 평가보다 사람의 평가를 소중히 여기고 있습니다.

개인적인 야망의 또 한 열매는 선별적인 순종입니다. 이는 하나님의 말씀과 명령을 자기의 목적과 취향과 이득에 따라 선별적으로 순종하는 것을 말합니다. 이러한 선별적인 순종은 하나님의 관점에서는 전적인 불순종과 같습니다. 그것은 우상숭배와 같습니다. 그래서 하나님은 사무엘을 통해 사울의 바로 그러한 자세에 대해 이렇게 말씀하셨습니다.

"이는 거역하는 것은 점치는 죄와 같고 완고한 것은 사신 우상에게 절하는 죄와 같음이라 왕이 여호와의 말씀을 버렸으므로 여호와께서도 왕을 버려 왕이 되지 못하게 하셨나이다 하니"(삼상 15:23).

오늘날 성도들 가운데에도 이러한 선별적인 순종의 자세가 얼마나 팽배합니까! 신앙의 연조나 교회 내에서의 직분에 관계없이 이러한 자세가 교회 안에 그리고 하나님의 백성들 가운데 가득함을 볼 수 있습니다. 교회와 하나님의 백성들의 삶 가운데 하나님의 생명이 고갈된 것은 너무나 당연한 결과입니다. 왜냐하면 다들 자기 목적을 위해 사는 자기 중심적인 삶에 빠져 있기 때문입니다.

타락한 리더들 : 사역이 자기들의 목적을 위한 수단인 자들

신구약에 나오는 모든 거짓 리더들이 가지고 있는 공통적인 특징 중 한 가지는 사역은 그들의 삶에서 자기들의 목적을 위한 수단이 된다는 사실입니다. 그 목적은 명예, 금전적 이득, 영향력, 자리 확보 등 여러 가지일 수 있습니다. 그러나 공통적인 사실은 사역이 결국 자기 목적을 위한 수단이라는 것입니다.

"이스라엘의 파수꾼들은 맹인이요 다 무지하며 벙어리 개들이라 짖지 못하며 다 꿈꾸는 자들이요 누워 있는 자들이요 잠자기를 좋아하는 자들이니 이 개들은 탐욕이 심하여 족한 줄을 알지 못하는 자들이요 그들은 몰지각한 목자들이라 다 제 길로 돌아가며 사람마다 자기 이익만 추구하며"(사 56:10-11).

"엘리의 아들들은 행실이 나빠 여호와를 알지 못하더라 그 제사장들이 백성에게 행하는 관습은 이러하니 곧 어떤 사람이 제사를 드리고 그 고기를 삶을 때에 제사장의 사환이 손에 세 살 갈고리를 가지고 와서 그것으로 냄비에나 솥에나 큰 솥에나 가마에 찔러 넣어 갈고리에 걸려 나오는 것은 제사장이 자기 것으로 가지되 실로에서 그 곳에 온 모든 이스라엘 사람에게 이같이 할 뿐 아니라 기름을 태우기 전에도 제사장의 사환이 와서 제사 드리는 사람에게 이르기를 제사장에게 구워 드릴 고기를 내라 그가 네게 삶은 고기를 원하지 아니하고 날것을 원하신다 하다가…너희는 어찌하여 내가 내 처소에서 명령한 내 제물과 예물을 밟으며 네 아들들을 나보다 더 중히 여겨 내 백성 이스라엘이 드리는 가장 좋은 것으로 너희들을 살지게 하느냐"(삼상 2:12-15, 29).

"형제들아 내가 너희를 권하노니 너희가 배운 교훈을 거슬러 분쟁을 일으키거나 거치게 하는 자들을 살피고 그들에게서 떠나라 이같은 자들은 우리 주 그리스도를 섬기지 아니하고 다만 자기들의 배만 섬기나니 교활한 말과 아첨하는 말로 순진한 자들의 마음을 미혹하느니라"(롬 16:17-18).

"그런 사람들은 거짓 사도요 속이는 일꾼이니 자기를 그리스도의 사도로 가장하는 자들이니라…누가 너희를 종으로 삼거나 잡아먹거나 빼앗거나 스스로 높이거나 뺨을 칠지라도 너희가 용납하는도다"(고후 11:13, 20).

"그러나 백성 가운데 또한 거짓 선지자들이 일어났었나니 이와 같이 너희 중에도 거짓 선생들이 있으리라 그들은 멸망하게 할 이단을 가만히 끌어들여 자기들을 사신 주를 부인하고 임박한 멸망을 스스로 취하는 자들이라…그들이 탐심으로써 지어낸 말을 가지고 너희로 이득을 삼으니 그들의 심판은 옛적부터 지체하지 아니하며 그들의 멸망은 잠들지 아니하느니라"(벧후 2:1, 3).

저는 저 자신과 우리 스텝들을 위해 한 가지 늘 기억하려고 노력하는 것이 있습니다. 그것은 우리가 교회를 위해 존재하는 것이지, 교회가 우리를 위해 존재하지 않는다는 사실입니다. 교회가 목회자를 위해 존재하는 것처럼 인식되기 시작할 때, 그때가 바로 목회자가 타락하기 시작하는 시점입니다. 저는 목회에 뛰어드는 후배들에게 절대로 생활 때문에 목회의 길로 나서지는 말 것을 권면합니다. 주님이 우리를 부르시고 우리가 믿음으로 순종할 때, 주님은 우리의 필요를 채우십니다. 그러나 우리가 생활의 필요 때문에 목회의 길로 들어선다면, 그것은 처음부터 단추가 잘못 끼워지는 것입니다.

또 한 가지, 타락한 리더들은 사역이 자기 목적을 위한 수단이기 때문에 그들의 삶 속에는 사람 두려워함이 가득합니다. 그 결과로 나타나는 것이 사람들의 환심을 사기 위한 부드러운 메시지입니다. 그들은 사람들이 듣기 좋아하는 메시지들을 전하기를 좋아합니다. 위의 구절들에서도 볼 수 있듯이, 성경은 여러 곳에서 이 부분을 강력하게 성토하고 있습니다.

하나님의 말씀을 올바르게 전하려면 첫째, 개인적인 야망이 철저하게 내려져야 합니다. 그래서 사람 두려워함을 버리고, 하나님의 평가만을 소중히 여겨야 합니다. 이에 대한 대표적인 예가 사도 바울입니다. 그는 우선 철저하게 하나님의 평가만을 소중히 여기는 태도를 가졌습니다.

"우리가 전에 말하였거니와 내가 지금 다시 말하노니 만일 누구든지 너희가 받은 것 외에 다른 복음을 전하면 저주를 받을지어다 이제 내가 사람들에게 좋게 하랴 하나님께 좋게 하랴 사람들에게 기쁨을 구하랴 내가 지금까지 사람들의 기쁨을 구하였다면 그리스도의 종이 아니니라"(갈 1:9-10).
"오직 하나님께 옳게 여기심을 입어 복음을 위탁 받았으니 우리가 이와 같이 말함은 사람을 기쁘게 하려 함이 아니요 오직 우리 마음을 감찰하시는 하나님을 기쁘시게 하려 함이라"(살전 2:4).

예수님은 하나님의 평가만을 소중히 여기셨습니다.

"나는 사람에게서 영광을 취하지 아니하노라"(요 5:41).

둘째로, 하나님이 말씀을 올바로 전하려면 자기 목적이 철저히 내려져야 합니다. 사도 바울이 그랬습니다. 그래서 그는 말씀을 정직하게 전할 수 있었습니다.

"우리의 권면은 간사함이나 부정에서 난 것이 아니요 속임수로 하는 것도 아니라 오직 하나님께 옳게 여기심을 입어 복음을 위탁 받았으니 우리가 이와 같이 말함은 사람을 기쁘게 하려 함이 아니요 오직 우리 마음을 감찰하시는 하나님을 기쁘시게 하려 함이라 너희도 알거니와 우리가 아무 때에도 아첨의 말이나 탐심의 탈을 쓰지 아니한 것을 하나님이 증언하시느니라"(살전 2:3-5).

자기 목적의 다른 열매들 : 시기, 경쟁심, 앞서고자 하는 것 등

탐심과 개인적인 야망에서 나오는 전형적인 열매는 사람 두려워함과 선별적인 순종입니다. 그리고 그 외에도 많은 열매들이 있습니다. 그 중 대표적인 것들은 시기, 경쟁심, 앞서고자 하는 자세, 잘 보이고자 하는 욕심 등입니다. 조급함, 자기 연민 등도 다 여기에서 나오는 것들이라고 말할 수 있습니다. 그래서 이러한 열매들이 우리 삶 속에 있으면, 우리는 철저하게 타락한 자기 중심적인 신앙 속에 빠져 있다는 것을 인식해야 합니다. 그리고 곧바로 회개하고 돌이켜야 합니다.

우리에게 아무리 강한 은사가 나타난다 할지라도 우리 가운데 시기나 경쟁심 같은 것이 있으면, 그 은사를 가지고 교회의 덕을 세울 수가 없습니다. 오히려 은사가 교회를 분리시키는 데 사용될 것입니다. 고린도 교회가 그 대표적인 예입니다. 고린도 교회는 모든 은사가 부족함 없이 다 나타난 교회입니다. 그러나 그들 가운데에는 시기와 질투와 경쟁심과 열등의식이 가득했습니다. 그 결과 사도 바울이 세운 교회 중 가장 문제가 많았던 교회가 되어 버렸습니다.

뿐만 아니라 우리에게 아무리 놀라운 예언이 주어진다 할지라도, 우리 가운데 개인적인 야망이나 시기가 있으면 사탄에게 사용될 수 있습니다.

"그러나 너희 마음 속에 독한 시기와 다툼이 있으면 자랑하지 말라 진리를 거슬러 거짓말하지 말라 이러한 지혜는 위로부터 내려온 것이 아니요 땅 위의 것이요 정욕의 것이요 귀신의 것이니 시기와 다툼이 있는 곳에는 혼란과 모든 악한 일이 있음이라"(약 3:14-16).

여기서 독한 시기는 개인적인 야망을 가리킵니다.

 ## 자기를 기쁘게 하기 원하는 삶

끝으로 성경적인 다른 용어로 표현하면, 자기 목적을 위해 사는 삶은 자기를 기쁘게 하고자 하는 삶입니다.

자기를 기쁘게 하고자 하는 삶은 참으로 여러 가지 형태로 나타납니다. 심지어 그것은 신문을 지나치게 많이 보는 것이나 텔레비전 연속극 시청, 인터넷 서핑, 운동 등을 지나치게 하는 형태로도 나타날 수 있습니다. 그렇다고 이것이 하나님 중심적인 삶을 살려면 이런 것들을 전혀 하지 말아야 한다는 말은 아닙니다. 그리고 이러한 행동들 자체가 죄라는 말도 아닙니다. 하나님의 자녀로서 우리에게는 정상적인 휴식이나 오락 그리고 적절한 운동도 필요합니다. 그러나 문제는 그것을 하는 정도입니다. 그리고 동기가 문제입니다. 결국 이러한 것들을 지나치게 하는 것 배후에는 자기를 기쁘게 하고자 하는 자기 중심적인 태도가 숨어 있음을 알 수 있습니다.

이러한 행동들이 자기를 기쁘게 하고자 하는 자기 중심적인 태도에서 나올 때, 그것들은 최소한 몇 가지 면에서 우리에게 영향력을 끼치게 됩니다. 첫째, 그것들은 우리의 소중한 시간을 빼앗습니다. 성경은 우리에게 세월을 아끼라고 말하고 있는데 말입니다.

"그런즉 너희가 어떻게 행할지를 자세히 주의하여 지혜 없는 자 같이 하지 말고 오직 지혜 있는 자 같이 하여 세월을 아끼라 때가 악하니라"(엡 5:15-16).

둘째, 그것들은 우리 속에 있는 성령의 불씨를 꺼뜨립니다. 즉, 성령님을 대적합니다. 저는 이런 경험을 많이 했습니다. 예를 들어, 중보기도를 하던 가운데 하나님의 행하심이 선명하게 보였습니다. 그 결과, 하나님의 일에 대한 열정과 열망이 제 마음속에 불타올랐습니다. 그런데 집에 돌아가서 텔레비전을 1시간 보고 나니, 그 비전과 열정과 열망이 기억으로밖에 남아 있지 않았습니다. 셋째, 영적인 분별력이 흐려집니다. 혼동이 찾아옵니다. 비전이 흐려집니다. 넷째, 주님과의 친밀한 교제가 방해받습니다. 어떤 때는 기도하려고 눈을 감고 있으면 전날 보았던 연속극이 생각날 때도 있습니다.

하나님을 기쁘시게 하는 삶을 살려면 자기를 기쁘게 하는 것을 내려놓아야 합니다. 하나님의 백성인 우리는 당연히 하나님을 기쁘시게 하기 원합니다. 그러나 우리가 하나님을 기쁘시게 하려면 자기를 기쁘게 하려는 마음을 내려놓아야 합니다. 만약 우리가 하나님을 기쁘시게 하기 원한다고 하면서도 자기를 기쁘게 하려는 자세를 내려놓지 않으면 실제로는 하나님을 기쁘시게 할 수 없습니다. 그것은 자기를 기쁘게 할 따름입니다. 그리고 자기를 기쁘게 하는 범위 내에서 하나님을 기쁘시게 하려고 시도할 것입니다. 그것은 전혀 하나님을 기쁘시게 하는 자세가 아닙니다.

우리는 예수님의 삶에서 이에 대한 예를 잘 볼 수 있습니다. 예수님은 여러 차례 다음과 같이 말씀하셨습니다.

"내가 아무 것도 스스로 할 수 없노라 듣는 대로 심판하노니 나는 나의 뜻대로 하려 하지 않고 나를 보내신 이의 뜻대로 하려 하므로 내 심판은 의로우니라"(요 5:30).

여기의 "나의 뜻대로 하려 하지 않고"라는 말은 "나를 기쁘게 하기를 추구하지 않고"(I seek not to please myself, NIV)라는 뜻입니다. 그래서 영어

NIV 성경이 그렇게 표현하고 있는 것입니다.

"나를 보내신 이가 나와 함께 하시도다 나는 항상 그의 기뻐하시는 일을 행하므로 나를 혼자 두지 아니하셨느니라"(요 8:29).

예수님은 항상 자기를 기쁘게 하기를 추구하시지 않고, 하나님을 기쁘시게 하기를 추구하신다고 말씀하셨습니다. 그 결과 하나님이 늘 함께하시고, 하나님의 판단을 알려주신다고 말씀하셨습니다. 그러므로 우리는 순간순간 자기를 기쁘게 할 것인가 아니면 하나님을 기쁘시게 할 것인가를 선택해야 합니다. 저는 제 아내를 옆에서 지켜보면서 자기를 기쁘게 하기를 포기하고 하나님을 기쁘시게 하기를 선택해 하나님께 순종하는 삶의 모습을 봅니다. 그리고 하나님이 제 아내에게 하나님과의 더 깊은 친밀함을 열어주시는 것을 봅니다.

우리의 참 신앙은 하나님의 목적을 위해 사는 삶입니다. 다시 말해서, 하나님이 우리의 목적된 삶입니다. 반면에 타락한 자기 중심적인 신앙은 자기 목적을 위해 사는 삶입니다. 다시 말해서, 하나님이 자기 목적을 위한 수단이 되는 삶입니다.

9장

자기

중심적인 삶의 특징 : 자기 길

악인은 그의 길을, 불의한 자는 그의 생각을 버리고 여호와께로 돌아오라 그리하면 그가 긍휼히 여기시리라 우리 하나님께로 돌아오라 그가 너그럽게 용서하시리라 이는 내 생각이 너희의 생각과 다르며 내 길은 너희의 길과 다름이니라 여호와의 말씀이니라 이는 하늘이 땅보다 높음 같이 내 길은 너희의 길보다 높으며 내 생각은 너희의 생각보다 높음이니라(사 55:7-9).

9장

타락한 자기 중심적인 삶의 또 다른 특징은 자기 방법대로 사는 것입니다. 우리의 참다운 신앙은 하나님의 방법대로 사는 것입니다. 즉, 철저하게 하나님의 다림줄에 합한 삶을 사는 것입니다. 하지만 신앙이 타락하여 자기 중심적이 되면, 하나님의 백성들이 더 이상 하나님의 길을 따라 살지 않고 자기 방법대로 살아가게 됩니다. 즉, 타락한 자기 마음의 강퍅한 대로 살아갑니다. 그것은 세상의 방법대로 살아가는 것과 동일합니다.

인간이 타락하면 하나님의 길을 떠나 자기 길로 행합니다

하나님의 길과 인간의 길은 다릅니다

우선 우리는 하나님의 길과 인간의 길이 다르다는 사실을 기억해야 합니다.

"이는 내 생각이 너희의 생각과 다르며 내 길은 너희의 길과 다름이니라 여호와의 말씀이니라 이는 하늘이 땅보다 높음 같이 내 길은 너희의 길보다 높으며 내 생각은 너희의 생각보다 높음이니라"(사 55:8-9).

많은 사람들이 자기의 생각과 뜻이 이루어지지 않으면 불평 섞인 어조로 이 구절을 인용합니다. 그러나 이 구절은 하나님의 길과 인간의 길이 다르다는 것을 보여줄 뿐 아니라, 하나님의 길과 생각이 최선인 것을 우리에게 보여줍니다.

타락의 핵심은 자기 길로 행하는 것입니다

자기 길로 행하는 것, 그것이 타락의 본질입니다. 이사야 53장 6절은 인간의 타락을 한마디로 표현하면서 이렇게 말하고 있습니다.

> "우리는 다 양 같아서 그릇 행하여 각기 제 길로 갔거늘 여호와께서는 우리 모두의 죄악을 그에게 담당시키셨도다."

이렇게 자기 길로 행하는 것이 타락의 본질입니다.
우리는 예레미야 시대의 이스라엘 백성의 삶에서도 이 부분을 잘 볼 수 있습니다.

> "사실은 내가 너희 조상들을 애굽 땅에서 인도하여 낸 날에 번제나 희생에 대하여 말하지 아니하며 명령하지 아니하고 오직 내가 이것을 그들에게 명령하여 이르기를 너희는 내 목소리를 들으라 그리하면 나는 너희 하나님이 되겠고 너희는 내 백성이 되리라 너희는 내가 명령한 모든 길로 걸어가라 그리하면 복을 받으리라 하였으나 그들이 순종하지 아니하며 귀를 기울이지도 아니하고 자신들의 악한 마음의 꾀와 완악한 대로 행하여 그 등을 내게로 돌리고 그 얼굴을 향하지 아니하였으며"(렘 7:22-24).

자신의 백성을 향한 하나님의 명령은 처음부터 하나님의 모든 길로 행하는 것이었습니다. 그러나 예레미야 시대의 타락한 백성은 자기의 완악한 마음대로 행했습니다. 즉, 자기 길로 행했습니다.

이사야 56장은 타락한 선지자들에 대해서 말하고 있습니다. 우리는 여기에서 그들의 전형적인 한 가지 특징이 자기 길로 행하는 것임을 볼 수 있습니다.

"이스라엘의 파수꾼들은 맹인이요 다 무지하며 벙어리 개들이라 짖지 못하며 다 꿈꾸는 자들이요 누워 있는 자들이요 잠자기를 좋아하는 자들이니 이 개들은 탐욕이 심하여 족한 줄을 알지 못하는 자들이요 그들은 몰지각한 목자들이라 다 제 길로 돌아가며 사람마다 자기 이익만 추구하며"(사 56:10-11).

이처럼 자기 길로 행하는 것이 타락의 본질이기 때문에 이사야 55장은 자기 길과 자기 생각을 따라 행하는 자를 악인이요, 불의한 자로 부르고 있습니다.

"악인은 그의 길을 불의한 자는 그의 생각을 버리고 여호와께로 돌아오라 그리하면 그가 긍휼히 여기시리라 우리 하나님께로 돌아오라 그가 너그럽게 용서하시리라 이는 내 생각이 너희의 생각과 다르며 내 길은 너희의 길과 다름이니라 여호와의 말씀이니라 이는 하늘이 땅보다 높음 같이 내 길은 너희의 길보다 높으며 내 생각은 너희의 생각보다 높음이니라"(사 55:7-9).

문맥을 보면, 확실히 알 수 있듯이, 여기의 악인과 불의한 자는 자기 길과 자기 생각을 따라 행하는 자입니다.

 ## 자기 길과 세상의 길

하나님의 백성이 타락하면 하나님의 길을 떠나 자기 길로 행합니다. 그런데 자기 길은 세상의 길과 밀접한 연관을 가지고 있습니다. 다시 말해서 자기 길을 따르는 삶이 곧 세상의 길을 따르는 삶이요, 세상의 방법을 따르는 삶이 곧 자기 방법을 따르는 삶인 것입니다. 우리는 앞에서 어떻게 타락한 육신, 곧 자기와 세상과 사탄이 뗄레야 뗄 수 없도록 밀접하게 연관되어 있는가를 살펴보았습니다.

우리는 이미 앞에서 이사야 30장을 살펴보았습니다.

"여호와께서 이르시되 패역한 자식들은 화 있을진저 그들이 계교를 베푸나 나로 말미암지 아니하며 맹약을 맺으나 나의 영으로 말미암지 아니하고 죄에 죄를 더하도다 그들이 바로의 세력 안에서 스스로 강하려 하며 애굽의 그늘에 피하려 하여 애굽으로 내려갔으되 나의 입에 묻지 아니하였도다 그러므로 바로의 세력이 너희의 수치가 되며 애굽의 그늘에 피함이 너희의 수욕이 될 것이라"(사 30:1-3).

이것은 그 당시 태풍처럼 질주해 오는 잔인한 강대국 앗수르를 견제하기 위해 이스라엘이 애굽과 조약을 맺은 것을 두고 하나님이 말씀하신 내용입니다. 그 당시 아람이나 가나안 지역의 많은 작은 나라들은 다 그렇게 했습니다. 그래서 세상적인 눈으로 볼 때, 이스라엘의 이러한 행동은 매우 당연한, 심지어 지혜로운 행동이었습니다. 그런데 왜 하나님은 이스라엘의 그러한 행동에 대해 그토록 강력하게 성토하셨습니까? 그것은 이 행동이 하나님을 의지하기보다 세상을 의지한 불신의 행동이었기 때문입니다. 그리고 이 행동이 하나님의 인도를 따른, 다시 말해서 하나님의 방법을 따른 행동이 아니라, 세상의 방법을 따른 행동이었기 때문입니다. 세상의 방법을 따르는 삶은 곧 자기 방법을 따르는 삶입니다.

그래서 성경은 우리에게 하나님의 뜻을 발견하고 하나님과 동행하는 삶을 살려면 세상의 방법을 따르는 삶을 과감하게 중단하라고 촉구하고 있습니다.

"그러므로 형제들아 내가 하나님의 모든 자비하심으로 너희를 권하노니 너희 몸을 하나님이 기뻐하시는 거룩한 산 제물로 드리라 이는 너희가 드릴 영적 예배니라 너희는 이 세대를 본받지 말고 오직 마음을 새롭게 함으로 변화를 받아 하나님의 선하시고 기뻐하시고 온전하신 뜻이 무엇인지 분별하도록 하라"(롬 12:1-2).

 ## 자기 길에는 하나님의 심판이 있습니다

자기 길과 자기 행동의 관계

우리의 행동은 우리가 머리로 아는 성경적인 지식에서 나오지 않습니다. 바리새인들의 삶을 보아도 우리는 이 사실을 잘 알 수 있습니다. 우리의 행동은 우리가 가지고 있는 길에서 나옵니다. 우리의 행동과 길은 항상 같이 갑니다. 성경은 여러 곳에서 이 점을 명백히 하고 있습니다.

"하나님은 사람의 길을 주목하시며 사람의 모든 걸음을 감찰하시나니"(욥 34:21).

여기에서 걸음은 행동을 가리킵니다.

"장차는 백성이나 제사장이나 동일함이라 내가 그들의 행실대로 벌하며 그들의 행위대로 갚으리라"(호 4:9).

여기서 행실은 행동을 그리고 행위는 길을 가리킵니다

자기 길에는 하나님의 심판이 있습니다

자기 길을 따르는 것이 타락의 본질입니다. 자기 길과 자기 행동은 뗄래야 뗄 수 없도록 밀접하게 결탁되어 있습니다. 그러므로 자기 길에는 항상 하나님의 심판이 있습니다.

"여호와여 어찌하여 우리로 주의 길에서 떠나게 하시며 우리의 마음을 완고하게 하사 주를 경외하지 않게 하시나이까 원하건대 주의 종들 곧 주의 기업인 지파들을 위하사 돌아오시옵소서 주의 거룩한 백성이 땅을 차지한 지 오래지 아니하여서 우리의 원수가 주의 성소를 유린하였사오니 우리는 주의 다스림을 받지 못하는 자 같으며 주의 이름으로 일컬음을 받지 못하는 자 같이 되었나이다"(사 63:17-19).

"주 여호와의 말씀이니라 이스라엘 족속아 내가 너희 각 사람이 행한 대로 심판할지라 너희는 돌이켜 회개하고 모든 죄에서 떠날지어다 그리한즉 그것이 너희에게 죄악의 걸림돌이 되지 아니하리라"(겔 18:30).

여기의 "각 사람이 행한 대로 심판할지라"라는 구절을 영어 NIV 성경은 "I will judge you, each one according to his ways"(내가 너희 각자를 그의 길을 따라 심판하리라)라고 표현하고 있습니다.

"너희가 내 길을 지키지 아니하고 율법을 행할 때에 사람에게 치우치게 하였으므로 나도 너희로 하여금 모든 백성 앞에서 멸시와 천대를 당하게 하였느니라 하시니라"(말 2:9).

여기에서도 길에 대해 말하고 있습니다.

말라기 시대의 제사장들은 재판을 하면서 사람들의 세상적인 지위와 영향력 그리고 자기들과의 관계에 따라서 법 적용을 달리하였습니다. 그러한 그들의 행동은 외부적으로는 어떤 율법도 어긴 것이 아니었습니다. 그러나 그러한 그들의 자세는 하나님의 길에서 벗어난, 철저하게 타락한 것이었습니다. 그래서 하나님은 그들을 심판하셔서 그들로 하여금 모든 백성 앞에서 멸시와 천대를 당하게 하셨습니다.

오늘날에는 하나님의 길을 따르는 것보다 자기 길, 세상의 길을 따르는 것이 더 쉽고 더 유익한 것처럼 느껴질 수 있습니다. 그래서 하갈을 통해 아브라함의 아들을 낳는 것이 더 쉬운 방법처럼 느껴질 수 있습니다. 그러나 자기 길을 따르는 데에는 아브라함이 나중에 하갈과 이스마엘 때문에 큰 고통을 당했던 것처럼 하나님의 심판이 있습니다.

하나님의 백성이 하나님의 길을 버리고 세상의 길, 자기 길을 따를 때 받는 심판 중 하나는 세상에서 조롱과 멸시를 당하는 것입니다. 예수님은 하나님의 백성을 소금에 비유하셨습니다. 그러면서 소금이 맛을 잃으면 밖에 버려져서 사람들의 발에 밟힐 뿐이라고 말씀하셨습니다.

"너희는 세상의 소금이니 소금이 만일 그 맛을 잃으면 무엇으로 짜게 하리요 후에는 아무 쓸 데 없어 다만 밖에 버려져 사람에게 밟힐 뿐이니라"(마 5:13).

초대교회 당시에는 소금에 불순물이 섞여 있어서 종종 썩어 버리는 일이 발생했습니다. 하지만 소금이 썩으면 아무 데도 쓸데가 없었습니다. 심지어 거름으로도 쓰지 못했습니다. 그래서 밖에 내다버렸고, 그러면 사람들은 그것을 밟고 지나다녔습니다.

하나님의 백성이 하나님 중심적인 삶을 살 때, 하나님은 그들과 함께하시고, 그들을 뒷받침하십니다. 그 결과 그들은 세상에서 존귀와 칭찬을 받게 됩니다. 그러나 하나님의 백성이 타락하여 자기 길을 따라 살 면, 하나님은 그들과 함께하시지 않습니다. 그러므로 그들에게는 어떠한 하나님의 생명이나 권세나 은혜도 함께하지 않습니다. 그 결과 그들은 세상에서 조롱과 멸시를 당하게 됩니다.

오늘날 우리나라에서는 교회가 마치 혐오 시설처럼 취급됩니다. 그 하나만 보아도 우리가 얼마나 하나님의 큰 심판 가운데 있는지를 쉽게 알 수 있습니다. 이렇게 된 가장 주된 이유는 우리가 하나님 중심적인 삶에서 떠나 자기 중심적인 삶으로 전락했기 때문입니다.

성경은 자기 길에 주의를 기울이라고 말하고 있습니다

이 부분이 바로 우리의 신앙생활은 하나님의 명령에 대한 표면적인 순종만 가지고는 부족하다는 것을 분명하게 보여주는 부분입니다. 우리는 우리의 길에 주의를 기울여야 합니다.

학개 시대의 이스라엘 백성에게 하나님은 이렇게 말씀하셨습니다.

"그러므로 이제 만군의 여호와가 이같이 말하노니 너희는 너희의 행위를 살필지니라 너희가 많이 뿌릴지라도 수확이 적으며 먹을지라도 배부르지 못하며 마실지라도 흡족하지 못하며 입어도 따뜻하지 못하며 일꾼이 삯을 받아도 그것을 구멍 뚫어진 전대에 넣음이 되느니라 만군의 여호와가 말하노니 너희는 자기의 행위를 살필지니라 너희는 산에 올라가서 나무를 가져다가 성전을 건축하라 그리하면 내가 그것으로 말미암아 기뻐하고 또 영광을 얻으리라 여호와가 말하였느니라"(학 1:5-8).

이 구절은 바벨론의 포로 생활로부터 돌아온 이스라엘 백성이 자기 일에는 바쁘면서 공사가 중단된 채 오랜 기간 동안 방치되어 있던 성전 건축에 대해서는 별 관심이 없는 것을 두고 하신 말씀입니다. 이 구절은 겉으로 드러난 그들의 죄에 대해서 언급한 구절이 아닙니다. 이것은 그들의 마음 자세와 태도, 즉 그들의 길에 대해서 말씀하는 구절입니다. 하나님은 그들에게 그들의 길을 자세히 살펴보라고 거듭해서 촉구하십니다 그리고 그들의 그러한 그릇된 길로 인해 그동안 그들의 산업에 하나님의 은혜가 함께하지 않았다고 말씀하십니다.

이처럼 우리도 우리의 길을 살펴보아야 합니다. 그리고 그것은 우리가 하나님을 찾는 것으로만 가능합니다. 왜냐하면 우리가 우리의 길을 보려면 하나님이 비춰주셔야만 하는데, 우리가 하나님을 간절히 찾을 때에 하나님이 그 은혜를 부어주시기 때문입니다.

 **회개는 자기 길에서 돌이키는 것을 포함합니다**

회개는 우리가 지은 죄에 대해서 후회하고 잘못을 뉘우치는 것으로는 부족합니다. 진정한 회개는 자기 길에서 돌이키는 것을 포함합니다. 성경에 나오는 회개에 대한 가장 핵심적인 구절 중 하나인 역대하 7장 14절은 이렇게 말합니다.

"내 이름으로 일컫는 내 백성이 그들의 악한 길에서 떠나 스스로 낮추고 기도하여 내 얼굴을 찾으면 내가 하늘에서 듣고 그들의 죄를 사하고 그들의 땅을 고칠지라."

만약 어떤 남편이 아내 몰래 다른 여자와 바람을 피운다고 가정해 봅시다. 그가 하루는 아내와 그 일로 말다툼이 벌어져서 홧김에 아내를 때렸습니다. 그리고는 다음날 아내 앞에서 무릎을 꿇고, 아내에게 화를 내고 때린 것을 뉘우치며 용서를 구했습니다. 그렇게 했다고 해서 그 남편이 회개한 것입니까? 아닙니다. 그 불륜의 관계를 청산하고 아내에게 돌아오지 않는 한 그 남편은 진정한 회개를 한 것이 아닙니다. 하나님과의 관계에서도 마찬가지입니다. 자기 길로 행하는 것이 타락의 본질입니다. 계속해서 자기 길과 방법을 따라 살아가면서, 하나님 앞에서 잘못한 한두 가지의 죄에 대해서 후회하고 잘못을 뉘우치는 것은 진정으로 회개한 것이 아닙니다. 진정한 회개가 이루어지려면, 자기 길로 행하는 것으로부터 돌이켜야 합니다. 그래서 이사야 55장도 이렇게 말하고 있습니다.

"너희는 여호와를 만날 만한 때에 찾으라 가까이 계실 때에 그를 부르라 악인은 그의 길을 불의한 자는 그의 생각을 버리고 여호와께로 돌아오라 그리하면 그가 긍휼히 여기시리라 우리 하나님께로 돌아오라 그가 너그럽게 용서하시리라"(사 55:6-7).

사실, 이사야 55장은 하나님을 찾고 하나님께로 돌아가는 것에 대해서 말하고 있는 구절입니다. 하나님은 이사야를 통해 하나님께 돌아오려면, 자기 길과 자기 방법을 따라 사는 악하고 불의한 삶을 버리고 하나님께로 돌아오라고 촉구하고 있습니다. 그렇게 돌아오면 하나님이 용서하시고 만나주시겠다고 약속하고 계십니다.

여기 외에도 다른 여러 곳에서 하나님은 이 점을 말씀하고 계십니다.

"너희 조상들을 본받지 말라 옛적 선지자들이 그들에게 외쳐 이르되 만군의 여호와께서 이같이 말씀하시기를 너희가 악한 길 악한 행위를 떠나서 돌아오라 하셨다 하나 그들이 듣지 아니하고 내게 귀를 기울이지 아니하였느니라 여호와의 말이니라"(슥 1:4).
"너희는 그들에게 말하라 주 여호와의 말씀이니라 나의 삶을 두고 맹세하노니 나는 악인이 죽는 것을 기뻐하지 아니하고 악인이 그의 길에서 돌이켜 떠나 사는 것을 기뻐하노라 이스라엘 족속아 돌이키고 돌이키라 너희 악한 길에서 떠나라 어찌 죽고자 하느냐 하셨다 하라"(겔 33:11).

 ## 자기 길에 영향을 미칠 수 있는 것들

자기 길로 행하는 것은 하나님 앞에서 참으로 악한 것입니다. 그러나 우리는 자기 길로 행하면서도 그 사실을 잘 모를 수 있습니다. 왜냐하면 많은 것들이 우리가 자기 길로 행하도록 영향을 미칠 수 있기 때문입니다. 자기 길에 영향을 미칠 수 있는 몇 가지 대표적인 것들을 간단히 살펴보겠습니다.

전통

"그가 여호와 보시기에 악을 행하되 그의 아버지의 길로 행하며 그가 이스라엘에게 범하게 한 그 죄 중에 행한지라"(왕상 15:26).

성경에 보면 이러한 표현들이 자주 나옵니다. 혹은 "여로보암의 길"이나 "아합의 길"과 같은 표현으로 나오기도 합니다. 이 말은 이스라엘 백성이 전통적으로 수십 년 혹은 수백 년 동안 그렇게 해왔기 때문에, 자기들이 사람의 길로 행하면서도 그 사실을 전혀 몰랐던 것을 보여줍니다. 바리새인들도 수십 년 혹은 수백 년 동안 지켜온 전통을 중시했기 때문에 자기 길로 행하면서도 그 사실을 전혀 몰랐습니다.

"이 백성이 입술로는 나를 공경하되 마음은 내게서 멀도다 사람의 계명으로 교훈을 삼아 가르치니 나를 헛되이 경배하는도다 하였느니라 하시고"(마 15:8-9).

이것은 이사야 시대건 바리새인들의 시대건 신앙이 타락할 때마다 반드시 나타나는 일입니다.

당시의 신앙에 대한 이해 (당시의 영적 분위기)

예레미야 시대의 이스라엘 백성은 우리가 위에서 살펴본 것처럼 철저하게 타락한 자기 길로 행했습니다.

"그들이 순종하지 아니하며 귀를 기울이지도 아니하고 자신들의 악한 마음의 꾀와 완악한 대로 행하여 그 등을 내게로 돌리고 그 얼굴을 향하지 아니하였으며"(렘 7:24).

그리고 하나님은 이러한 그들의 태도와 삶에 대해서 반복적으로 강하게 경고하셨습니다(렘 11:8; 13:10; 18:12; 23:17 등 참조). 그러나 그들은 자신들이 그렇게 행동하고 있다는 사실을 몰랐습니다. 그리고 그렇게 외치시는 하나님의 음성을 전혀 듣지 못했습니다. 왜냐하면 그 당시 모든 하나님의 백성이라는 사람들이 다 그렇게 살고 있었기 때문입니다. 심지어 제사장들이나 선지자들까지 모두 그렇게 신앙생활 하는 것이 당연한 것이라고 생각하고 있었습니다. 다시 말해서, 그 당시 거의 모든 이스라엘 백성이 삶에서 하나님의 길을 따라 행하는 것에 대해서는 전혀 관심도 없이, 그저 하나님께 희생과 제사를 많이 드리면 그것이 신앙생활 잘하는 것이고, 그 결과로 하나님이 복을 주시고, 지켜주시고, 또 세상에서 잘되게 해주실 것이라고 믿고 있었습니다. 그 당시의 팽배한 신앙관이 그들의 눈을 가려서 그들로 하여금 하나님의 길이 아닌, 자기 길로 행하도록 영향을 끼친 것입니다.

이것은 예수님 시대의 유대인들의 경우에도 마찬가지였습니다. 마틴 루터 시대에는 전 세계의 기독교인들이 다 면죄부를 돈으로 사는 것으로 구원을 얻을 수 있다고 믿었습니다. 그래서 그 당시 기독교인들은 그것이 당연한 것이라고 생각했습니다.

자기 개인의 지식과 경험

성경은 "우리는 다 양 같아서 그릇 행하여 각기 제 길로 갔거늘 여호와께서는 우리 모두의 죄악을 그에게 담당시키셨도다"(사 53:6)라고 말하고 있습니다. 다시 말해서 자기 생각과 판단을 따랐다는 말입니다. 이처럼 자기 개인의 지식이나 경험이 자기 길에 영향을 미칩니다.

우리는 우리 개인의 생각과 판단과 경험을 따라 행동하는 경향이 있습니다. 사실, 그것은 타락한 본성에서 나온 것입니다. 이렇게 우리 개인의 생각과 판단과 경험을 따르는 길이 바로 자기 길을 따르는 것입니다. 그래서 하나님은 하나님의 길이나 생각은 우리의 길이나 생각과, 하늘이 땅에서 높은 것처럼, 다르다고 말씀하셨습니다. 그리고 자기 생각과 길을 따르는 것을 악한 것이요, 불의한 것이라고 말씀하셨습니다.

조그마한 전문적 지식만 있어도 우리는 다른 사람의 말을 잘 듣지 않으려고 합니다. 한번은 한 성도가 어떤 목사님을 위해 운전을 해주었답니다. 그 성도는 큰 트럭을 운전하는 사람이었습니다. 반대 방향으로 가는 것을 보고 목사님이 성도에게 길을 잘못 들었다고 말했습니다. 그러자 그 성도가 이렇게 대답했습니다. "목사님 가만히 계세요. 제가 운전할게요." 한참을 가다가 자기가 잘못 가고 있다는 것을 발견한 성도는 유턴해서 돌이켰다고 합니다. 하나님과 동행하는 삶을 살려면 우리는 그러한 것들을 철저하게 내려놓고 하나님을 의지하는 법을 배워야 합니다.

"너는 마음을 다하여 여호와를 신뢰하고 네 명철을 의지하지 말라 너는 범사에 그를 인정하라 그리하면 네 길을 지도하시리라 스스로 지혜롭게 여기지 말지어다 여호와를 경외하며 악을 떠날지어다"(잠 3:5-7).

세상의 가치관

자기 길에 영향을 미치는 또 하나의 강력한 요소는 세상적인 가치관입니다. 하나님의 백성이 살고 있는 시대의 세상 사람들의 가치와 행동과 태도는 하나님의 백성에게 영향을 끼쳐서 하나님의 백성으로 하여금 자기 길을 따라 살도록 만듭니다. 자기 길과 세상의 길은 앞에서 살펴본 대로 항상 같이 갑니다. 원래 성경의 가르침은 하나님의 백성에게 세상을 본받지 말라는 것입니다(롬 12:1-2 참조). 그리고 세상을 변화시키라는 것입니다. 그러나 하나님의 백성이 타락하면 세상을 변화시키는 것이 아니라, 오히려 세상을 따라 살게 됩니다.

예를 들어, 아브라함은 사라의 몸종인 하갈을 받아들여 이스마엘을 낳았습니다. 그 행동은 하나님의 약속을 끝까지 기다리지 못하고 자신의 방법을 의지한 큰 죄였습니다. 그 결과 그 당시에 큰 아픔이 있었을 뿐 아니라, 오늘까지도 큰 아픔과 전쟁이 이어지고 있습니다. 하지만 사실 아브라함이 그러한 행동을 취하게 된 것은 그 당시 사람들이 다 그렇게 했기 때문입니다. 그 당시 사람들은 그러한 행동을 당연한 삶의 한 방편으로 여겼습니다. 그래서 아브라함과 사라도 별 거리낌 없이 그렇게 했습니다. 세상의 가치관이 그들로 하여금 자기 길을 따라 행하도록 강력하게 영향을 끼친 것입니다. 이처럼 세상의 가치관이 큰 영향을 끼치기 때문에, 하나님은 이스라엘 백성을 가나안 땅에 들이시면서 이렇게 경고하셨습니다.

"네 하나님 여호와께서 네게 주시는 땅에 들어가거든 너는 그 민족들의 가증한 행위를 본받지 말 것이니"(신 18:9).

여기에서의 '행위'는 원어로 '길'이라는 말입니다.

10장
율법주의
: 의식이 본질을 대체해 버린 것

여호와께서 말씀하시되 너희의 무수한 제물이 내게 무엇이 유익하뇨 나는 숫양의 번제와 살진 짐승의 기름에 배불렀고 나는 수송아지나 어린 양이나 숫염소의 피를 기뻐하지 아니하노라 너희가 내 앞에 보이러 오니 이것을 누가 너희에게 요구하였느냐 내 마당만 밟을 뿐이니라 헛된 제물을 다시 가져오지 말라 분향은 내가 가증히 여기는 바요 월삭과 안식일과 대회로 모이는 것도 그러하니 성회와 아울러 악을 행하는 것을 내가 견디지 못하겠노라 내 마음이 너희의 월삭과 정한 절기를 싫어하나니 그것이 내게 무거운 짐이라 내가 지기에 곤비하였느니라 너희가 손을 펼 때에 내가 내 눈을 너희에게서 가리고 너희가 많이 기도할지라도 내가 듣지 아니하리니 이는 너희의 손에 피가 가득함이라(사 1:11~15).

우리는 앞 단원에서 자기 중심적인 삶에 대해 집중적으로 살펴보았습니다. 그 이유는 거짓 신앙체계가 자기 중심적인 삶에 기초를 두고 있기 때문입니다. 그것을 우리는 다음과 같이 도표로 표시할 수 있습니다.

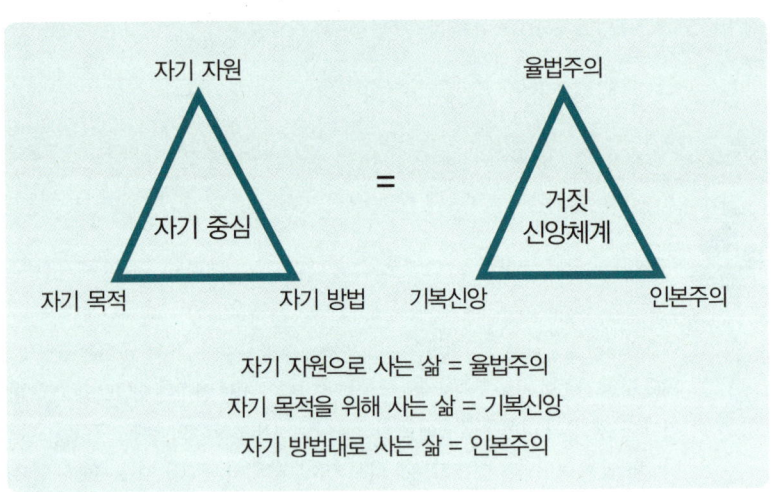

거짓 신앙체계는 율법주의, 기복신앙, 인본주의라는 세 가지 특징을 가지고 있습니다. 그리고 자기 중심적인 삶의 세 가지 특징이 마치 삼위일체

처럼 서로 밀접하게 연결되어 있듯이, 거짓 신앙체계의 세 가지 특징 또한 서로 밀접하게 연결되어 있습니다. 율법주의가 거짓 신앙체계의 이론을 제공한다면, 기복신앙은 그 배후에 있는 탐심을 말하고, 인본주의는 그러한 사람의 삶의 방식을 나타냅니다.

가장 먼저 이 단원에서는 율법주의에 대해 살펴보고자 합니다. 율법주의는 거짓 신앙체계의 대표적인 한 축입니다. 율법주의를 설명할 수 있는 방법은 여러 가지가 있습니다. 그 중에서 이 장에서는 신앙의 본질과 의식의 관계를 통해 율법주의를 조명해 보고자 합니다. 율법주의는 한 마디로 의식이 본질을 대체해 버린 것입니다.

올바른 신앙 혹은 율법주의를 잘 이해하려면, 우리 신앙에 있어서 본질과 의식의 관계를 잘 이해해야 합니다. 만약 우리가 이 관계를 잘 이해하지 못하면, 자신이 거짓 신앙체계인 율법주의에 빠져 있으면서도 그 사실을 모를 수 있습니다. 신앙의 본질과 의식과의 관계는 다음과 같습니다.

첫째, 신앙의 본질은 하나님과의 친밀한 교제입니다

우리의 신앙의 본질은 하나님을 알고 사랑하는 하나님과의 친밀한 교제입니다. 우리는 성경 여러 곳에서 이 사실을 확인할 수 있습니다. 우선, 가장 큰 계명이 우리의 전 존재로 하나님을 사랑하는 것입니다.

"예수께서 대답하시되 첫째는 이것이니 이스라엘아 들으라 주 곧 우리 하나님은 유일한 주시라 네 마음을 다하고 목숨을 다하고 뜻을 다하고 힘을 다하여 주 너의 하나님을 사랑하라 하신 것이요"(막 12:29-30).

뿐만 아니라, 영생은 곧 하나님을 아는 것입니다.

"영생은 곧 유일하신 참 하나님과 그가 보내신 자 예수 그리스도를 아는 것이니이다"(요 17:3).

하나님은 예레미야를 통해서도 신앙의 본질이 무엇인가를 보이셨습니다.

"만군의 여호와 이스라엘의 하나님께서 이와 같이 말씀하시되 너희 희생제물과 번제물의 고기를 아울러 먹으라 사실은 내가 너희 조상들을 애굽 땅에서 인도하여 낸 날에 번제나 희생에 대하여 말하지 아니하며 명령하지 아니하고 오직 내가 이것을 그들에게 명령하여 이르기를 너희는 내 목소리를 들으라 그리하면 나는 너희 하나님이 되겠고 너희는 내 백성이 되리라 너희는 내가 명령한 모든 길로 걸어가라 그리하면 복을 받으리라 하였으나 그들이 순종하지 아니하며 귀를 기울이지도 아니하고 자신들의 악한 마음의 꾀와 완악한 대로 행하여 그 등을 내게로 돌리고 그 얼굴을 향하지 아니하였으며 너희 조상들이 애굽 땅에서 나온 날부터 오늘까지 내가 내 종 선지자들을 너희에게 보내되 끊임없이 보내었으나 너희가 나를 순종하지 아니하며 귀를 기울이지 아니하고 목을 굳게 하여 너희 조상들보다 악을 더 행하였느니라"(렘 7:21-26).

예레미야 시대는 하나님의 백성이 타락하여 하나님의 심판이 실제로 닥친 시대였습니다. 그러나 그 당시의 문제는 의식이 부족한 것이 아니었습니다. 그 당시에는 많은 의식들이 있었습니다. 21절을 보아도 우리는 그 사실을 잘 알 수 있습니다. 영어 NIV 성경은 21절을 이렇게 표현하고 있습니다. "This is what the LORD Almighty, the God of Israel, says: Go ahead, add your burnt offerings to your other sacrifices and eat the meat yourselves!" (만군의 여호와 이스라엘의 하나님이 이렇게 말씀하신다. '그래 계속해라. 너희의 다른 희생들에다 번제도 더해라. 그리고 그 고기는 너희나 실컷 먹어라.') 예레미야 6장에 보면, 그 당시 이스라엘 백성은 시바(오늘날의 에티오피아나 남예멘)와 원방(오늘날의 인도)에까지 가서 특별한 향료를 사다가 하나님께 번제로 드렸습니다. 그러나 하나님은 그러한 제사를 전혀 받지 않으셨습니다. 물론 그 당시 이스라엘 백성은 반대로 생각했을 것입니다. 만약 하나님이 그것들을 받지 않으신다는 것을 알았더라면, 그 많은 희생들을 드렸을 리가 없기 때문입니다.

그 당시의 문제는 신앙의 본질이 없는 것이었습니다. 22절과 23절에 그 말씀이 나옵니다. 여기 22절에서 "번제나 희생에 대하여 말하지 아니하며 명령하지 아니하고"라는 말은 하나님이 번제나 희생에 대해서 전혀 말씀하지 않았다는 말이 아닙니다. 하나님은 레위기와 민수기에서 이 부분을 많이 말씀하셨습니다. 이 말은 이스라엘 백성을 애굽에서 건져내실 때부터 하나님이 그들에게 말씀하시고 명령하신 주된 핵심이 번제나 희생이 아니었다는 말입니다. 즉, 번제나 희생이 처음부터 하나님의 백성에게서 원하신 본질적인 부분이 아니었다는 말씀입니다. 처음부터 하나님이 그들에게 명하신 주된 핵심은, 다시 말해서 신앙의 본질은 그들이 하나님의 목소리를 청종하는 것이고, 하나님의 모든 길로 행하는 것이었다는 말씀입니다. 하지만 예레미야 시대의 이스라엘 백성은 번제나 희생은 많이 드렸을지 모르지만, 본질적인 요소인 하나님의 목소리를 청종하고 하나님의 길로 행하는 일은 전혀 하지 않았습니다. 그것이 하나님의 심판이 그들에게 임한 이유였습니다.

그럼 하나님은 이스라엘 백성을 애굽에서 건져내실 때 어디에서 그렇게 말씀하셨습니까? 그 부분을 살펴보면 신앙의 본질에 대해서 좀 더 자세히 알 수 있습니다. 대표적인 한 구절은 출애굽기 19장입니다.

"모세가 하나님 앞에 올라가니 여호와께서 산에서 그를 불러 말씀하시되 너는 이같이 야곱의 집에 말하고 이스라엘 자손들에게 말하라 내가 애굽 사람에게 어떻게 행하였음과 내가 어떻게 독수리 날개로 너희를 업어 내게로 인도하였음을 너희가 보았느니라 세계가 다 내게 속하였나니 너희가 내 말을 잘 듣고 내 언약을 지키면 너희는 모든 민족 중에서 내 소유가 되겠고 너희가 내게 대하여 제사장 나라가 되며 거룩한 백성이 되리라 너는 이 말을 이스라엘 자손에게 전할지니라"(출 19:3-6).

여기에 보면, 우선 하나님이 번제나 희생에 대해서는 한마디도 하지 않으시는 것을 볼 수 있습니다. 하나님은 무엇보다 이스라엘 백성을 자기에게로 인도하셨다고 말씀하셨습니다. 하나님과의 친밀한 교제로 인도하셨다고 말씀하셨습니다. 그러면서 하나님은 그들에게 하나님과의 친밀한 교제 가운데서 하나님의 목소리를 청종하고 하나님의 언약을 지키라고 명하셨습니다. 그렇게 하면 그들은 하나님의 소유, 제사장 나라, 거룩한 백성이 될 것이라고 말씀하셨습니다. 예레미야를 통해서 말씀하신 신앙의 본질이 바로 이 부분입니다. 하나님과의 친밀한 교제 가운데 거하는 것, 하나님의 목소리를 청종하는 것 그리고 하나님의 언약을 지키는 것.

또 다른 한 구절은 신명기 30장입니다. 신명기는 두 번째 율법책입니다. 첫 번째 율법을 다시 풀어서 설명하고 있는 책입니다. 그래서 신명기 30장을 보면 하나님이 출애굽기 19장에서 말씀하신 의미를 보다 상세하게 알 수 있습니다. 그 신명기 30장에서 하나님은 이렇게 말씀하셨습니다.

"보라 내가 오늘 생명과 복과 사망과 화를 네 앞에 두었나니 곧 내가 오늘날 네게 명령하여 네 하나님 여호와를 사랑하고 그의 모든 길로 행하며 그 명령과 규례와 법도를 지키라 하는 것이라 그리하면 네가 생존하며 번성할 것이요 또 네 하나님 여호와께서 네가 가서 차지할 땅에서 네게 복을 주실 것임이니라…내가 오늘 하늘과 땅을 불러 너희에게 증거를 삼노라 내가 생명과 사망과 복과 저주를 네 앞에 두었은즉 너와 네 자손이 살기 위하여 생명을 택하고 네 하나님 여호와를 사랑하고 그의 말씀을 청종하며 또 그를 의지하라 그는 네 생명이시요 네 장수이시니 여호와께서 네 조상 아브라함과 이삭과 야곱에게 주리라고 맹세하신 땅에 네가 거주하리라"(신 30:15-16, 19-20).

여기에서도 하나님은 번제나 희생에 대해서는 한마디도 말씀하지 않으십니다. 그러면서 신앙의 본질에 대해 세 가지로 말씀하십니다. 첫째 하나님을 사랑하는 것, 둘째 하나님의 모든 길로 행하는 것, 셋째 하나님의 명령과 규례를 지키는 것 그리고 그러한 삶에는 하나님의 음성에 순종하며, 하나님께 꼭 붙어 있는 것이 포함됨을 말씀하셨습니다. 20절의 "그의 말씀에 청종하며"라는 말은 "그분의 음성에 순종하며"라는 뜻이고, "그를 의지하라"는 말은 "그분께 붙어 있으라"는 뜻입니다.

하나님은 호세아를 통해서도 신앙의 본질이 무엇인지를 분명히 보이셨습니다.

"오라 우리가 여호와께로 돌아가자 여호와께서 우리를 찢으셨으나 도로 낫게 하실 것이요 우리를 치셨으나 싸매어 주실 것임이라 여호와께서 이틀 후에 우리를 살리시며 셋째 날에 우리를 일으키시리니 우리가 그의 앞에서 살리라 그러므로 우리가 여호와를 알자 힘써 여호와를 알자 그의 나타나심은 새벽 빛 같이 어김없나니 비와 같이 땅을 적시는 늦은 비와 같이 우리에게 임하시리라 하니라 에브라임아 내가 네게 어떻게 하랴 유다야 내가 네게 어떻게 하랴 너희의 인애가 아침 구름이나 쉬 없어지는 이슬 같도다 그러므로 내가 선지자들로 그들을 치고 내 입의 말로 그들을 죽였노니 내 심판은 빛처럼 나오느니라 나는 인애를 원하고 제사를 원하지 아니하며 번제보다 하나님을 아는 것을 원하노라"(호 6:1-6).

호세아 시대에도 의식이 문제가 아니었습니다. 본질이 없는 것이 문제였습니다. 이 당시에도 많은 의식이 있었습니다. 호세아와 이사야는 같은 시내 사람인데, 이사야 1장을 보면 그 사실을 알 수 있습니다. 그들이 살던 시대의 이스라엘 백성은 안식일은 말할 것도 없고, 월삭과 절기와 모든 대회를 철저하게 지켰습니다. 또 무수히 많은 살진 짐승을 하나님께 드렸습니다. 그리고 많이 기도하고 많이 금식했습니다(사 1:11-15 참조). 실로 그들에게

율법주의 : 의식이 본질을 대체해 버린 것 10장

는 의식이 넘쳐났습니다. 물론 호세아는 북방 이스라엘을 위해 주로 사역했고, 이사야는 남방 유다를 위해 사역했습니다만, 저는 둘 다 상황이 비슷했다고 생각합니다.

이러한 상황에서 하나님은 호세아를 통해 신앙의 본질이 무엇인지를 분명히 보이셨습니다. 그것이 6절에 나옵니다. 즉, 하나님이 그들에게서 원하시는 본질은 번제나 제사가 아니라, 그들이 하나님을 알고 사랑하는 것이었습니다.[1] 하나님을 알고 사랑하는 것, 그것이 하나님이 원하시는 신앙의 본질입니다. 그리고 호세아 시대의 문제 역시 번제나 희생의 부족이 아니라, 바로 그 본질이 없는 것이었습니다.

> "이스라엘 자손들아 여호와의 말씀을 들으라 여호와께서 이 땅 주민과 논쟁하시나니 이 땅에는 진실도 없고 인애도 없고 하나님을 아는 지식도 없고…내 백성이 지식이 없으므로 망하는도다 네가 지식을 버렸으니 나도 너를 버려 내 제사장이 되지 못하게 할 것이요 네가 네 하나님의 율법을 잊었으니 나도 네 자녀들을 잊어버리리라"(호 4:1, 6).

그래서 하나님은 호세아 6장에서 그들에게 그 본질로 돌아오라고 촉구하고 계십니다(호 6:1-3 참조).

이렇게 볼 때, 저는 우리 신앙의 본질을 다음과 같이 정리할 수 있다고 생각합니다.

1. 하나님과의 친밀한 교제
   1) 하나님을 아는 것
   2) 하나님을 사랑하는 것
      ⇨ 하나님의 얼굴을 구하는 삶

2. 하나님의 행하심을 보고 전 존재로 동참하는 것
    1) 전적인 순종
    2) 온전한 신뢰
        ⇨ PLO[Pray(기도), Listen(경청), Obey(순종)]의 삶

어떤 분은 이렇게 말할지도 모르겠습니다. "이전 책에서는 우리 신앙의 본질이 하나님을 알고 사랑하는 것이라고 했는데, 이제는 하나님과의 친밀한 교제뿐 아니라, 하나님의 행하심을 보고 동참하는 것이라고 말하는가?" 그러나 어떻게 말하든지 그것은 결국 같은 말입니다. 하나님과의 친밀한 교제 그리고 하나님의 행하심을 보고 전 존재로 동참하는 것은 동전의 양면과 같습니다. 그 둘은 항상 같이 갑니다. 그래서 그 중 하나만 언급해도 다른 하나는 자동적으로 따라올 뿐 아니라, 그 중 하나가 없으면 다른 하나는 가능하지 않습니다.

둘째, 의식들도 하나님이 명하신 중요한 일들입니다

하나님이 예레미야를 통해서 "사실은 내가 너희 조상들을 애굽 땅에서 인도하여 낸 날에 번제나 희생에 대하여 말하지 아니하며 명령하지 아니하고"(렘 7:22)라고 말씀하시고, 호세아를 통해서 번제나 제사를 원하지 않으신다고 말씀하신다고 해서 그 당시 번제와 제사와 같은 의식들이 중요하지 않았나는 말은 아닙니다. 그 의식들은 모두 하나님이 명령하신 것들이며, 이스라엘 백성의 신앙에서 매우 중요한 부분들이었습니다.

오늘날 제가 신앙의 본질에 대해서 말하니까 어떤 성도는 의식들이 중요하지 않은 줄로 생각합니다. 그러나 그렇지 않습니다. 의식들 모두 하나님

이 명하신 것들이며, 우리 신앙에서 중요한 요소들입니다. 오늘날의 의식들 중 대표적인 것들은 성수주일, 십일조와 헌금, 기도와 금식, 성경공부와 묵상, 봉사와 섬김, 침(세)례와 성찬 등이 있습니다.

저는 의식들의 중요성을 이렇게 배워갑니다. 하나님이 저에게 십일조를 점검하라고 감동하실 때가 몇 차례 있었습니다. 저는 자세히 점검해 보았습니다. 그리고 제가 작은 부분의 십일조를 잊고 있었던 것을 발견하고, 그 십일조를 하나님께 드렸습니다. 어떤 때는 하나님이 그렇게 말씀하셨을 때, 제가 깜박 잊고 드리지 않은 십일조의 몇십 배에 해당하는 금액의 구제헌금을 드렸을 때도 있었습니다. 제가 하지 않아도 되는 구제헌금을 몇십 배나 했음에도 불구하고, 하나님은 십일조에 대해 말씀하신 것입니다. 왜냐하면 십일조는 하나님의 명령이기 때문입니다. 십일조를 드리지 않는 것은 하나님의 것을 도적질하는 것이기 때문입니다. 하나님은 제가 하나님의 것을 도적질하기를 원하지 않으신 것입니다. 저는 이런 과정을 통해 개인적으로 더욱 의식의 중요성을 배워가고 있습니다.

셋째, 의식들은 본질을 위한 수단이요, 그릇입니다

의식들은 모두 하나님이 명령하신 것들이며, 우리 신앙의 중요한 요소들입니다. 그러나 그럼에도 의식들은 우리 신앙의 본질이 아닙니다. 의식들은 본질을 위한 수단이자, 동시에 본질을 담는 그릇일 뿐입니다.

먼저 의식들은 본질을 위한 수단입니다. 우리 신앙의 본질은 하나님과의 친밀한 교제입니다. 그리고 본질인 하나님과의 친밀한 교제를 위해서는 성경공부와 묵상 그리고 기도와 금식과 같은 의식들이 필수적입니다. 그러한 의식들 없이 본질인 하나님과의 친밀한 교제를 갖는다는 것은 불가능하니다. 그런 반면 성경공부와 묵상을 많이 하고, 기도와 금식을 많이 한다고 해서 그 사람이 신앙생활을 더 잘하는 것은 아닙니다. 그것들은 모두 본질을 위한 수단에 불과하기 때문입니다.

또한 의식들은 본질을 담는 그릇입니다. 다시 말해서 의식들을 통해 본질이 표현됩니다. 예를 들어, 여기 하나님과의 친밀한 교제를 가지고 있다고 생각하는 한 성도가 있다고 가정합시다. 그런데 그 성도는 하나님께 십일조도 드리지 않습니다. 하나님 나라를 위해 헌금을 드리지 않습니다. 그저 명목적인 헌금을 조금 드릴 뿐입니다. 그렇다면 그 성도는 전혀 하나님을 사랑하는 성도가 아닙니다. 아무리 자신이 하나님을 알고 사랑한다고 말할지 몰라도 그 말은 그저 입술의 고백일 따름입니다. 그래서 하나님은 한편으로는 번제와 제사를 원하지 않으신다고 말씀하시면서(호 6:6), 다른 한편으로 병들고 쓸모없는 제물을 드리는 제사장들에게 그들이 하나님을 멸시하고 있다고 말씀하신 것입니다.

"내 이름을 멸시하는 제사장들아 나 만군의 여호와가 너희에게 이르기를 아들은 그 아버지를 좋은 그 주인을 공경하나니 내가 아버지일진대 나를 공경함이 어디 있느냐 내가 주인일진대 나를 두려워함이 어디 있느냐 하나 너희는 이르기를 우리가 어떻게 주의 이름을 멸시하였나이까 하는도다 너희가 더러운 떡을 나의 제단에 드리고도 말하기를 우리가 어떻게 주를 더럽게 하였나이까 하는도다 이는 너희가 여호와의 식탁은 경멸히 여길 것이라 말하기 때문이라 만군의 여호와가 이르노라 너희가 눈 먼 희생제물을 바치는 것이 어찌 악하지 아니하며 저는 것 병든 것을 드리는 것이 어찌 악하지 아니하냐 이제 그것을 너희 총독에게 드려 보라 그가 너를 기뻐하겠으며 너를 받아 주겠느냐"(말 1:6-8).

왜냐하면 말라기 시대의 그러한 제사는 하나님에 대한 그들의 자세와 마음을 그대로 드러내는 것이었기 때문입니다. 하지만 의식은 본질을 담는 그릇이지, 그 자체가 본질이 아니기 때문에, 이사야 시대에는 그 많은 살진 짐승들을 드렸음에도 불구하고 하나님은 그것들을 받지 않으셨습니다.

넷째, 본질이 없는 의식은 하나님 앞에서 아무런 의미가 없습니다

의식은 모두 중요합니다. 그럼에도 불구하고 의식들은 그 자체가 본질이 아닙니다. 신앙의 본질을 위한 수단이며 그릇일 뿐입니다. 그러므로 하나님의 백성의 삶 속에 아무리 의식이 가득하다 할지라도, 그들이 신앙의 본질 가운데 서 있지 않으면, 그 모든 의식은 하나님 앞에서 아무런 의미가 없습니다. 하나님이 예레미야를 통해서 "사실은 내가 너희 조상들을 애굽 땅에서 인도하여 낸 날에 번제나 희생에 대하여 말하지 아니하며 명령하지 아니"(렘 7:22)하였다고 말씀하신 것이나 호세아를 통해서 번제나 제사를 원하지 않으신다고 말씀하신 것 모두 이것을 의미합니다. 그 두 시대에는 모두 의식이 가득했습니다. 그러나 하나님의 백성의 삶은 신앙의 본질에서 멀리 떠나 있었습니다. 그 상황에서 하나님은 하나님이 원하시는 핵심적이고 본질적인 것이 의식이 아니라, 그들과의 친밀한 교제임을 말씀하신 것입니다. 그리고 그 신앙의 본질이 없는 의식들은 하나님 앞에서 아무런 의미가 없다는 것을 말씀하신 것입니다.

이사야 시대의 이스라엘 백성을 예로 살펴보십시다. 우리가 이미 살펴본 대로 그 당시에는 수많은 의식들이 있었습니다. 그들은 안식일을 철저하게 지켰으며, 월삭과 절기와 모든 대회를 지켰습니다. 또한 그들은 하나님 앞에 나올 때, 많은 희생을 드렸습니다. 수송아지, 숫염소, 어린양 등 살진 짐승을 무수히 드렸습니다. 그 당시 희생은 오늘날로 치면 예배일 뿐 아니라, 헌금도 됩니다. 그리고 그들은 많이 기도하고 많이 금식했습니다.

그러나 그들은 신앙의 본질에서 떠나 있었습니다. 우리는 이러한 사실을 호세아 4장에서 볼 수 있습니다. 호세아와 이사야는 같은 시대의 선지자입니다. 물론 이사야는 남방 유다를 중심으로, 호세아는 북방 이스라엘을 상대로 섬겼지만 피차 비슷한 상황이었습니다. 그런데 호세아 4장에서 우리는 그 당시 이스라엘 백성이 신앙의 본질인 하나님을 아는 것과 사랑하는 것에서 떠나 있었던 것을 알 수 있습니다.

"이스라엘 자손들아 여호와의 말씀을 들으라 여호와께서 이 땅 주민과 논쟁하시나니 이 땅에는 진실도 없고 인애도 없고 하나님을 아는 지식도 없고"(호 4:1).

이처럼 하나님의 백성이 신앙의 본질에서 떠나 있었기 때문에, 그 많은 의식이 하나님 앞에서 아무런 의미가 없었습니다. 하나님은 그 의식들을 전혀 기뻐하지 않으셨습니다. 오히려 그 많은 희생이 하나님 앞에 무거운 짐이 될 뿐이라고 하셨고, 심지어 그것들을 혐오한다고 하셨습니다. 이사야 1장을 다시 한번 보십시오.

"여호와께서 말씀하시되 너희의 무수한 제물이 내게 무엇이 유익하뇨 나는 숫양의 번제와 살진 짐승의 기름에 배불렀고 나는 수송아지나 어린 양이나 숫염소의 피를 기뻐하지 아니하노라 너희가 내 앞에 보이러 오니 이것을 누가 너희에게 요구하였느냐 내 마당만 밟을 뿐이니라 헛된 제물을 다시 가져오지 말라 분향은 내가 가증히 여기는 바요 월삭과 안식일과 대회로 모이는 것도 그러하니 성회와 아울러 악을 행하는 것을 내가 견디지 못하겠노라 내 마음이 너희의 월삭과 정한 절기를 싫어하나니 그것이 내게 무거운 짐이라 내가 지기에 곤비하였느니라 너희가 손을 펼 때에 내가 내 눈을 가리고 너희가 많이 기도할지라도 내가 듣지 아니하리니 이는 너희의 손에 피가 가득함이라"(사 1:11-15).

결혼반지의 예를 들면 이 점을 쉽게 이해할 수 있습니다. 한 신랑이 신부에게 다이아몬드 반지를 결혼선물로 주었다고 가정합시다. 신부는 그것을 늘 자랑스럽게 생각하며 소중하게 아꼈습니다. 친구들 앞에서도 그 반지가 늘 자랑거리였습니다. 그런데 결혼한 지 얼마 되지 않아서 그 신랑이 바람을 피우기 시작했습니다. 그렇다면 그 반지가 신부에게 무슨 의미가 있겠습니까? 반지는 결혼의식에서 중요한 한 부분입니다. 그러나 그것이 결혼의 본질은 아닙니다. 결혼의 본질은 신랑이 신부에 대한 그리고 신부가 신랑에 대한 사랑과 정절과 약속입니다. 그래서 수단인 결혼반지는 그 속에 본질이 담겨져 있을 때에만 의미가 있습니다. 그 속에 본질이 없을 때는 아무리 좋은 반지라도 아무런 의미를 갖지 못합니다. 하나님 앞에서도 정확하게 이와 똑같습니다.

의식이 본질을 대체해 버린 것이 거짓 신앙체계인 율법주의입니다

하나님의 관점에서 의식들은 분명 중요한 것이지만 그 자체가 본질은 아니며, 본질을 위한 수단일 뿐입니다. 따라서 아무리 의식이 가득하다 할지라도 본질이 없으면 그 모든 의식은 아무런 의미가 없습니다. 문제는 신앙이 타락하면 이러한 하나님의 관점이 가리어진다는 것입니다. 그래서 신앙에 대한 이해가 왜곡되고 변질됩니다. 그 결과 의식을 잘하는 그 자체가 신앙생활 잘하는 것이 되어 버립니다. 즉, 의식이 본질을 대체해 버립니다. 이것이 바로 거짓 신앙체계의 가장 전형적인 특징인 율법주의입니다.

다시 한번 이사야 시대의 이스라엘 백성에게로 돌아가 보십시다. 그들은 자신들의 신앙에 대해서 어떻게 생각했을까요? 그들은 철저하게 모든 예배와 절기를 지키고, 하나님께 많은 희생을 드렸으며, 많이 기도하고 금식한 사람들이었습니다. 당연히 그들은 자신들이 누구보다 신앙생활을 더 잘한다고 생각했을 것입니다. 그렇기 때문에 그들은 하나님이 이사야를 통해서 그들에게 아무리 외쳐도 그것을 들을 귀가 없었습니다. 생각해 보십시오. 자기들과 같이 그렇게 신앙생활을 철저하게 그리고 헌신적으로 잘하는 사람들에게 소돔의 백성이요, 고모라의 백성이라니요. 비교할 사람들이 없어서 자기들을 소돔이나 고모라의 백성에 비교합니까? 뿐만 아니라, 자기들이 하나님을 버렸다니요. 하나님을 멸시하고 멀리 물러갔다니요(사 1:4 참조). 하나님을 더 이상 섬기지 않고 바알에게로 가버린 사람들에게 그러한 말을 한다면 모르겠지만, 그 모든 절기와 예배를 지키고, 그렇게 하나님께 헌신하고 기도하는 자기들에게 그렇게 말하다니요. 그들은 이사야를 통한 하나님의 말씀을 도저히 받아들일 수 없었습니다. 그들은 오히려 이사야가 거짓 선지자라고 생각했습니다. 그래서 그들은 이사야를 톱으로 켜서 죽였습니다. 물론 이 사실이 성경에는 나와 있지 않지만, 전승에 보면 알 수 있습니다.

그럼 무엇이 그들의 문제였습니까? 그들의 영적 분별력이 어두워진 것이 문제였습니다.

"여호와께서 이르시되 가서 이 백성에게 이르기를 너희가 듣기는 들어도 깨닫지 못할 것이요 보기는 보아도 알지 못하리라 하여"(사 6:9).

그래서 그들은 하나님의 올바른 길을 알지 못했습니다. 신앙에 대한 왜곡된 이해를 가지고 있었습니다. 즉, 그들은 많은 의식을 하나님께 잘 드리는 그 자체를 신앙생활을 잘하는 것이라고 이해하는 율법주의적 가치관을 가지고 있었습니다. 그래서 그들은 실제로는 하나님을 버리고, 하나님을 멸시하고 멀리 물러간 상태에 있으면서도 신앙생활을 잘하고 있다고 생각했습니다.

예수님 시대의 바리새인들도 마찬가지였습니다. 그들도 이사야 시대의 이스라엘 백성과 정확히 똑같은 신앙에 대한 이해를 가지고 있었습니다. 즉, 그들도 의식을 잘하는 그 자체를 신앙의 본질로 이해하는 율법주의적

이해를 가지고 있었습니다. 그래서 그들은 누구보다 안식일을 철저하게 지키고, 누구보다 철저하게 십일조를 드리고, 누구보다 철저하게 율법을 지키고, 누구보다 철저하게 성경을 연구하고, 누구보다 철저하게 기도하고 금식하고 구제하였기 때문에, 누구보다 신앙이 좋다고 자부했습니다. 그러나 문제는 그들도 이사야 시대의 자기 조상들처럼 똑같이 신앙의 본질에서 떠나 있었다는 사실입니다. 그들이 하나님을 얼마나 멀리 떠나 있었으면, 예수님이 심지어 마귀가 그들의 아비이며, 그들이 그들 아비의 욕심을 이루려 한다고 말씀하셨겠습니까? 예수님은 또한 그들에게 다가오는 하나님의 심판에 대해서 여러 차례 경고하셨습니다(눅 19:44 참조).

오늘날 우리는 어떠한 상태에 있습니까? 많은 경우 우리도 이사야 시대의 이스라엘 백성이나 예수님 시대의 바리새인들과 똑같은 신앙에 대한 이해를 가지고 있습니다. 즉, 거짓 신앙체계인 율법주의적 가치관을 가지고 있습니다. 신앙에 대한 잘못된 이해를 가지고 있습니다. 가짜를 진짜라고 붙들고 있습니다. 우리가 어떤 사람을 소위 신앙이 좋은 사람이라고 생각하는지 보십시오. 성수주일, 십일조, 기도와 금식, 성경공부와 묵상, 섬김과 봉사 등 의식을 잘하는 사람을 신앙이 좋은 사람이라고 생각하지 않습니까? 그리고 우리는 교회의 일꾼을 뽑을 때, 어떤 사람을 뽑습니까? 바로 그러한 의식들을 잘하는 사람을 뽑습니다. 바리새인들과 똑같은 이해입니다.

그러나 이 말은 이 의식들이 중요하지 않다는 말도, 그 의식들을 잘하는 것이 잘못되었다는 말도 아닙니다. 다만 그 의식들을 잘하는 그 자체가 그 사람의 신앙을 보여주지 못한다는 말입니다. 그 의식들을 누구보다 더 열심히 그리고 헌신적으로 잘하면서도, 하나님의 관점에서는 하나님을 천리만리 떠나 있을 수 있습니다. 그런데 오늘날의 교회는 누가 진실로 하나님을 알고 사랑하는지, 누가 하나님과의 친밀한 교제 가운데 있는지, 무엇이 신앙의 본질이며, 그 본질이 의미하는 바는 무엇인지 등을 분별하는 눈을 잃었습니다. 정확하게 바리새인들과 똑같은 이해를 가지고 있기 때문입니다.

그렇기 때문에 오늘날 교회의 일꾼들 중에 진실로 하나님의 주권과 통치 아래 있는 사람이 많지 않다고 해도 과언이 아닙니다. 심지어 교회의 중직들 가운데서도 그 마음속에 세상을 사랑하는 마음과 탐심을 내려놓은 사람이 거의 없습니다.

그리고 이렇게 교회가 타락한 신앙의 이해 가운데 있기 때문에 오늘날 많은 교회에서는 더 이상 의식 잘하는 사람들을 일꾼으로 뽑지도 않습니다. 세상의 지위와 돈이 많은 사람을 대신 일꾼으로 뽑습니다. 장로가 되기 위해 선거운동을 하고, 선거운동을 하면서 온갖 세상적인 방법을 다 동원하기도 합니다. 편 가르기를 하고, 상대방을 비방하기도 합니다. 그러면서 그것이 신앙생활의 당연한 부분이라고 생각합니다. 하나님의 관점에서 보면 스스로 세우고자 하는 자는 절대로 세워서는 안 되는 데도 말입니다. 그러한 사람은 자기의 개인적인 야망이 전혀 내려놓아져 있지 않기 때문에, 진정으로 하나님의 목적만을 위해 신실하게 섬길 수 없을 것입니다. 여러분, 오늘날 일꾼을 뽑는 이 한 가지만 놓고 보더라도, 우리가 그렇게 안 좋게 생각하는 바리새인들보다 우리가 훨씬 못하지 않습니까?

더욱이 오늘날 우리는 구약성경뿐 아니라 신약성경도 가지고 있습니다. 그리고 성경을 통해서 이사야 시대의 이스라엘 백성뿐 아니라, 예수님 시대의 바리새인들까지 잘못되었다는 사실을 잘 알고 있습니다. 그런데 우리가 정확하게 그들과 똑같은 상태와 이해 가운데 있기 때문에, 아니 그보다 더 심한 상태 가운데 있기 때문에 성경을 통해 목이 터져라 외치시는 하나님의 음성을 전혀 듣지 못합니다. 하나님의 말씀을 통해 우리의 모습을 전혀 보지 못합니다. 바리새인들이 성경을 통해서 이사야 시대의 자기 조상들이 잘못되었다는 사실은 알았지만, 영적인 분별력이 없어서 자기들의 모습은 전혀 보지 못했던 것과 정확하게 같은 이유입니다. 우리는 하나님의 관점을 전혀 보지 못한 채, "그들은 구약시대의 사람들이었고, 우리는 예수를 믿는 신약시대의 사람들이 아닌가"라는 식으로 그냥 넘어가 버립니다. 그리고 우리는 그저 주일날 예배에 빠지지 않고, 새벽기도까지 다니고, 십일조와 여러 헌금들을 드리고, 교회에서 열심히 봉사하기 때문에 신앙생활을 잘하고 있다고 생각하고 곧 지나쳐 버립니다. 참으로 하나님의 은혜와 긍휼이 절실하게 필요한 시점입니다!

1) 여기서 말하는 인애는 하나님을 사랑하는 것을 의미합니다. 제가 여기서 인애를 하나님을 사랑하는 것으로 보는 이유는 몇 가지가 있습니다. 먼저 공동 새 번역 성경이 이 구절을 그렇게 번역하고 있습니다. 그리고 세계적으로 가장 널리 사용되는 히브리어 사전 중 하나인 브라운, 드라이버, 브릭스가 공저한 히브리어 사전도 그렇게 이해하고 있습니다. 5절과 연관된 문맥도 그렇게 설명하고 있으며, 바리새인들에 대해 인용하신 구절도 그러합니다.

11장
율법주의
: '육신'을 의지하는 것

형제들아 너희를 부르심을 보라 육체를 따라 지혜로운 자가 많지 아니하며 능한 자가 많지 아니하며 문벌 좋은 자가 많지 아니하도다 그러나 하나님께서 세상의 미련한 것들을 택하사 지혜 있는 자들을 부끄럽게 하려 하시고 세상의 약한 것들을 택하사 강한 것들을 부끄럽게 하려 하시며 하나님께서 세상의 천한 것들과 멸시 받는 것들과 없는 것들을 택하사 있는 것들을 폐하려 하시나니 이는 아무 육체도 하나님 앞에서 자랑하지 못하게 하려 하심이라(고전 1:26-29).

11장

우리는 거짓 신앙체계의 한 특징인 율법주의에 대해 살펴보고 있습니다. 앞 장에서 우리는 어떻게 율법주의가 의식이 본질을 대체해 버리게 하는지를 살펴보았습니다. 그리고 우리는 예레미야 7장에서 또 다른 형태의 율법주의를 찾아볼 수 있습니다. 여기서 또 다른 형태의 율법주의라는 말은 또 다른 종류의 율법주의라기보다는 율법주의를 이해하는 다른 각도를 말합니다. 이 장에서 살펴볼 율법주의를 이해하는 또 다른 각도는, 율법주의는 '육신'을 의지하는 신앙이라는 점입니다.

 **율법주의는 '육신'을 의지하는 것입니다**

예레미야 7장에서 하나님은 실로를 심판하셨듯이 예루살렘을 심판하실 것이라고 말씀하십니다. 그러면서 하나님은 그들이 신뢰하는 예루살렘 성전에 심판을 내리실 것이라고 말씀하십니다. 왜냐하면 하나님이 보시기에 그 당시 이스라엘 백성은 하나님을 신뢰하는 것이 아니라, 하나님의 성전을 신뢰하고 있었기 때문입니다.

"너희는 내가 처음으로 내 이름을 둔 처소 실로에 가서 내 백성 이스라엘의 악을 대하여 내가 어떻게 행하였는지를 보라 여호와의 말씀이니라 이제 너희가 그 모든 일을 행하였으며 내가 너희에게 말하되 새벽부터 부지런히 말하여도 듣지 아니하였고 너희를 불러도 대답하지 아니하였느니라 그러므로 내가 실로에 행함 같이 너희가 신뢰하는 바 내 이름으로 일컬음을 받는 이 집 곧 너희와 너희 조상들에게 준 이 곳에 행하겠고 내가 너희 모든 형제 곧 에브라임 온 자손을 쫓아낸 것 같이 내 앞에서 너희를 쫓아내리라 하셨다 할지니라"(렘 7:12-15).

'육신'을 의지하는 것, 이것이 바로 율법주의의 또 다른 전형적인 형태입니다.

그러나 하나님이 여기에서 말씀하신 바를 잘 이해하고, 또 율법주의를 보다 잘 이해하려면, 먼저 하나님이 말씀하신 의미를 잘 이해해야 합니다. 만약 제가 오늘날의 성도에게 "하나님을 믿습니까, 아니면 교회를 믿습니까"라고 물으면 무엇이라고 대답할까요? "하나님을 믿습니까, 아니면 예배를 믿습니까"라고 물으면 무엇이라고 대답할까요? 당연히 하나님을 믿는다고 대답할 것입니다. 그럼 그 당시 이스라엘 백성에게 "하나님을 믿습니까, 성전을 믿습니까"라고 물었다면, 그들은 무엇이라고 대답했을까요? 당연히 그들도 하나님을 믿는다고 대답했을 것입니다. 예레미야 7장에서 안식일에 예배를 드린 일만 하더라도 그들은 당연히 성전에 드린 것이 아니라, 하나님께 드렸을 것입니다.

그럼 도대체 그들이 하나님을 신뢰한 것이 아니라 성전을 신뢰했다는 하나님의 말씀은 무슨 뜻입니까? 이 말을 잘 이해하려면 하나님이 심판하셨던 실로에 무슨 일이 일어났는지를 살펴보는 것이 도움이 됩니다. 엘리의 아들들이 제사장이었던 시절에 하나님은 실로를 심판하셨습니다. 그 과정이 사무엘상 4장에 잘 나와 있습니다. 그 당시 이스라엘 백성은 블레셋과의 전쟁에서 패하고 있었습니다. 그러자 그들은 꾀를 내어 언약궤를 앞세우고 전쟁에 나가기로 했습니다. 그렇게 하면 전쟁에서 이길 줄 알았던 것입니다.

"사무엘의 말이 온 이스라엘에 전파되니라 이스라엘은 나가서 블레셋 사람들과 싸우려고 에벤에셀 곁에 진 치고 블레셋 사람들은 아벡에 진 쳤더니 블레셋 사람들이 이스라엘에 대하여 전열을 벌이니라 그 둘이 싸우다가 이스라엘이 블레셋 사람들 앞에서 패하여 그들에게 전쟁에서 죽임을 당한 군사가 사천 명 가량이라 백성이 진영으로 돌아오매 이스라엘 장로들이 이르되 여호와께서 어찌하여 우리에게 오늘 블레셋 사람들 앞에 패하게 하셨는고 여호와의 언약궤를 실로에서 우리에게로 가져다가 우리 중에 있게 하여 그것으로 우리를 우리 원수들의 손에서 구원하게 하자 하니 이에 백성이 실로에 사람을 보내어 그룹 사이에 계신 만군의 여호와의 언약궤를 거기서 가져왔고 엘리의 두 아들 홉니와 비느하스는 하나님의 언약궤와 함께 거기에 있었더라 여호와의 언약궤가 진에 들어올 때에 온 이스라엘이 큰 소리로 외치매 땅이 울린지라"(삼상 4:1-5).

우리는 과거에 요단강 물이 언약궤 앞에서 끊어졌다는 사실을 기억해야 합니다(수 4:7 참조). 또한 철통 같은 여리고 성이 언약궤 앞에서 무너졌다는 사실을 기억해야 합니다(수 6:11-13, 20 참조). 엘리 시대의 제사장들과 이스라엘 백성은 그 사실들을 잘 알고 있었을 것입니다. 그래서 그들은 언약궤를 진으로 가져왔을 때, "이제는 이겼구나"라고 생각하며 소리를 질렀던 것입니다. 그러나 그들은 그날 대패했습니다. 엘리의 두 아들들은 한꺼번에 전사했고, 언약궤는 빼앗겼습니다. 많은 이스라엘 백성이 죽임을 당했습니다.

"블레셋 사람들이 쳤더니 이스라엘이 패하여 각기 장막으로 도망하였고 살륙이 심히 커서 이스라엘 보병의 엎드러진 자가 삼만 명이었으며 하나님의 궤는 빼앗겼고 엘리의 두 아들 홉니와 비느하스는 죽임을 당하였더라"(삼상 4:10-11).

무엇이 이들의 문제였습니까? 여호수아 시대 이스라엘 백성과 이들은 무슨 차이가 있었습니까? 여호수아 시대의 이스라엘 백성은 하나님과의 친밀한 교제 가운데 있었습니다. 그리고 그들은 하나님의 인도와 명령을 따라 언약궤를 앞세우고 나갔습니다. 그렇게 할 때 언약궤 앞에서 요단강 물이 서고, 튼튼한 여리고 성이 무너져 내렸던 것입니다. 그러나 엘리 시대 이스라엘 백성은 달랐습니다. 그들은 하나님과의 친밀한 교제 가운데 있지 않았습니다. 그들은 그들의 존재를 다해 하나님을 사랑하지 않았고, 그분의 인도를 따라 순종하는 삶을 살지 않았습니다. 그러면서 그들은 전쟁에서 패하자, 언약궤를 앞세우고 전쟁에 다시 나가면서 이번에는 언약궤로 인해 이길 거라 믿었습니다.

엘리 시대의 이스라엘 백성은 하나님을 믿는다고 말하고 생각했을지 모르지만, 그들이 실제로 믿은 것은 언약궤였습니다. 그들은 언약궤가 그들에게 승리를 가져다 줄 것이라고 믿었습니다. 그들은 결국 하나님이 아니라 '육신'을 의지했던 것입니다. 이렇게 '육신'을 의지하는 것, 그것이 바로 율법주의입니다. 보통 율법주의가 타락하면 의식을 남용하는 일이 생기는데, 그들의 모습이 정확하게 그런 모습이었습니다. 이런 그들에게 심판이 임한 것은 당연한 일이었습니다.

그런데 예레미야 시대에도 정확하게 똑같은 일이 일어났습니다. 그들도 당연히 하나님을 섬기고 의지한다고 말하고 생각했을 것입니다. 그러나 그들은 하나님과의 친밀한 교제를 구하지 않았습니다. 하나님의 목소리를 청종하여 그에 따라 순종하는 삶을 살지 않았습니다. 그러면서도 자신들은 안식일에 성전에서 예배와 제사를 드렸으니 하나님이 복을 주시고, 지켜주실 것이라고 믿었습니다. 그들은 결국 하나님을 신뢰하고 믿은 것이 아니라, 성전을 신뢰하고 믿었던 것입니다. 하나님이 말씀하신 바가 바로 그것이었습니다. 그들은 철저하게 타락한 율법주의 신앙 가운데 빠져 있었습니다. 그래서 하나님이 그들을 심판하시고 그들이 신뢰하던 예루살렘 성전을 파괴시켜 버리신 것입니다.

그런데 여기 한 가지 두려운 점이 있습니다. 그것은 예레미야 시대의 이스라엘 백성은 실로에서 일어난 일을 잘 알고 있었다는 점입니다. 그들은 엘리 시대의 이스라엘 백성과 정확하게 똑같은 영적 상태에 있었습니다. 그런데도 실로 시대에 일어났던 일들이 그들에게는 어떠한 교훈도 주지 못했습니다. 그들의 영적 분별력이 어두워져 있었기 때문입니다. 이 얼마나 두려운 일입니까!

이것은 비단 예레미야 시대의 이스라엘 백성의 문제만이 아니었습니다. 예수님은 예레미야 7장 11절에 나오는 말씀과 동일한 말씀을 그 당시 종교지도자들에게 하셨습니다.

"그들에게 이르시되 기록된 바 내 집은 기도하는 집이라 일컬음을 받으리라 하였거늘 너희는 강도의 소굴을 만드는도다 하시니라"(마 21:13).

이 말은 예수님 시대의 종교지도자들도 예레미야 시대의 이스라엘 백성과 정확하게 똑같은 영적 상태에 있었다는 것을 의미합니다. 그리고 실제로 그 시대에 하나님의 심판이 임했으며, 그 성전 또한 완전히 파괴되었습니다. 예수님 시대의 종교지도자들은 실로에 관한 기록도 가지고 있었고, 예레미야 시대에 관한 기록도 가지고 있었지만, 그 기록들을 통해 전혀 자신의 모습을 보지 못했습니다. 그들도 동일하게 영적 분별력이 어두워져 있었기 때문입니다.

오늘날의 성도들도 당연히 하나님을 믿는다고 말하며 생각합니다. 그러나 많은 성도들이 하나님과의 친밀한 교제를 구하지 않습니다. 하나님을 알고, 존재를 다하여 하나님 사랑하기를 구하지 않습니다. 하나님의 길을 찾고 그 가운데 행하기를 구하지 않습니다. 그러면서 주일날 빠지지 않고 교회에 나와서 예배를 드렸으니 하나님이 복을 주시고 지켜주실 것이라고 생각합니다. 그것은 정확하게 하나님을 믿는 것이 아니라, 교회를 믿거나 예배를 믿는 것입니다. 그것이 바로 '육신'을 의지하는 율법주의입니다. 이것만 보아도 오늘날 율법주의가 얼마나 가득한가를 알 수 있습니다.

'육신'이 될 수 있는 것들

율법주의는 '육신'을 의지하는 것입니다. 그렇다면 무엇이 육신에 해당하는 것일까요? 육신이 될 수 있는 것들은 수없이 많습니다. 물질, 지위, 지식, 능력 등등. 여기서는 그 중에서 몇 가지 중요한 성경적인 예들을 살펴보기 원합니다.

할례와 같은 의식

초대교회에는 할례파가 있었습니다. 그들은 모두 예수님을 믿는 자들이었습니다. 그럼에도 그들은 하나님의 정통적인 자녀가 되려면 할례를 받아야 한다고 주장했습니다. 그리고 자신은 할례를 받았기 때문에, 아브라함을 통해 약속하신 모든 유업을 받을 수 있는 정통적인 그리스도인이라고 자부심과 우월감을 가지고 있었습니다. 그러나 사도 바울은 그러한 자들을 개들이요, 행악자들이라고 부릅니다.

"개들을 삼가고 행악하는 자들을 삼가고 손할례당을 삼가라"(빌 3:2, 개역한글).

왜냐하면, 그들은 예수님을 의지하여 서는 자들이 아니라, 할례를 의지하여 서는 자들이기 때문에 그렇습니다. 그들은 '육신'을 의지하는 자들이었습니다.

할례파의 경우에서 볼 수 있듯이, '육신'을 의지하는 자는 그 '육신'으로 인해 세 가지 마음을 가지게 됩니다. 자부심, 우월감(혹은 열등감), 안일함이 그것입니다. 다시 말해서, 우리가 예수님 외에 다른 것에서 자부심이나 우월감(혹은 열등감)이나 안일함을 가지고 있으면, 우리는 지금 '육신'을 의지하고 있는 것입니다. 즉, 지극히 타락한 율법주의에 빠져 있는 것입니다. 앞으로 자세히 살펴보겠지만, 이렇게 '육신'을 의지하는 자들은 모든 하나님의 은혜에서 끊어집니다. 십자가의 능력은 그들에게 아무런 효력이 없습니다. 왜냐하면 이러한 자들은 결국 자기의 종교적인 행위를 의지하여 하나님 앞에 서는 자들이기 때문입니다.

오늘날에도 초대교회 시대의 할례에 해당하는 것들이 매우 많습니다. 예를 들어, 어떤 성도가 새벽기도를 한번도 빠지지 않았다고 가정해 봅시다. 그는 그것으로 인해 늘 자부심과 우월감을 가지고 있습니다. 그리고 자기야말로 누구보다 하나님의 은혜를 받을 만한 자격이 있다고 생각합니다. 그렇다면 그는 정확하게 초대교회 시대의 손할례당과 똑같은 상태에 있습니다.

자신의 종교적 배경과 신앙적 열심

종교적 배경과 신앙적 열심 등은 하나님이 주신 소중한 은혜입니다. 그러나 그러한 것들도 우리가 의지하는 '육신'이 될 수 있습니다. 다시 말해서, 철저하게 타락한 율법주의의 도구가 될 수 있는 것입니다. 빌립보서 3장에서 우리는 이에 대한 좋은 예를 볼 수 있습니다. 사도 바울은 빌립보서 3장에서 손할례당을 개들이요 행악자들이라고 부르면서, 참 할례파(진정한 성도)의 세 가지 특징을 듭니다.

> "하나님의 성령으로 봉사하며 그리스도 예수로 자랑하고 육체를 신뢰하지 아니하는 우리가 곧 할례파라"(빌 3:3).

우리는 여기에서 한 가지 중요한 점을 볼 수 있습니다. 그것은 우리가 예수님을 의지하여 서려면, 육체를 신뢰하지 않아야 한다는 것입니다. 다시 말해서, 우리가 아무리 예수님을 의지한다고 말하고 생각하더라도 육체를 신뢰하면 그것은 실제로는 예수님을 의지하는 것이 아니라, '육신'을 의지하는 것이라는 점입니다.

이어서 사도 바울은 자기는 다른 사람보다 더 '육신'을 의지할 만하다고 말하면서 그 '육신'에 해당하는 것들을 나열합니다.

"그러나 나도 육체를 신뢰할 만하며 만일 누구든지 다른 이가 육체를 신뢰할 것이 있는 줄로 생각하면 나는 더욱 그러하리니 내가 팔일 만에 할례를 받고 이스라엘 족속이요 베냐민 지파요 히브리인 중의 히브리인이요 율법으로는 바리새인이요 열심으로는 교회를 박해하고 율법의 의로는 흠이 없는 자라 그러나 무엇이든지 내게 유익하던 것을 내가 그리스도를 위하여 다 해로 여길뿐더러 또한 모든 것을 해로 여김은 내 주 그리스도 예수를 아는 지식이 가장 고상하기 때문이라 내가 그를 위하여 모든 것을 잃어버리고 배설물로 여김은 그리스도를 얻고 그 안에서 발견되려 함이니 내가 가진 의는 율법에서 난 것이 아니요 오직 그리스도를 믿음으로 말미암은 것이니 곧 믿음으로 하나님께로부터 난 의라"(빌 3:4-9).

사도 바울이 여기에서 나열한 '육신'은 크게 그의 종교적인 배경과 열심이었습니다. 그것들은 실로 화려했습니다. 그 당시 종교 사회에서 어디에 내놔도 조금도 손색이 없는 것들이었습니다. 그러나 사도 바울은 그것들을 '육체'라고 부릅니다. 그렇다면 그것들 자체가 잘못된 것이라는 말입니까? 아닙니다. 그것들 하나하나는 귀한 것들이었습니다. 그러나 그것들로 인해 자부심을 가질 때, 그것들로 인해 우월감을 가질 때, 그것들을 의지하여 하나님 앞에 설 때, 그것들은 '육체' 혹은 '육신'이 되는 것입니다. 그리고 그것이 곧 9절에서 말하는 '율법에서 난 의'를 의지하는 것입니다. 그래서 사도 바울은 그것들을 배설물처럼 버렸다고 말했습니다. 주님을 알고 주님만을 의지하여 하나님 앞에 서기 위해서는 그것들을 의지하는 것이 철저히 버려져야 하기 때문입니다.

　이러한 관점에서 봤을 때 오늘날 성도의 삶은 어떠합니까? 오늘날 교회와 성도 안에 이러한 '육신'으로 인한 자부심이 너무 가득합니다. 교단적 배경, 신앙적 전통, 자신의 신앙적 열심, 교회 규모와 예산, 목회자의 학력 등 그 종류를 셀 수 없을 정도입니다. 물론 그 하나하나가 나쁜 것은 아닙니다. 문제는 그것들로 인하여 자부심을 가질 때, 이러한 교회와 성도는 예수님을 의지하여 서는 자들이 되지 못한다는 데 있습니다. 사도 바울은 그러한 자들을 개들이요 행악자라고 부르고 있습니다.

　그러한 가치관과 자세를 가진 교회나 성도의 삶에는 십자가의 능력이 나타나지 않습니다. 세상의 눈에는 성공적인 삶과 사역으로 보여질지 모르나 진정으로 세상과 죄를 이기는 능력, 용납할 수 없는 자를 용납하는 능력, 온 삶으로 하나님을 사랑하는 능력 등 십자가의 능력은 그곳에 전혀 나타날 수 없습니다. '육신'을 의지하면, 하나님의 은혜가 걷히고, 십자가의 능력이 소멸되기 때문입니다.

성령의 은사와 사회적인 영향력 그리고 훌륭한 지도자들

　성령의 은사, 하나님이 함께하심으로 얻어지는 사회적인 영향력 그리고 하나님이 귀하게 쓰시는 종들, 이 모든 것은 다 소중한 것들입니다. 그러나 그것들도 '육신'이 될 수 있습니다. 우리는 고린도 교회의 예에서 이 점을 잘 볼 수 있습니다.

　고린도 교회에는 성령의 은사들이 부족함 없이 나타났습니다. 초대교회 중 성령의 은사가 가장 강력하게 나타난 교회가 고린도 교회였다고 해도 과언이 아닙니다(고전 1:7 참조). 뿐만 아니라, 교회가 성장하면서 고린도 교회의 사회적인 영향력도 점점 커져가고 있었습니다(고전 4:8 참조). 그리고 고린도 교회는 그 당시 가장 훌륭한 사도들에 의해 세워지고 양육된 교회였습니다. 사도 바울에 의해 세워졌으며, 그 당시 가장 훌륭한 교사였던 아볼로가 오랫동안 머물면서 가르쳤던 교회가 바로 고린도 교회입니다.

그런데 문제는 이러한 것들로 인해 고린도 교회의 마음이 높아지고 있었습니다. 그들은 주님만이 그들의 힘이요, 의요, 지혜인 삶에서 떠나고 있었습니다. 성령의 은사, 주님으로 인한 사회적인 영향력, 주님의 귀한 종들, 이 모두는 다 소중한 것들이었지만, 그것들로 인해 자부심을 가짐으로 그들은 결국 '육신'을 의지하는 타락한 율법주의로 전락하고 있었습니다. 그리고 그 결과 하나님의 은혜가 그들에게서 걷히고 있었습니다. 십자가의 능력이 소멸되고 있었습니다. 육신이 그들의 삶 속에 가득하기 시작했습니다. 그래서 사도 바울이 그 점을 강력하게 질타하고 있는 것입니다.

"형제들아 너희를 부르심을 보라 육체를 따라 지혜로운 자가 많지 아니하며 능한 자가 많지 아니하며 문벌 좋은 자가 많지 아니하도다 그러나 하나님께서 세상의 미련한 것들을 택하사 지혜 있는 자들을 부끄럽게 하려 하시고 세상의 약한 것들을 택하사 강한 것들을 부끄럽게 하려 하시며 하나님께서 세상의 천한 것들과 멸시 받는 것들과 없는 것들을 택하사 있는 것들을 폐하려 하시나니 이는 아무 육체도 하나님 앞에서 자랑하지 못하게 하려 하심이라"(고전 1:26-29).

"형제들아 내가 너희를 위하여 이 일에 나와 아볼로를 들어서 본을 보였으니 이는 너희로 하여금 기록된 말씀 밖으로 넘어가지 말라 한 것을 우리에게서 배워 서로 대적하여 교만한 마음을 가지지 말게 하려 함이라 누가 너를 남달리 구별하였느냐 네게 있는 것 중에 받지 아니한 것이 무엇이냐 네가 받았은즉 어찌하여 받지 아니한 것같이 자랑하느냐 너희가 이미 배 부르며 이미 풍성하며 우리 없이도 왕이 되었도다 우리가 너희와 함께 왕 노릇 하기 위하여 참으로 너희가 왕이 되기를 원하노라 내가 생각하건대 하나님이 사도인 우리를 죽이기로 작정된 자 같이 끄트머리에 두셨으매 우리는 세계 곧 천사와 사람에게 구경거리가 되었노라 우리는 그리스도 때문에 어리석으나 너희는 그리스도 안에서 지혜롭고 우리는 약하나 너희는 강하고 너희는 존귀하나 우리는 비천하여 바로 이 시각까지 우리가 주리고 목마르며 헐벗고 매맞으며 정처가 없고 또 수고하여 친히 손으로

율법주의 : 육신을 의지하는 것

일을 하며 모욕을 당한즉 축복하고 박해를 받은즉 참고 비방을 받은즉 권면하니 우리가 지금까지 세상의 더러운 것과 만물의 찌꺼기 같이 되었도다 내가 너희를 부끄럽게 하려고 이것을 쓰는 것이 아니라 오직 너희를 내 사랑하는 자녀 같이 권하려 하는 것이라 그리스도 안에서 일만 스승이 있으되 아버지는 많지 아니하니 그리스도 예수 안에서 복음으로써 너희를 낳았음이라 그러므로 내가 너희에게 권하노니 너희는 나를 본받는 자가 되라"(고전 4:6-16).

하나님이 이 부분을 가지고 제가 섬기는 포도나무교회와 새물결선교회를 다루신 적이 있습니다. 아니 지금도 다루고 계시다고 말하는 것이 더 정확할 것입니다. 우리가 하나님만을 줄기차게 구한 결과, 수년 전부터 하나님이 우리 가운데 임하셔서 운행하시기 시작하셨습니다. 그러자 교회와 선교회 가운데 하나님이 행하신 일들에 대한 많은 귀한 간증이 있었습니다. 사역이 국내외로 확장되기 시작했습니다. 사역의 열매들이 여기저기서 자라나기 시작했습니다. 교회는 계속해서 성장했습니다. 최근에는 새 예배당을 지어 이사하기까지 했습니다. 그러자 많은 성도들의 마음이 자신도 모르는 사이에 높아지기 시작했습니다. 하나님이 하신 일과 역사들에 대해서 자부심을 가지기 시작했습니다. 그 결과 하나님 그분에 대한 배고픔과 갈망이 서서히 식어지면서 육신의 열매들이 여기저기서 나타나기 시작했습니다. 물론 그 와중에서도 사역은 계속해서 확장되고 있었습니다. 이러한 상태에서 하나님은 우리에게 하나님께로 돌아오라고 강력하게 촉구하고 계셨습니다. 하나님만이 우리의 기쁨이요 자랑인 자리로 돌아오라고 강력하게 촉구하고 계셨습니다. 그렇지 않으면 하나님의 은혜가 우리에게서 걷혀질 것이기 때문입니다.

성령의 은사, 하나님이 함께하심으로 인한 영향력 등은 모두 우리에게 필요하고 소중한 것들입니다. 그러나 그것이 '육신'으로 작용할 수도 있습니다. 그것들이 우리에게 '육신'이 되지 않기 위해서는 어떻게 해야 할까요? 고린도전서에 나오는 사도 바울의 말에서 우리는 그 해답을 찾을 수 있습니다. 첫째, 하나님이 우리에게 은혜를 주신 것은 우리 때문이 아님을 기억해야 합니다. 고린도전서 1장에서도 말씀하셨듯이, 하나님은 오히려 연약한 자들을 택하십니다. 아무도 자랑하지 못하도록 하기 위함입니다. 그러므로 만약 우리에게 하나님의 은혜가 주어졌다면, 그것은 우리가 자격이 있거나 잘나서가 아니라, 오히려 연약하고 부족하기 때문임을 기억해야 합니다. 둘째, 하나님이 주신 은혜가 무엇이든지, 그 모든 것들은 받은 것임을 인식해야 합니다. 다시 말해서, 우리가 벌어들인 것이 아님을 기억해야 합니다. 우리가 그것들을 받은 것이 아닌 벌어들인 것으로 인식하기 시작할 때 문제가 생깁니다. 그러므로 그 모든 은혜들에 대해 하나님께 진심으로 감사해야 합니다. 감사가 참으로 중요합니다. 그러나 동시에 그것들은 받은 것들임을 인식하고 늘 겸손해야 합니다.

성경적 지식

성경적 지식도 우리가 의지하는 '육신'이 될 수 있습니다. 올바른 성경적 지식은 우리 신앙에서 필수적인 요소입니다. 그것이 없이는 하나님을 올바로 알 수 없습니다. 그럼에도 그것이 우리가 의지하는 '육신'이 될 수 있습니다. 그래서 하나님의 은혜가 우리에게서 걷히게 하는 수단이 될 수 있습니다. 그 대표적인 예가 유대인들입니다.

"유대인이라 불리는 네가 율법을 의지하며 하나님을 자랑하며 율법의 교훈을 받아 하나님의 뜻을 알고 지극히 선한 것을 분간하며 맹인의 길을 인도하는 자요 어둠에 있는 자의 빛이요 율법에 있는 지식과 진리의 모본을 가진 자로서 어리석은 자의 교사요 어린 아이의 선생이라고 스스로 믿으니"(롬 2:17-20).

그들은 성경적인 지식으로 인해 자부심과 우월감을 가지고 있었습니다.

하지만 그들이 자부심과 우월감을 가지고 있었다는 말은 그들의 신앙이 옳지 못한 상태에 있었다는 것을 의미합니다. 즉, 그들은 이론이 실제를 혹은 이론이 인격체를 대신해 버린 율법주의에 빠져 있었습니다. 성경적인 지식이 그들이 의지하는 '육신'이 되어 버린 것입니다. 그 결과 그들에게는 어떠한 참다운 신앙의 열매도 맺히지 않았습니다. 사람을 변화시키는 하나님의 능력이 그들 가운데 역사하고 있지 않았습니다. 이어지는 구절들을 보아도 그 사실을 잘 알 수 있습니다.

"그러면 다른 사람을 가르치는 네가 네 자신은 가르치지 아니하느냐 도둑질하지 말라 선포하는 네가 도둑질하느냐 간음하지 말라 말하는 네가 간음하느냐 우상을 가증히 여기는 네가 신전 물건을 도적질하느냐 율법을 자랑하는 네가 율법을 범함으로 하나님을 욕되게 하느냐"(롬 2:21-23).

포도나무교회나 새물결선교회 주위에서도 저는 이러한 잘못에 빠지는 사람들을 종종 봅니다. 십자가의 복음을 올바로 이해하고, 신앙의 본질이 무엇이며, 거짓 신앙체계가 무엇인가를 제대로 아는 것은 매우 중요합니다. 그러나 그럼에도 그것들은 주님과의 친밀한 교제를 가지기 위한 수단에 불과합니다. 그런데 일부 성도들은 주님과의 실제적인 친밀한 교제는 가지고 있지 못하면서, 그러한 지식을 가졌다고 해서 영적 우월감을 갖습니다. 그들은 다른 사람들은 거짓 신앙체계에 빠져있을지 몰라도, 자신들은 올바른 신앙을 가지고 있다고 자부합니다. 그러나 그것이 바로 율법주의에 빠져 있는 모습입니다. 성경적인 지식이 인격체이신 하나님과의 실제적인 교제를 대체해 버린 율법주의에 빠져 있는 모습입니다. 그러한 사람들의 삶 속에는 주님과의 친밀한 교제의 열매들이 존재하지 않습니다.

소위 축복받아 잘되는 것

예레미야 시대는 하나님의 백성의 신앙이 타락하여 하나님의 심판이 실제로 임한 시대였습니다. 그러나 그런 시대말적인 상황속에서도 하나님의 백성 중 일부는 일이 잘 되었습니다. 소위 축복을 받아서 잘 살았습니다. 그러나 오히려 그것으로 인해 그들의 마음이 높아지고, 하나님의 음성을 듣지 못하게 되었습니다. 우리는 그러한 사실을 예레미야가 하나님께 불평한 내용 중에서 볼 수 있습니다.

"여호와여 내가 주와 변론할 때에는 주께서 의로우시니이다 그러나 내가 주께 질문하옵나니 악한 자의 길이 형통하며 패역한 자가 다 평안함은 무슨 까닭이니이까 주께서 그들을 심으시므로 그들이 뿌리가 박히고 장성하여 열매를 맺었거늘 그들의 입은 주께 가까우나 그들의 마음은 머니이다"(렘 12:1-2).

여기에서 말하는 악한 자와 패역한 자는 우선적으로 믿지 않는 자들을 말하는 것이 아닙니다. 그것은 그 당시 신앙의 모양은 가득하나 신앙의 본질에서 떠나 거짓 신앙체계에 빠져 있는 하나님의 백성, 그래서 실제적으로는 하나님을 버린 하나님의 백성을 가리키는 것입니다(렘 2:13). 2절을 보아도 우리는 그 사실을 잘 알 수 있습니다.

그런데 문제는 그들이 세상적으로 잘되고 있었다는 사실입니다. 물론 성경에 보면, 그들은 비윤리적인 수단을 통해 돈을 벌기도 했던 것 같습니다(렘 5:26-27; 22:14-15, 17 참조). 어찌됐든지 그들은 타락한 마음의 강퍅한 대로 살아가면서도 하나님께 많은 희생을 드렸고, 그러면 (거짓)선지자들과 제사장들은 그들에게 낮은 복을 신포하였는데, 선지자들과 제사장들이 말대로 그들은 소위 복을 받았습니다. 그 결과 그들은 더욱 마음이 굳어져서 예레미야를 통한 하나님의 말씀을 듣지 않았습니다(렘 13:10 참조). 그들은 결국 세상에서 잘되고, 돈 많이 버는 것을 의지하여 하나님 앞에 섰던 것입니다.

오늘날에도 이들과 비슷한 이해와 상태에 있는 하나님의 백성이 얼마나 많은지 모릅니다. 그들은 삶에서 별다른 문제가 없고, 사업이 잘되고, 돈을 벌만큼 버니까, 하나님의 큰 복을 받았다고 생각합니다. 그러한 사람들에게 있는 전형적인 한 가지 특징이 안일함입니다. 그러나 그들의 삶 속에 있는 그 안일함이 그들이 철저하게 타락한 율법주의에 빠져 있다는 증거입니다. 왜냐하면 만약 그들이 우리의 신앙을 하나님을 아는 것, 하나님의 영광을 보는 것 그리고 하나님의 행하심을 보고 그 일에 우리의 온 삶으로 동참하는 것으로 올바르게 이해했다면, 그러한 안일함이 절대로 그들에게 틈타지 못했을 것이기 때문입니다. 그러나 그들은 세상의 부를 의지하는 율법주의에 빠져 있기 때문에, 철저하게 하나님을 떠나 있으면서도 그러한 안일함과 자부심 가운데 살아가고 있는 것입니다.

한 가지 추가적으로, 우리는 여기서 복에 대한 그러한 개념이 잘못되어 있다는 사실을 알아야 합니다. 만약 그것이 하나님의 복이라면, 성경에 나오는 라오디게아 교회가 가장 복을 많이 받은 교회였을 것입니다. 그들은 자신들이 부족함이 없다고 느낄 만큼 많은 부를 가지고 있었습니다.

"네가 말하기를 나는 부자라 부요하여 부족한 것이 없다 하나…"(계 3:17).

그 당시 라오디게아 지역은 산업이 발달한 지역이었다고 합니다. 그래서 그들은 개인적으로 그리고 교회적으로 부자였습니다. 당연히 그들은 하나님의 은혜로 부자가 되었다고 자랑했을 것입니다. 그러나 그들을 보시는 하나님의 관점은 전혀 달랐습니다.

"…네 곤고한 것과 가련한 것과 가난한 것과 눈 먼 것과 벌거벗은 것을 알지 못하도다"(계 3:17).

하나님의 관점에서는 그들에게 칭찬할 만한 것이 단 한 가지도 없었습니다. 하나님 앞에서 소중한 것은 그들에게 하나도 없었습니다. 그것은 어쩌면 너무나 당연한 일이었습니다. 그들은 세상의 부를 의지하는 율법주의 신앙을 가지고 있었기 때문에, 그들의 삶 속에는 어떠한 하나님의 생명도 함께할 수 없었던 것입니다.

이처럼 율법주의는 '육신'을 의지하게 합니다. '육신'을 의지하는 자들은 그 '육신'으로 인해 자부심, 우월감, 안일함을 갖습니다. 그리고 그렇게 '육신'을 의지하는 자들은 주님을 의지하지 않습니다.

12장 율법주의의 가장 큰 특징: 자기 의

또 자기를 의롭다고 믿고 다른 사람을 멸시하는 자들에게 이 비유로 말씀하시되 두 사람이 기도하러 성전에 올라가니 하나는 바리새인이요 하나는 세리라 바리새인은 서서 따로 기도하여 이르되 하나님이여 나는 다른 사람들 곧 토색, 불의, 간음을 하는 자들과 같지 아니하고 이 세리와도 같지 아니함을 감사하나이다 나는 이레에 두 번씩 금식하고 또 소득의 십일조를 드리나이다 하고 세리는 멀리 서서 감히 눈을 들어 하늘을 쳐다보지도 못하고 다만 가슴을 치며 이르되 하나님이여 불쌍히 여기소서 나는 죄인이로소이다 하였느니라 내가 너희에게 이르노니 이에 저 바리새인이 아니고 이 사람이 의롭다 하심을 받고 그의 집으로 내려갔느니라 무릇 자기를 높이는 자는 낮아지고 자기를 낮추는 자는 높아지리라 하시니라(눅 18:9-14).

12장

율법주의는 결국 자기 자원을 의지하여 하나님 앞에 서고자 하는 신앙관이기 때문에, 그것의 가장 큰 특징은 자기 의(self-righteousness)가 됩니다. 자기 의는 자기의 종교적인 행실을 의지하여 하나님 앞에 서고자 하는 자세를 말합니다. 즉, 성경적인 용어로 "율법의 행위로 말미암은 의"를 말합니다. 그래서 이 장에서는 자기 의에 대해 좀 더 자세하게 살펴보고자 합니다.

자기 의를 가지고 하나님 앞에 설 수 있는 사람은 한 사람도 없습니다

사도 바울이 갈라디아서 2장 16절에서 "…율법의 행위로써는 의롭다 함을 얻을 육체가 없느니라"고 말한 것처럼, 자기 의를 가지고 하나님 앞에 설 수 있는 사람은 이 세상에 단 한 사람도 없습니다. 이에 대한 좋은 예를 기도하러 올라간 바리새인과 세리의 비유에서 잘 볼 수 있습니다.

"또 자기를 의롭다고 믿고 다른 사람을 멸시하는 자들에게 이 비유로 말씀하시되 두 사람이 기도하러 성전에 올라가니 하나는 바리새인이요 하나는 세리라 바리새인은 서서 따로 기도하여 이르되 하나님이여 나는 다른 사람들 곧 토색 불의 간음을 하는 자들과 같지 아니하고 이 세리와도 같지 아니함을 감사하나이다 나는 이레에 두 번씩 금식하고 또 소득의 십일조를 드리나이다 하고 세리는 멀리 서서 감히 눈을 들어 하늘을 쳐다 보지도 못하고 다만 가슴을 치며 이르되 하나님이여 불쌍히 여기소서 나는 죄인이로소이다 하였느니라 내가 너희에게 이르노니 이에 저 바리새인이 아니고 이 사람이 의롭다 하심을 받고 그의 집으로 내려갔느니라 무릇 자기를 높이는 자는 낮아지고 자기를 낮추는 자는 높아지리라 하시니라"(눅 18:9-14).

이 비유에 나타난 예수님의 의도를 잘 이해하려면, 먼저 우리는 예수님이 의도적으로 바리새인과 세리를 예로 드셨다는 사실을 기억해야 합니다.

그 당시 바리새인은 자타가 공인할 만큼 가장 의로운 자였습니다. 반면에 세리는 자타가 공인할 만큼 가장 큰 죄인이었습니다. 그런데 그날 세리는 하나님의 은혜를 받고 의롭게 된 반면, 바리새인은 버림을 받았습니다. 왜 이런 일이 일어났습니까? 예수님은 바리새인에 대해서 편견을 가지고 계셨습니까? 아닙니다. 예수님은 어느 누구에게도 편견을 가지고 계시지 않습니다. 그 이유를 알려면 그들의 기도를 보아야 합니다. 먼저 세리는 하나님 앞에 내세울 만한 것이 아무것도 없었습니다. 그가 행한 것이라고는 죄뿐이었습니다. 그래서 그는 하나님 앞에 나아가면서, 고개도 들지 못하고 하나님의 은혜와 자비와 긍휼만을 의지하여 나아갔습니다. 그 결과 그는 그날 하나님 앞에서 의롭다 함을 받았습니다.

반면에 바리새인은 매우 의로운 사람이었습니다. 그는 다른 사람과는 달리 일주일에 이틀을 금식할 만큼 바리새인들 중에서도 매우 의로운 사람이었습니다. 그러나 그 바리새인은 하나님 앞에 나아갈 때, 자기 의를 의지하여 나아갔습니다. 그의 기도를 보십시오. "하나님이여, 나는…", "나는…." 그는 자기의 행실을 토대로 하나님 앞에 섰습니다. 그래서 그날 바리새인이 버림을 받은 것입니다. 자기 의를 의지하여 하나님 앞에 설 수 있는 사람은 단 한 사람도 없기 때문입니다. 사람들의 관점에서는 아무리 의로운 삶을 산다 할지라도, 자기 의를 의지하여 하나님 앞에 나아가는 사람은 반드시 버림을 받게 됩니다.

우리가 하나님 앞에 나아가려면 세리처럼 나아가야 합니다. 하나님 앞에 내세울 만한 것이 자기 속에는 아무것도 없음을 인식하고 나아가야 합니다. 자기에게는 하나님의 은혜와 자비와 긍휼이 절실하게 필요함을 인식하고, 그것을 구하고, 그것을 의지하여 나아가야 합니다.

자기 의를 의지하는 사람들에게 적용되는 하나님의 기준

자기 의를 의지하여 하나님 앞에 설 수 없다는 사실은 자기 의를 의지하는 사람들에게 적용되는 하나님의 기준을 알면 쉽게 이해가 됩니다. 성경에 보면, 자기 의를 의지하여 하나님 앞에 서고자 하는 사람들에게 적용되는 하나님의 기준이 나와 있습니다.

> "무릇 율법 행위에 속한 자들은 저주 아래에 있나니 기록된 바 누구든지 율법 책에 기록된 대로 모든 일을 항상 행하지 아니하는 자는 저주 아래에 있는 자라 하였음이라"(갈 3:10).

우선 이 구절에서 "율법 행위에 속한 자들"은 율법의 행위로 말미암은 의를 의지하는 자들, 곧 자기 의를 의지하는 자들을 말합니다. 그들은 하나님의 말씀에 기록된 모든 명령을 항상 지켜야 합니다. 그렇지 않으면, 하나님의 저주 아래 있게 됩니다. 이것이 자기 의를 의지하는 자들에게 적용되는 하나님의 기준입니다.

여기에서 중요한 두 단어는 "모든"과 "항상"입니다. 다시 말해서, 자기 의를 의지하여 하나님 앞에 서고자 하는 자는 단 하나의 명령을 단 한번이라도 어기면 그로 인해 저주를 받게 될 것입니다. 이 얼마나 두려운 일입니까? 그리고 이러한 하나님의 기준을 충족시킬 수 있는 사람이 세상에 어디 있겠습니까? 그래서 자기 의를 의지해서 하나님 앞에 설 수 있는 사람이 단 한 사람도 없는 것입니다.

부분적으로 자기 의를 의지해도 그것은 전적으로 자기 의를 의지하는 것과 같습니다

자기 의의 무서운 점은 우리가 그것을 부분적으로만 의지해도 전적으로 그것을 의지하는 것과 같다는 것입니다.

우리는 앞 장에서 빌립보서 3장에 나오는 손할례당의 문제를 살펴보았습니다. 그들은 할례를 받고 구약의 모든 율법을 지킴으로써 구원을 받을 수 있다고 가르치는 자들이 아니었습니다. 만약 그들이 그렇게 가르쳤더라면, 초대 교회의 성도들은 그들의 가르침을 받아들이지 않았을 것입니다. 그들은 다 예수님을 믿어야 구원을 얻는다고 가르쳤습니다. 그러나 예수님을 믿을 뿐 아니라, 할례를 받아야 정통적인 아브라함의 자손이 되고, 하나님이 아브라함에게 약속하신 모든 유업을 받을 수 있다고 가르쳤습니다. 즉, 예수님을 믿는 믿음에다 할례를 추가한 것입니다. 사도 바울은 그러한 그들을 "개들" "행악자들"이라고 부르면서 강력하게 성토했습니다. 왜냐하면 부분적으로라도 자기 의를 의지하면, 그것은 전적으로 자기 의를 의지하는 것과 같기 때문입니다. 사실, 그들이 아무리 예수님을 믿는다고 말할지라도, 할례를 받아야 정통적인 그리스도인이 되고, 하나님의 진정한 유업을 받을 수 있다고 믿는다면, 그들을 정통적인 그리스도인으로 만들고, 그들로 하여금 하나님의 유업을 받을 수 있게 만드는 것은 예수님의 십자가가 아니라, 할례가 되는 것입니다. 즉, 그들은 예수님의 십자가의 공로를 의지해서가 아니라, 할례를 의지해서 하나님 앞에 서는 것입니다.

그러므로 우리가 아무리 예수님을 믿고 자랑한다고 말할지라도, 앞 장에서 살펴본 것처럼 '육신'을 의지하고, '육신'으로 인해 자부심을 가지면, 그 사람은 자기 의를 의지하는 사람이요, 율법주의에 빠져 있는 사람이 되는 것입니다. 우리가 그리스도의 십자가의 공로를 의지하여 하나님 앞에 서려면, 그러한 '육신'을 의지하는 태도들이 배설물처럼 버려져야 합니다. 그때에야 비로소 예수님의 십자가만이 우리가 의지하고 하나님 앞에 나아가는 유일한 근거가 될 수 있습니다.

그래서 사도 바울이 참다운 성도의 특징에 대해서 말하면서 "하나님의 성령으로 봉사하며 그리스도 예수로 자랑하고 육체를 신뢰하지 아니하는 우리가 곧 할례파라"(빌 3:3)고 했고, 자신은 그 모든 '육체'를 신뢰하는 것을 배설물로 여겼다고 말한 것입니다(빌 3:8). 그는 그렇게 육신을 의지하는 것을 배설물처럼 여기고, 오직 예수님의 공로만을 의지하여 예수님만을 구하여 하나님 앞에 서는 것을 '믿음으로 말미암는 의'라고 말했습니다.

> "그러나 무엇이든지 내게 유익하던 것을 내가 그리스도를 위하여 다 해로 여길뿐더러 또한 모든 것을 해로 여김은 내 주 그리스도 예수를 아는 지식이 가장 고상하기 때문이라 내가 그를 위하여 모든 것을 잃어버리고 배설물로 여김은 그리스도를 얻고 그 안에서 발견되려 함이니 내가 가진 의는 율법에서 난 것이 아니요 오직 그리스도를 믿음으로 말미암은 것이니 곧 믿음으로 하나님께로부터 난 의라"(빌 3:7-9).

자기 의와 관련한 한 가지 공식

이렇게 볼 때, 우리는 자기 의와 관련하여 매우 중요한 한 가지 공식이 있는 것을 발견할 수 있습니다. 그것은 다음과 같습니다.

그리스도의 십자가 + 무엇 = 율법주의

이 공식을 올바로 이해하는 것은 매우 중요합니다. 오늘날 많은 기독교인들이 이 공식의 의미를 올바로 이해하지 못해서, 철저하게 타락한 거짓 신앙체계인 율법주의에 빠져 있으면서도 그 사실을 모르고 있는 것입니다.

율법주의는 가치관입니다

율법주의를 잘 이해하려면, 그것이 가치관이라는 사실을 기억해야 합니다. 율법주의는 어떠한 행동을 말하는 것이 아닙니다. 그러한 행동의 배후에 있는 가치관을 말하는 것입니다. 우리는 이미 앞에서 거짓 신앙체계는 신앙에 대한 왜곡된 이해라는 사실을 살펴보았습니다.

갈라디아서 2장에 나오는 안디옥에서 있었던 일을 예로 들어보겠습니다. 한번은 안디옥에서 사도 바울이 많은 사람이 보는 앞에서 사도 베드로를 심하게 질책한 일이 있었습니다. 그런데 여기에서 특이한 점은 사도 바울이 사도 베드로를 질책한 내용입니다. 사도 바울은 사도 베드로가 행함으로 의롭게 되는 가치관을 퍼뜨렸다고 그를 질책했습니다.

"게바가 안디옥에 이르렀을 때에 책망 받을 일이 있기로 내가 그를 대면하여 책망하였노라 야고보에게서 온 어떤 이들이 이르기 전에 게바가 이방인과 함께 먹다가 그들이 오매 그가 할례자들을 두려워하여 떠나 물러가매 남은 유대인들도 그와 같이 외식하므로 바나바도 그들의 외식에 유혹되었느니라 그러므로 나는 그들이 복음의 진리를 따라 바로 행하지 아니함을 보고 모든 자 앞에서 게바에게 이르되 네가 유대인으로서 이방인을 따르고 유대인답게 살지 아니하면서 어찌하여 억지로 이방인을 유대인답게 살게 하려느냐 하였노라 우리는 본래 유대인이요 이방 죄인이 아니로되 사람이 의롭게 되는 것은 율법의 행위로 말미암음이 아니요 오직 예수 그리스도를 믿음으로 말미암는 줄 알므로 우리도 그리스도 예수를 믿나니 이는 우리가 율법의 행위로써가 아니고 그리스도를 믿음으로써 의롭다 함을 얻으려 함이라 율법의 행위로써는 의롭다 함을 얻을 육체가 없느니라"
(갈 2:11-16).

우리는 이미 갈라디아서 2장 16절의 내용을 잘 알고 있습니다. 많은 성도들이 이 구절을 초신자 성경공부나 불신자 구원 초청 때 사용하는 구절로 이해합니다. 당연히 이 구절은 그때 사용할 수 있습니다. 그러나 본문에서 사도 바울은 이 구절을 사도 베드로에게 사용하고 있습니다. 그것도 많은 사람 앞에서 베드로를 책망하면서 이 구절을 사용합니다.

그렇다면 이 말은 사도 베드로가 행함으로 의롭게 된다고 가르쳤다는 말입니까? 아닙니다. 오직 믿음으로 의롭게 된다는 진리를 누구보다 먼저 가르친 이가 바로 사도 베드로였습니다. 하나님이 그를 이방인인 고넬료의 집에 보내셨을 때에도 그는 할례나 율법을 전하지 않았습니다. 그는 오직 예수 그리스도를 전했고, 고넬료의 집에 모인 자들이 믿음으로 예수님께 나왔을 때 성령님이 그들 모두에게 임하셨습니다(행 10장 참조). 또한 예루살렘에서 할례와 유대인의 전통을 이방인의 성도들에게 지키게 해야 하는가의 문제를 놓고 격론이 벌어졌을 때에도 가장 먼저 "오직 믿음으로"를 주장했던 사람이 바로 사도 베드로였습니다(행 15:7-11 참조).

그런데 왜 이런 책망을 듣습니까? 그 이유는 그곳에서 사도 베드로가 취한 행동이 율법주의적 가치관을 반영하고 있었기 때문입니다. 안디옥 교회는 이방인을 중심으로 이루어진 교회였습니다. 보통 때 베드로는 그들과 지내면서 아무런 문제 없이 함께 식사했습니다. 그러나 예루살렘 교회에서 사람들이 왔을 때, 베드로는 그 사람들의 안목이 두려워서 이방인들과 함께 식사하다가 슬그머니 자리를 옮겨서 따로 앉았습니다. 그랬더니 베드로와 함께 예루살렘에서 왔던 유대인들도 베드로를 따라서 자리를 옮겼고, 바나바도 그렇게 했습니다. 그 당시 유대 그리스도인들은 여전히 유대인의 전통을 지키고 있었는데, 그 중 하나는 이방인과 함께 식사를 하지 않는 것이었습니다. 그들은 이방인과 같이 식사를 하면 의식적으로 부정하게 된다고 믿었습니다. 베드로는 이방인과 함께 식사를 하는 자신의 행동에 대한 유대 그리스도인들의 평가를 두려워했던 것입니다. 이것을 두고 사도 바울이 베드로가 "외식했다", "복음의 진리를 따라 행하지 않았다", "율법의 행위로 의롭다함을 받는 것처럼 행동했다"라고 강력하게 질책하는 것입니다.

그렇다면 이것은 베드로가 항상 이방인과 같이 식사를 해야 한다는 말입니까? 그는 자기와 친한 유대인과 따로 앉아서 식사를 하면 안 된다는 말입니까? 전혀 아닙니다. 문제는 베드로가 그날 취한 행동의 배후에 있는 가치관이었습니다. 그날 베드로가 이방인들과 같이 식사를 하다가 자리를 옮겨 따로 앉은 행동의 배후에는 특정한 사람들과 식사를 같이 하지 않는 것이, 특정한 음식을 먹지 않는 것이 우리를 하나님 앞에서 깨끗하게 한다는 가치관이 깔려 있었습니다. 즉, 행함으로 의롭게 된다는 가치관이 깔려 있었던 것입니다. 베드로는 우리가 하나님 앞에서 의롭게 되는 것은 오직 십자가의 공로를 믿음으로 말미암는다는 사실을 잘 알고 있었습니다. 누구보다 먼저 그 진리를 전했습니다. 그러나 그날 그가 취한 행동은 행함으로 의롭게 된다는 가치관을 반영하는 것이었습니다. 그래서 사도 바울은 그렇게 강력하게, 그것도 사람들 앞에서 베드로를 책망했던 것입니다. 더 나아가 하나님은 베드로가 성경을 읽는 모든 사람들에게 창피당하는 것을 감수하면서까지 이 사건이 성경에 기록되도록 하심으로써 율법주의를 강력하게 경고하고 계십니다. 이처럼 율법주의는 우리가 하는 어떠한 행동에 있는 것이 아니라, 그 행동의 배후에 있는 가치관에 있습니다.

한 가지 더, 우리는 여기서 율법주의가 얼마나 쉽게 빠질 수 있는 함정인가를 알 수 있습니다. 믿음으로 의롭게 된다는 복음을 누구보다 열심히 전한 베드로가 율법주의에 빠졌다면 다른 사람은 어떻겠습니까? 그래서 예수님이 제자들에게 율법주의의 위험성에 대해서 자주 경고하셨던 것입니다(마 16:6; 막 8:15; 눅 12:1 참조). 뿐만 아니라, 우리는 거짓 신앙체계에서 한번 돌이

율법주의의 가장 큰 특징 : 자기 의

킨다고 해서 영원히 돌이켜지는 것이 아니며, 율법주의는 우리가 수시로 빠질 수 있는 함정인 것을 알 수 있습니다.

자기 의를 의지하면 하나님의 모든 생명이 걷힙니다

율법주의의 무서운 점은 우리가 율법주의에 빠지면 하나님의 모든 생명이 우리에게서 걷힌다는 사실입니다. 다시 말해서, 율법주의에 빠지면, 참 신앙의 모든 특징에서 단절됩니다.

갈라디아서에 보면 참 신앙과 거짓 신앙이 다음과 같은 특징들을 가지고 있음을 알 수 있습니다. 그런데 거짓 신앙체계인 율법주의에 빠지면, 참 신앙의 모든 특징들로부터 단절됩니다.

참 신앙	거짓 신앙
■ 십자가의 복음	■ 율법주의 신앙
■ 오직 믿음	■ 자기 의
■ 하나님의 은혜	■ 인간의 노력
■ 성령님	■ 육신
■ 자유함	■ 노예
■ 약속	■ 율법을 지킴

갈라디아서 5장에서 사도 바울이 한 말이 바로 그 말입니다.

"보라 나 바울은 너희에게 말하노니 너희가 만일 할례를 받으면 그리스도께서 너희에게 아무 유익이 없으리라 내가 할례를 받는 각 사람에게 다시 증언하노니 그는 율법 전체를 행할 의무를 가진 자라 율법 안에서 의롭다 함을 얻으려 하는 너희는 그리스도에게서 끊어지고 은혜에서 떨어진 자로다"(갈 5:2-4).

여기서도 할례 그 자체가 문제가 아니었습니다. 그래서 사도 바울은 바로 다음 절에서 이렇게 말했습니다.

"그리스도 예수 안에서는 할례나 무할례나 효력이 없으되 사랑으로써 역사하는 믿음뿐이니라"(갈 5:6).

사도행전에서 사도 바울이 디모데에게 할례를 주었던 것도 바로 이런 생각에 근거한 것입니다(행 16:3). 만약 할례 그 자체가 참 신앙의 모든 특징에서 끊어지게 만드는 결과를 가져왔다면, 바울은 디모데를 영적으로 죽인 것이나 다름없었을 것입니다. 문제는 그들이 어떤 가치관을 가지고 할례를 받았나 하는 것입니다. 갈라디아 성도는 우리가 앞에서 살펴본 빌립보 교인과 동일한 가치관을 가지고 할례를 받았습니다. 즉, 할례를 받음으로써 정통적인 그리스도인이 되고, 하나님의 유업을 받을 자격을 획득한다는 의미에서 할례를 받았던 것입니다. 이처럼 율법주의의 문제는 항상 행동 그 자체에 있는 것이 아니라, 그 행동을 하게 하는 가치관에 있습니다.

또한 사도 바울은 우리가 율법주의에 빠지면 참 신앙의 모든 특징들로부터 단절되며, 반대로 거짓 신앙체계의 모든 특징들이 우리에게 나타나게 된다고 말하고 있습니다. 율법주의는 그만큼 무서운 것입니다. 그래서 사도 바울은 갈라디아 성도에게 그동안 그들이 견딘 많은 어려움이 헛되게 되었느냐고 말하면서, 다시 그들을 위해 해산의 수고를 한다고 말했습니다.

"너희가 이같이 많은 괴로움을 헛되이 받았느냐 과연 헛되냐"(갈 3:4).
"나의 자녀들아 너희 속에 그리스도의 형상이 이루기까지 다시 너희를 위하여 해산하는 수고를 하노니"(갈 4:19).

그렇다면 이 말은 우리가 율법주의에 빠지면 구원을 잃는다는 말입니까? 아닙니다. 아무리 오랫동안 교회생활을 했다 할지라도, 예수님을 영접한 믿음이 없는 사람은 구원을 얻지 못할 것입니다. 그러나 갈라디아 성도처럼 예수님을 믿음으로 영접하여 구원을 받은 이후에 율법주의에 빠진다면, 구원은 받을 것입니다. 그러나 거기에서 돌이키지 않는다면 부끄러운 구원을 받겠지요. 이처럼 율법주의에 빠지면 비록 구원을 잃지 않을지 몰라도, 하나님의 모든 생명이 그들에게서 걷히게 되어 바리새인처럼 신앙의 모양은 있으나, 생명은 없는 껍데기 신앙으로 전락해 버립니다.

 ## 오늘날의 적용

우리는 이 장에서 자기 의의 관점에서 율법주의를 살펴보았습니다. 이런 관점에서 볼 때, 오늘날 우리의 현실은 매우 심각하다고 할 수 있습니다. 오늘날 대부분의 성도가 믿음으로 의롭게 된다는 사실을 압니다. 그러나 많은 성도가 이해하는 이 진리는 "행함으로 구원을 얻을 수 있는 사람은 아무도 없고, 우리는 오직 믿음으로 구원을 얻을 수 있다" 정도입니다. 그리고 그러한 제한적인 이해로 인해 그들은 오직 믿음으로 구원을 받았을지 모르지만, 그 이후에는 행위를 의지하여 하나님 앞에 서려고 합니다. 당연히 이론적으로는 믿음으로 의롭게 된다고 믿지만, 실제적인 삶에 있어서는 행함으로 의롭게 되는 삶을 살아갑니다. 오늘날 많은 성도들의 삶이 갈라디아 교회 성도들과 비슷합니다.

"어리석도다 갈라디아 사람들아 예수 그리스도께서 십자가에 못 박히신 것이 너희 눈 앞에 밝히 보이거늘 누가 너희를 꾀더냐 내가 너희에게서 다만 이것을 알려 하노니 너희가 성령을 받은 것이 율법의 행위로냐 혹은 듣고 믿음으로냐 너희가 이같이 어리석으냐 성령으로 시작하였다가 이제는 육체로 마치겠느냐 너희가 이같이 많은 괴로움을 헛되이 받았느냐 과연 헛되냐 너희에게 성령을 주시고 너희 가운데서 능력을 행하시는 이의 일이 율법의 행위에서냐 듣고 믿음에서냐"(갈 3:1-5).

몇 가지 예를 들어 보겠습니다. "김 집사님은 가정의 어려운 문제를 해결해달라고 3일 금식기도를 작정했다. 그러다가 둘째 날, 아침 식사를 준비하면서 자신도 모르게 음식에 입을 대어서 다시 3일을 시작했다", "김 장로님은 우리의 모든 예배, 특히 주일 대예배에는 반드시 신앙고백의 순서가 들어가야 한다고 믿는다", "이 권사님은 자신의 죄를 회개했음에도, 하나님의 용서를 받아들이지 못하고 있다", "박 권찰님은 자신이 40일 철야기도를 해서 예언의 은사를 받았다고 생각한다", "오 성도님은 경건한 예배를 드리기 위해서는 반드시 예배 시간에 양복을 입어야 한다고 생각한다." 이러한 예들은 모두 율법주의적인 가치관에서 나온 것입니다. 그리고 이러한 예는 이 외에도 셀 수 없이 많습니다.

하나님이 우리를 도와주시는 것, 우리에게 성령의 은사들을 부어주시는 것, 우리의 예배가 참된 예배가 되는 것은 모두 오직 하나님의 사랑과 주님의 십자가의 공로뿐입니다. 우리가 우리의 종교적인 의식이나 행위를 의지하여 이러한 것들을 벌어들이려고 노력한다면, 그것이 바로 철저하게 타락한 율법주의적인 가치관입니다.

당연히 우리는 기도와 금식을 통해서 하나님을 찾고 구합니다. 하나님을 더욱 알기를 구하고, 하나님의 뜻을 더욱 발견하기를 구합니다. 그리고 하나님의 뜻에 우리의 삶을 기꺼이 조정합니다. 그러나 기도나 금식은 우리가 하나님의 은혜나 은사를 얻어내기 위해 치루는 대가가 절대로 아닙니다. 예배가 참다운 예배가 되게 하는 것은 오직 하나님의 은혜와 예수님의 십자가 공로와 하나님의 임재뿐입니다. 성경에 기초한 우리의 신앙을 또박또박 믿음으로 고백하는 순서가 예배 시간에 들어가는 것은 귀한 일입니다. 그러나 어떠한 특정한 순서가 예배 시간에 들어가야 그 예배가 참다운 예배가 된다고 믿는 것은 철저하게 타락한 율법주의입니다.

하나님 앞에서의 경건함은 우리가 입는 옷이나 외모에 있지 않습니다. 우리를 하나님 앞에 세울 수 있는 것은 예수님의 십자가 공로뿐입니다. 그리고 우리는 하나님이 우리 가운데 오셔서 통치하시고 다스리실 때에만 경건합니다. 경건은 하나님의 생명입니다. 물론 우리는 단정한 옷을 입어야 합니다. 그것이 성경의 가르침입니다. 그러나 우리의 경건을 우리가 입는 옷의 모양과 종류로 판단하는 것은 철저하게 타락한 율법주의입니다.

이처럼 오늘날 많은 성도는 이론적으로는 믿음으로 의롭게 되는 교리를 믿는 반면, 실제적으로는 행함으로 의롭게 되는 삶을 살기 때문에, 율법주의에 빠져 진정한 복음의 능력도, 자유함도 경험하지 못한 채, 그들의 삶에 율법주의의 열매만 가득한 상태에 처해 있습니다. 당연히 우리가 구원을 받는 것은 믿음으로만 가능합니다. 그러나 오직 믿음으로 의롭게 된다는 진리는 그 이상을 의미합니다. 그것은 단순히 우리가 처음 구원을 얻을 때 뿐 아니라, 구원 이후 우리의 모든 신앙생활에서 적용되는 핵심적인 진리입니다.

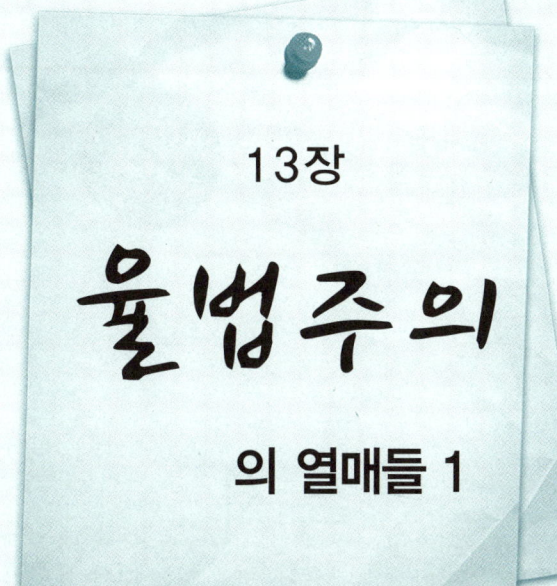

13장
율법주의
의 열매들 1

너희는 어찌하여 너희의 전통으로 하나님이 계명을 범하느냐 하나님이 이르셨으되 네 부모를 공경하라 하시고 또 아버지나 어머니를 비방하는 자는 반드시 죽임을 당하리라 하셨거늘 너희는 이르되 누구든지 아버지에게나 어머니에게 말하기를 내가 드려 유익하게 할 것이 하나님께 드림이 되었다고 하기만 하면 그 부모를 공경할 것이 없다 하여 너희의 전통으로 하나님의 말씀을 폐하는도다(마 15:3~6).

13장

육적으로 눈이 먼 사람은 자신이 볼 수 없다는 것을 압니다. 그러나 영적으로 눈이 먼 사람은 자신이 볼 수 없다는 것을 알지 못합니다. 육적으로 눈이 먼 사람은 이 세상에서 조금 불편할 뿐 하나님과 동행하는 삶을 사는 데는 아무런 지장이 없습니다. 그리고 그는 하늘나라에 가면 눈을 뜨게 될 것입니다. 반면에 영적으로 눈이 먼 사람은 그 결과가 영원까지 미치게 될 것입니다. 그러나 심각하게도 영적으로 눈이 먼 사람은 자신이 볼 수 없다는 것을 알지 못합니다.

그러므로 우리는 자신이 영적으로 눈이 먼 사람이 아닌가를 살펴보기 위해 율법주의의 열매들을 살펴볼 필요가 있습니다. 율법주의는 그 열매들을 가지고 있습니다. 그래서 율법주의의 열매들이 우리의 삶에 나타날 때 자신이 율법주의에 빠져 있다는 사실을 알 수 있는 것입니다.

영적 우월감과 상습적인 죄책감

율법주의는 자기 의에 기초한 신앙입니다. 그래서 율법주의에서는 정해진 규정들과 규칙들을 잘 지키는 자기의 헌신과 노력이 강조됩니다. 그 결과 그것들을 다른 사람보다 더 잘 지킨 사람은 영적 우월감을 가지며 그렇지 못한 사람을 무시하게 됩니다. 반면에 그것들을 잘 지키지 못하는 사람은 상습적인 죄책감을 갖게 됩니다. 둘 다 율법주의의 열매입니다. 둘 다 자기의 행위를 의지하여 하나님 앞에 서고자 하기 때문에 나타나는 모습입니다.

김 집사님은 사업을 하시는 분인데도 한번도 새벽기도를 빠지지 않습니다. 주일예배는 어떤 일이 있어도 본 교회에 와서 드립니다. 주일이면 온종일 교회에서 봉사합니다. 교회에서 십일조를 가장 많이 드립니다. 일주일에 하루는 꼭 금식합니다. 그래서 일 년에 40일 이상을 금식합니다. 성경을 일 년에 최소한 일독합니다. 그는 겉으로 보기에는 사람들 앞에서 참 겸손하게 행동합니다. 하지만 이러한 김 집사님이라 할지라도 속으로 자기가 영적으로 최고라는 영적 우월감을 가지고 있으면, 그는 율법주의에 빠져 있는 것입니다. 이것이 바로 예수님이 말씀하신, 기도하러 올라 간 바리새인의 모습이었습니다. 왜냐하면 김 집사님이 우리의 신앙을 하나님을 알고 사랑하는 관점에서 올바로 이해했더라면, 이러한 영적 우월감은 절대로 갖지 않았을 것이기 때문입니다. 그는 오히려 하나님을 더욱 알지 못한 것을 애통해 했을 것입니다. 그리고 그의 모든 헌신과 행동이 하나님의 은혜로 가능했음을 인식하고 하나님의 은혜를 더욱 구하는 자리에 있었을 것입니다.

상습적인 죄책감과 영적 우월감은 정반대입니다. 그러나 둘 다 같은 뿌리인 자기 의에서 나온 것입니다. 상습적인 죄책감을 가진 사람도 결국 자기의 노력으로 정해진 규례와 규칙을 잘 지킴으로써 하나님 앞에 서고자 하는 사람입니다. 즉, 자기의 행위를 의지하여 하나님 앞에 서는 사람입니다. 이러한 사람은 하나님 앞에서 자기의 죄를 회개하고 돌이켰어도 좀처럼 하나님의 용서를 받아들이려고 하지 않습니다. 자신은 하나님의 용서를 받아들일 만한 합당한 행위를 하지 못했다고 생각합니다. 얼마나 놀라운 교만인지요. 자기 의를 가지고 하나님 앞에 설 수 있는 사람은 단 한 사람도 없습니다.

영적인 우월감을 가진 사람이건 상습적인 죄책감을 가진 사람이건 둘 다 자기 속에 하나님 앞에 내세울 만한 어떠한 선한 것도 없음을 인식해야 합니다. 이것이 타락한 인간의 원래 모습입니다. 또한 하나님이 예수님의 십자가를 통해 우리를 하나님 앞으로 인도하신 것을 인식해야 합니다. 예수님의 십자가야말로 인간의 문제에 대한 하나님의 처방입니다. 그리고 예수님의 십자가 공로만을 믿음으로 의지하여 한편으로는 겸손하게 또 다른 한편으로는 담대하게 하나님 앞에 서야 합니다. 그리고 주님을 더욱 알기를 구하여 주님을 추구해야 합니다. 결국 세상과 죄와 육신을 이기는 것은 하나님의 생명입니다. 하나님이 우리 가운데 오셔서 임재하시고 통치하실 때에만 하나님의 능력과 은혜로 우리가 세상과 죄와 육신을 이길 수 있습니다. 그리고 하나님은 우리가 그분 자신을 추구할 때 우리에게 오십니다.

 **안일함**

진정한 안정감과 안식은 오직 하나님 안에만 있습니다. 그런데 하나님 외에 다른 것에서 안정감을 갖는다면, 그것은 곧 타락한 거짓 신앙체계인 율법주의에 빠져 있음을 나타냅니다. 우리가 앞에서 살펴본 것처럼, 그러한 사람이 의지하고 서는 것은 결국 '육신'이기 때문입니다. 그리고 그 결과로 나타나는 것이 안일함입니다.

이에 대한 대표적인 예가 요한계시록 3장에 나오는 라오디게아 교회였습니다. 그들의 전형적인 특징은 안일함이었습니다.

"네가 말하기를 나는 부자라 부요하여 부족한 것이 없다 하나…"(계 3:17).

그들이 안일했던 이유는 세상적인 부 때문이었습니다. 물론 그들은 하나님을 믿는 백성이었습니다. 그리고 그들은 그들의 부가 하나님이 주신 복이라고 생각했을 것입니다. 그러나 그들이 안일함을 가지고 있었다는 것은 그들이 결국 '육신'(이 경우 세상의 부)을 의지하여 섰다는 것을 의미합니다. 다시 말해서, 그들은 철저하게 율법주의에 빠져 있었습니다. 그 결과 그들에게는 하나님의 임재가 걷혀 있었습니다.

"볼지어다 내가 문 밖에 서서 두드리노니 누구든지 내 음성을 듣고 문을 열면 내가 그에게로 들어가 그와 더불어 먹고 그는 나와 더불어 먹으리라"(계 3:20).

그리고 그들에게는 하나님 앞에서 소중한 것이 단 하나도 남아 있지 않았습니다.

"…네 곤고한 것과 가련한 것과 가난한 것과 눈 먼 것과 벌거벗은 것을 알지 못하는도다"(계 3:17).

이처럼 안일함이 우리에게 있다는 것은 우리가 율법주의에 빠져 있다는 것을 보여 줍니다. 그래서 성경은 안일한 자들에 대해 심판을 말하고 있습니다.

"화 있을진저 시온에서 교만한 자와 사마리아 산에서 마음이 든든한 자 곧 백성들의 머리인 지도자들이여 이스라엘 집이 그들을 따르는도다"(암 6:1, 개역한글).
"안일한 여러 나라들 때문에 심히 신노하나니 나는 조금 노하였기늘 그들은 힘을 내어 고난을 더하였음이라"(슥 1:15).

오늘날 우리의 상태는 어떠합니까? 로이드 존스 목사는 안일함과 자족

감을 이 시대의 가장 두드러진 특징이라고 말합니다. 그리고 그 주된 이유는 교회가 죽은 정통주의에 빠져 있기 때문이라고 말합니다(『부흥』, 93쪽). 물론 로이드 존스 목사는 50년 전의 영국 교회의 상황에서 말한 것입니다. 그러나 저는 오늘날 우리나라 교회의 상황도 그와 동일하다고 생각합니다. 그리고 로이드 존스 목사가 말한 죽은 정통주의는 제가 말하는 율법주의와 같은 것입니다.

우리가 올바른 신앙 가운데 있으면 거기에는 애통함과 갈급함이 있습니다. 그래서 하나님은 이사야를 통해서 하나님이 함께하시는 사람들에 대해 이렇게 말씀하셨습니다.

"…무릇 마음이 가난하고 심령에 통회하며 내 말을 듣고 떠는 자 그 사람은 내가 돌보려니와"(사 66:2).

예수님도 하나님 나라 백성의 가장 기본적인 자세에 대해 이렇게 말씀하셨습니다.

"심령이 가난한 자는 복이 있나니 천국이 그들의 것임이요 애통하는 자는 복이 있나니 그들이 위로를 받을 것임이요 온유한 자는 복이 있나니 그들이 땅을 기업으로 받을 것임이요 의에 주리고 목마른 자는 복이 있나니 그들이 배부를 것임이요 긍휼히 여기는 자는 복이 있나니 그들이 긍휼히 여김을 받을 것임이요 마음이 청결한 자는 복이 있나니 그들이 하나님을 볼 것임이요 화평하게 하는 자는 복이 있나니 그들이 하나님의 아들이라 일컬음을 받을 것임이요 의를 위하여 박해를 받은 자는 복이 있나니 천국이 그들의 것임이라"(마 5:3-10).

본문에서 예수님은 가장 먼저 심령이 가난한 것과 마음이 애통하는 것을 들고 계십니다. 마음이 가난하다는 말은 자기 속에는 하나님 앞에 내놓을 만한 어떤 선한 것도 없음을 인식하는 자세입니다. 그것이 진정한 겸손입니다. 그래서 자기에게는 하나님의 은혜가 절실하게 필요하기 때문에 하나님의 은혜를 간절히 구하는 자세가 애통하는 마음입니다. 우리가 신앙의 본질인 하나님을 알고 사랑하기를 추구하는 가운데 있으면 바로 그 가난한 마음과 애통한 마음이 있게 됩니다. 안일한 마음은 자취를 감추게 됩니다.

그래서 하나님의 부흥을 예비한 자들은 항상 하나님을 아는 관점과 하나님의 영광을 보는 관점에서 자신들이 얼마나 가난하고 눈 멀고 벌거벗었는가를 인식했습니다. 그들은 모든 것을 걸고 주님을 추구하며 그분의 영광을 보기 위해 주님을 향해 달려 나갔습니다. 시편 기자처럼 그들은 진실로 큰 목마름을 가지고 주님을 찾았습니다.

"하나님이여 사슴이 시냇물을 찾기에 갈급함 같이 내 영혼이 주를 찾기에 갈급하니이다 내 영혼이 하나님 곧 살아 계시는 하나님을 갈망하나니 내가 어느 때에 나아가서 하나님의 얼굴을 뵈올까 사람들이 종일 내게 하는 말이 네 하나님이 어디 있느뇨 하오니 내 눈물이 주야로 내 음식이 되었도다"(시 42:1-3).

우리가 아무리 많이 신앙의 본질과 십자가의 복음과 거짓 신앙체계에 대해 배웠다 할지라도 우리에게 영적 우월감이나 안일함이 있다면, 그것은 우리가 율법주의에 빠져 있다는 증거입니다. 우리가 신앙의 본질인 하나님 알기를 간절히 추구하기보다 신앙의 본질이나 십자가의 복음에 관해 아는 것으로 만족해 버려서 그러한 열매가 나타나는 것입니다. 그것이 바로 성경적인 지식이 인격체를 대체해 버린 죽은 정통주의, 즉 율법주의입니다.

 ## 전통에 대한 집착

율법주의는 인격체이신 하나님을 신뢰하는 것보다 하나님에 대한 자신의 종교적인 행위를 신뢰합니다. 마음의 상태보다 외부적인 복종을 강조하며, 인격체이신 성령님보다 규례와 규칙을 신뢰합니다. 그래서 율법주의는 우리의 신앙을 '일정한 규칙을 지키는 것'(conformity to rules)으로 전락시켜 버립니다. 그 규칙들은 전통적으로 내려오는 규칙들입니다. 그 결과 율법주의는 전통을 지나치게 의존하게 합니다.

물론 모든 전통이 다 나쁜 것은 아닙니다. 성경에 기초한 전통은 좋은 전통이며, 이 좋은 전통을 지키는 것은 중요한 일입니다. 그러나 율법주의는 전통에 집착한 나머지 하나님의 말씀을 범하게 합니다. 마태복음 15장에서 그 예를 볼 수 있습니다.

"대답하여 이르시되 너희는 어찌하여 너희의 전통으로 하나님의 계명을 범하느냐 하나님이 이르셨으되 네 부모를 공경하라 하시고 또 아버지나 어머니를 비방하는 자는 반드시 죽임을 당하리라 하셨거늘 너희는 이르되 누구든지 아버지에게나 어머니에게 말하기를 내가 드려 유익하게 할 것이 하나님께 드림이 되었다고 하기만 하면 그 부모를 공경할 것이 없다 하여 너희 전통으로 하나님의 말씀을 폐하는도다"(마 15:3-6).

그 당시 바리새인이 받아들이고 가르쳤던 전통 중 하나는 자녀가 성전에서 자기 수입을 하나님에게 바치겠다고 맹세하면 부모를 부양하지 않아도 된다는 것이었습니다. 그렇게 함으로써 바리새인들은 실질적으로 네 부모를 공경하라는 하나님의 율법, 그 중에서도 십계명 중 하나를 어기도록 사람들을 가르쳤던 것입니다. 왜냐하면 부모를 공경하라는 말에는 부모의 필요를 채우라는 뜻이 포함되어 있기 때문입니다. 당연히 그들은 하나님의 계명을 자신들이 지킬 뿐 아니라 다른 사람도 지키도록 가르친다고 생각했을 것입니다. 그러나 실질적으로 그들은 전통에 집착한 나머지 하나님의 말씀을 어기도록 가르쳤던 것입니다.

더 나아가, 율법주의는 전통에 집착한 나머지 성령의 역사를 가로막습니다. 이 점이 율법주의의 가장 무서운 점 중 하나입니다. 우리는 이에 대한 좋은 예를 요한복음 5장에서 볼 수 있습니다. 예수님은 예루살렘에 있는 베데스다 연못을 지나시다가 38년 된 병자를 고치셨습니다. 그곳에는 각종 병을 가진 많은 환자들이 모여 있었습니다. 그 당시에는 천사가 가끔 내려와 물을 동하게 하고, 그때 가장 먼저 물에 들어가는 사람은 어떤 병이든지 다 치유 받는다는 전설이 있어서 사람들이 그곳으로 몰려들었습니다. 예수님은 그 중에서 38년 된 병자에게 자리를 들고 걸어가라고 명하심으로써 그를 고치셨습니다. 그런데 그것을 본 유대인들이 예수님이 안식일을 범했다며 예수님을 대적하고 핍박했습니다. 왜냐하면 그 당시 유대인들은 전통적으로 안식일을 거룩하게 지키기 위해 안식일에 해서는 안 될 일들을 세분화하였는데, 그 중에는 물건을 한 장소에서 다른 장소로 옮기는 것이 포함되어 있었습니다. 그래서 그들은 예수님이 당연히 안식일을 범했다고 생각하고는 예수님을 대적하고 핍박했던 것입니다.

문제는 예수님이 범하신 것은 성경이 아니라 그들의 전통이었다는 사실입니다. 성경에서 안식일에 일하지 말라고 하신 것은 그러한 뜻이 아니었습니다. 그러나 유대인들은 율법주의적인 가치관으로 인해 그들의 전통과 성경을 구분할 줄 몰랐습니다. 그들은 그들의 전통이 당연히 성경이라고 간주해서 예수님을 대적했습니다. 그 결과 유대인들은 자신들이 그 사실을 알건 모르건 상관없이 하나님의 성령을 거역하고 대적했습니다. 왜냐하면 예수님이 38년 된 병자를 고치신 것은 전적으로 성령의 인도하심을 따른 것이었기 때문입니다.

"그러므로 예수께서 그들에게 이르시되 내가 진실로 진실로 너희에게 이르노니 아들이 아버지께서 하시는 일을 보지 않고는 아무 것도 스스로 할 수 없나니 아버지께서 행하시는 그것을 아들도 그와 같이 행하느니라 아버지께서 아들을 사랑하사 자기가 행하시는 것을 다 아들에게 보이시고 또 그보다 더 큰 일을 보이사 너희로 놀랍게 여기게 하시리라"(요 5:19-20).

이처럼 율법주의는 전통에 집착한 나머지 성령을 거역하게 합니다.

요즘은 훨씬 덜 하지만, 약 11년 전 제가 포도나무교회를 처음 개척할 당시만 하더라도 주일 낮 예배 시간에 찬송가를 부르지 않고 찬양과 경배를 부른다고 해서 많은 사람이 이상하게 생각했습니다. 우리는 찬양과 경배 시간에 그 가사 하나하나에 우리의 마음을 실어 하나님이 행하신 놀라운 일들에 대해 하나님께 찬사를 드리고, 하나님 그분 자신을 인해기뻐하며, 우리의 중심으로부터 하나님께 사랑을 고백했습니다. 하나님을 더욱 알기를 갈망하며, 그분의 뜻이 이 땅에 이루어지도록 곡조 있는 기도를 드렸습니다. 찬송가나 찬양과 경배나 중요한 것은 그 가사의 내용이 성경적인가 하는 것과 찬양을 드리는 성도의 마음 자세와 태도가 올바른가 하는 것입니다. 그런데 어떤 성도는 이러한 우리의 성경적인 태도나 자세와는 상관없이 주일 낮 예배 시간에 찬송가를 부르지 않고 찬양과 경배를 부른다는 한 가지 이유만으로 우리를 배척했습니다. 하지만 그것은 전적으로 타락한 율법주의입니다. 그들의 그러한 자세는 성경과는 전혀 상관없는, 전통에 대한 집착에서 나온 것이었습니다.

그런데 그러한 자세의 심각성은 그들이 찬양과 경배를 통한 하나님과의 깊은 만남을 놓치고, 예배 가운데 함께하시는 하나님의 놀라운 임재를 놓쳤다는 데 있습니다. 찬양과 경배를 통한 하나님과의 그 놀라운 친밀함을 경험할 수 있는 기회를 놓쳤다는 데 문제가 있습니다. 그들은 전통에 집착한 나머지 성령님을 거역하고 소멸했던 것입니다.

하나님의 말씀 앞에 떠는 자세의 필수성

하나님과 동행하는 삶을 살기 위해 우리가 가져야 할 중요한 자세 중 하나는 하나님의 말씀 앞에 떠는 자세입니다. 하나님의 말씀 앞에 떠는 자세는 전통, 당시에 팽배한 신앙관, 개인의 경험이나 지식, 사람들의 의견 등을 내려놓고 하나님의 말씀이 그러하면 순종하고자 하는 자세로 하나님의 말씀 앞에 엎드리는 것을 말합니다. 그러한 자세를 가지고 있어야 하나님의 길이 비춰집니다. 그리고 하나님과의 친밀한 교제 가운데 하나님과 동행하는 삶이 가능해집니다.

우리는 마태복음 11장에 나오는 침(세)례 요한의 모습에서 이 부분을 잘 볼 수 있습니다. 침(세)례 요한은 감옥에 갇혔을 때 제자들을 예수님께 보내어 예수님이 오시기로 한 메시아인지 아니면 다른 사람을 기다려야 하는지 물었습니다. 그 이유는 그가 예수님을 몰랐기 때문도, 그가 감옥에 들어가서 신앙이 떨어졌기 때문도 아니었습니다. 예수님이 하시는 일들을 그가 들었을 때 그가 생각했던 메시아와 달랐기 때문이었습니다(마 11:2 참조). 침(세)례 요한은 예수님을 말세에 오시는 심판의 주님으로 알았습니다(마 3:1-13 참조). 그리고 그는 그 심판이 곧 시작될 것이라고 생각했습니다.

우리는 여기서 예수님에 대한 침(세)례 요한의 지식이 하나님께로부터 받은 계시에 기초한 것임을 기억해야 합니다. 그는 그저 배운 성경적인 지식이나 개인의 생각으로 예수님을 안 것이 아니었습니다. 그럼에도 그는 예수님이 행하시는 일을 다 이해하지 못했습니다. 왜냐하면 우리 모두에게도 그렇듯이, 주어지는 하나님의 계시는 부분적이기 때문입니다.

그러나 이렇게 자신이 생각하던 메시아와 예수님이 행하시는 일이 달랐을 때, 침(세)례 요한은 바리새인처럼 자기가 받은 계시에만 기초하여 예수님을 판단하고 정죄하지 않았습니다. 오히려 그는 예수님께 사람을 보내어 물었습니다. 오늘날로 말하면, 하나님의 말씀 앞에 떠는 자세로 그분의 말씀 앞에 엎드렸습니다. 그러자 예수님은 자신이 하시는 일이 이사야서 후반부에 나오는 고난의 종의 일임을 알려주셨습니다. 그 결과 침(세)례 요한은 예수님을 알되 심판의 주로만이 아니라, 우리를 구원하러 오신 고난의 종으로도 알게 되었습니다. 예수님을 더욱 알게 된 것입니다.

침(세)례 요한의 이 사건이 마태복음 11장 맨 처음에 기록된 것은 매우 중요한 의미를 가지고 있습니다. 왜냐하면 이 11장부터 예수님과 그 당시 종교지도자들 사이의 마찰이 집중적으로 기록되기 때문입니다. 그래서 성경은 바리새인들이 예수님을 대적했던 것은 침(세)례 요한에게 있었던 바로 그 자세가 없었기 때문이었다는 것을 보여주고 있습니다. 그리고 예수님도 요한의 제자들이 돌아간 후에 "누구든지 나로 말미암아 실족하지 아니하는 자는 복이 있도다 하시니라"(마 11:6)라고 말씀하심으로써, 실족하지 않기 위해 필수적인 것이 바로 그런 자세임을 보여주셨습니다. 그러므로 오늘날 우리도 침(세)례 요한에게 있었던 것과 같은 하나님의 말씀 앞에 떠는 자세를 가지고 있지 않으면, 성령님의 역사에 반드시 실족하게 된다는 사실을 명심해야 합니다.

 ## 배우고자 하는 자세가 없음

율법주의에 빠지면 '육신'을 의지하고 서기 때문에 거기에 안일함이 자리잡습니다. 성경적인 지식이 인격체와의 관계를 대체해 버리고, 이론이 실제를 대체해 버렸기 때문에 스스로 다 안다고 생각합니다. 또한 전통에 집착하기 때문에 전통적으로 내려오는 규례와 규칙을 잘 지키는 사람들은 자신들이 신앙생활을 잘하고 있다고 생각합니다. 그 결과 그들에게는 배우고자 하는 자세가 없어집니다.

성경은 이러한 자세를 '할례 받지 못한 마음'이라고 부르기도 합니다. 스데반은 율법주의에 빠져 배우고자 하는 자세가 없이 강퍅한 마음으로 하나님의 역사를 대적하는 유대인들을 향해 이렇게 말했습니다.

"목이 곧고 마음과 귀에 할례를 받지 못한 사람들아 너희도 너희 조상과 같이 항상 성령을 거스르는도다 너희 조상들이 선지자들 중의 누구를 박해하지 아니하였느냐 의인이 오시리라 예고한 자들을 그들이 죽였고 이제 너희는 그 의인을 잡아 준 자요 살인한 자가 되나니"(행 7:51-52).

하나님의 진리를 자기들에게 적용하지 않는 것, 그것이 율법주의의 전형적인 열매 중 하나입니다. 그래서 예수님은 바리새인에 대해서 이렇게 말씀하셨습니다.

"그러므로 무엇이든지 그들이 말하는 바는 행하고 지키되 그들이 하는 행위는 본받지 말라 그들은 말만 하고 행하지 아니하며 또 무거운 짐을 묶어 사람의 어깨에 지우되 자기는 이것을 한 손가락으로도 움직이려 하지 아니하며"(마 23:3-4).

그리고 사도 바울도 유대인에 대해서 동일한 것을 말했습니다.

"맹인의 길을 인도하는 자요 어둠에 있는 자의 빛이요 율법에 있는 지식과 진리의 모본을 가진 자로서 어리석은 자의 교사요 어린 아이의 선생이라고 스스로 믿으니 그러면 다른 사람을 가르치는 네가 네 자신은 가르치지 아니하느냐 도둑질하지 말라 선포하는 네가 도둑질하느냐"(롬 2:19-21).

교회에서 가장 어려운 부류의 사람들이 바로 이러한 사람들입니다. 그들은 이론적으로는 하나님에 관해서 잘 압니다. 그러나 그들은 하나님과의 친밀한 교제는 전혀 가지고 있지 못합니다. 그러면서도 그들은 율법주의적인 가치관을 가지고 있기 때문에 자신들이 누구보다 하나님을 잘 안다고 생각합니다. 그들은 항상 다른 사람들을 가르치려고 합니다. 성경공부 때에도 항상 정답을 말합니다. 하나님의 진리를 다른 사람들에게 적용해 문제점을 발견합니다. 그러면서도 그들은 절대로 그 동일한 진리를 자기들에게는 적용하지 않습니다. 이런 사람들은 영적으로 '괴물'입니다. 그들의 삶은 절대로 변하지 않습니다. 그리고 그들은 다른 사람을 단 한 사람도 하나님 앞에서 세우지 못합니다.

반면에 하나님이 기뻐하시고, 거처를 삼고 거하기 원하시는 사람은 배우고자 하는 자세(a teachable spirit)를 가진 사람입니다(사 66:1-2 참조). 그들은 하나님의 진리를 항상 자신에게 먼저 적용합니다. 그리고 하나님의 기준에 못 미치는 자신의 모습을 깨닫고 늘 애통해합니다. 절박한 심정으로 하나님의 은혜를 구하며 하나님 앞에 섭니다. 하나님은 그러한 자들에게 자신을 계시하십니다.

14장 율법주의의 열매들 2

너는 이것을 알라 말세에 고통하는 때가 이르러 사람들이 자기를 사랑하며 돈을 사랑하며 자랑하며 교만하며 비방하며 부모를 거역하며 감사하지 아니하며 거룩하지 아니하며 무정하며 원통함을 풀지 아니하며 모함하며 절제하지 못하며 사나우며 선한 것을 좋아하지 아니하며 배신하며 조급하며 자만하며 쾌락을 사랑하기를 하나님 사랑하는 것보다 더하며 경건의 모양은 있으나 경건의 능력은 부인하니 이같은 자들에게서 네가 돌아서라(딤후 3:1~5).

14장

우리는 율법주의의 열매들에 대해 살펴보고 있습니다. 이것은 우리가 율법주의에 빠지면 나타나는 열매들입니다. 율법주의에 빠지면 영적 분별력이 가려지기 때문에 자신이 율법주의에 빠진 것을 알지 못합니다. 그래서 이러한 열매들을 살펴봄으로써 자신을 점검해 볼 수 있습니다.

 **형식적인 예배**

율법주의의 또 하나의 열매는 형식적인 예배입니다. 이사야 시대에도 그랬습니다.

"주께서 이르시되 이 백성이 입으로는 나를 가까이 하며 입술로는 나를 공경하나 그들의 마음은 내게서 멀리 떠났나니 그들이 나를 경외함은 사람의 계명으로 가르침을 받았을 뿐이라"(사 29:13).

예레미야 시대에도 마찬가지였습니다.

"주께서 그들을 심으시므로 그들이 뿌리가 박히고 장성하여 열매를 맺었거늘 그들의 입은 주께 가까우나 그 마음은 머니이다"(렘 12:2).

예수님 시대의 종교지도자들도 똑같았습니다.

"외식하는 자들아 이사야가 너희에 관하여 잘 예언하였도다 일렀으되 이 백성이 입술로는 나를 공경하되 마음은 내게서 멀도다 사람의 계명으로 교훈을 삼아 가르치니 나를 헛되이 경배하는도다 하였느니라 하시고"(마 15:7-9).

이 말은 그들이 정성이 부족한 예배를 드렸다고 말하는 것이 아닙니다. 이사야 시대에는 안식일, 월삭 등 모든 절기와 대회를 지켰을 뿐 아니라 수송아지, 숫염소, 어린양 등 살진 짐승을 무수히 드렸습니다. 그들의 예배는 실로 정성이 많이 들어간 예배였습니다. 예레미야 시대에도 마찬가지였습니다. 그들은 시바(오늘날의 남예멘이나 에티오피아)나 원방(오늘날의 인도)에서 특별한 향료를 사다가 하나님께 정성을 다해 번제를 드렸습니다. 예수님 시대의 바리새인들의 경우에는, 정성으로 따지면 타의 추종을 불허할 정도였습니다. 물론 정성이 부족한 형식적인 예배를 드린 때도 있었습니다. 말라기 시대가 그랬습니다. 그들은 좋은 짐승은 자기들을 위해 보관하고 병든 것, 눈먼 것, 쓸모없는 것들을 하나님께 제사로 드렸습니다. 이처럼 형식적인 예배라는 것은 예배에 대한 정성과 관련 있는 것이 아닙니다.

형식적인 예배는 본질이 없는 예배를 말합니다. 예배는 의식의 하나로서 신앙의 본질인 하나님을 알고 사랑하는 것을 담는 그릇입니다. 또한 그 본질을 추구하는 수단입니다. 그러나 율법주의의 예배는 본질이 전혀 없이 외부적인 모양만 가득합니다.

우리는 예배하러 나올 때 하나님을 추구하며 나와야 합니다. 하나님을 더욱 알기를 목말라하고, 하나님을 더욱 사랑하기를 원하며, 하나님의 의중과 의도를 깨달아 그곳에 같이 있기를 원하는 열망으로 나와야 합니다. 하나님이 행하신 그 아름다운 일들을 인해 하나님께 진심으로 찬사를 드리고, 하나님 그분 자신을 기뻐하기 위해 나와야 합니다.

그래서 성경은 구약시대부터 이 부분을 명백히 하고 있습니다.

"이는 여호와를 찾는 족속이요 야곱의 하나님의 얼굴을 구하는 자로다(셀라)"(시 24:6).

우선 이 구절은 예배로 하나님께 나아가는 것에 관한 구절입니다(시24:3 참조). 그러면서 이 구절은 하나님께 예배로 나아가는 것은 그의 얼굴을 구하러 나아가는 것이라는 점을 명백히 보여주고 있습니다. 예배는 단순히 우리의 필요를 위해 하나님의 도움을 구하러 나아가는 것이 아닙니다. 물론 예배를 통해 그 일도 할 수 있습니다. 그러나 예배는 근본적으로 하나님 그분 자신을 구하러 나아가는 것입니다.

그리고 우리는 하나님을 찾되 온 마음으로 찾아야 합니다. 그것이 성경이 말하는 하나님을 찾는 자세입니다. 그렇게 하나님을 찾을 때 하나님이 만나주십니다.

"또 마음을 다하고 성품을 다하여 조상들의 하나님 여호와를 찾기로 언약하고…온 유다가 이 맹세를 기뻐한지라 무리가 마음을 다하여 맹세하고 뜻을 다하여 여호와를 찾았으므로 여호와께서도 그들을 만나 주시고 그들의 사방에 평안을 주셨더라"(대하 15:12, 15).
"너희가 온 마음으로 나를 구하면 나를 찾을 것이요 나를 만나리라"(렘 29:13).

이처럼 참된 예배는 온 마음과 힘을 다해 하나님 그분을 구하는 것이고, 그 결과 하나님과의 만남이 이루어지는 것입니다.

그러나 율법주의는 예배에 있어서 순서와 절차를 잘 이행하는 데 초점을 둡니다. 예배를 통해서 마음을 다해 하나님을 구하는 것에는 관심이 없습니다. 다시 말해서 본질을 추구하는 데는 관심이 없고, 그저 순서와 절차를 잘 마치면 예배를 잘 드렸다고 생각합니다. 때로는 그 순서와 절차를 진행하는 데 있어 큰 정성을 강조할 수도 있습니다. 그러나 그것은 마당만 밟고 돌아가는 예배요, 입술로만 드리는 예배에 불과합니다. 그것은 알맹이가 전혀 없는 껍데기뿐입니다. 외부적인 정성은 가득할지 모르지만, 그들의 마음이나 삶은 하나님께 드려지지 않습니다. 그들은 마음에서부터 하나님을 구하지 않습니다. 심지어 그들은 그렇게 예배를 드렸으니 자기들의 종교적인 의무를 다했다고 생각합니다. 그리고 그 결과로 하나님이 그들에게 복을 주실 것이라고 생각합니다. 이 얼마나 타락한 율법주의적 가치관입니까!

마틴 로이드 존스 목사도 율법주의의 한 특징으로서 형식적인 예배를 들면서 이렇게 말합니다(그는 제가 말한 율법주의를 죽은 정통주의라 부릅니다).

"그런 사람들의 종교나 예배는 생명력 있는 것이 전혀 없습니다. 그들은 아무것도 기대하지 않습니다. 아무것도 얻지 못하고 아무 일도 일어나지 않습니다. 하나님의 집에 가지만 하나님을 만날 생각도 하지 않습니다. 하나님을 기다린다는 마음도 없습니다. 예배 시간에 어떠한 일이 얼어날 수 있다는 생각조차 하지도 않습니다. 아니 우리는 언제나 주일 아침마다 그러한 일을 하고 있습니다. 그것이 관례가 되어 있습니다. 그것이 습관입니다. 그저 그렇게 하는 일이 옳은 일인 것처럼 생각합니다. 하나님이 갑자기 자기 백성에게 찾아오셔서 그들에게 임하시고, 하나님의 성전에서 사람들 존재 전체가 사로잡힘을 당하고, 하나님이 가까이 계시다는 것을 의식하고, 하나님의 능력을 느낄 수 있는 것, 그러한 일들이 일어날 수 있다는 것을 전혀 생각지도 않습니다. 모든 것이 그저 형식적이고 그저 모든 것이 잘 되어간다는 식으로 자만에 빠진 모습입니다…교회가 부흥하지 않을 때에 성가대를 강조하게 되고, 성가대를 강조하는 것뿐만 아니라, 돈을 주고 성가대를 사오기도 합니다. 또 성가대에 있는 독창자 역시 돈을 주고 사오기도 합니다. 그리고 회중들은 가만히 앉아서 듣기만 합니다. 성가대가 그들을 위해서 노래를 부릅니다. 이것은 성령을 소멸하는 것입니다…

더 나아가서, 오늘날 여러분은 교회생활에 있어서 매우 두려운 성향을 띠는 것이 프로그램이라는 것을 주목하셨습니까? 모든 것이 다 짜여져 있습니다. 어느 한 지점을 향하여 모든 일들이 행해져야 한다는 것을 저도 압니다. 그러나 분명 우리는 성령을 소멸하는 위험에 처해 있습니다. 모든 항목이 미리 정해져 있고 시간이 주어져 있습니다. 어느 시점에 시작해 어느 시점에 마쳐야 하는지가 다 결정되어 있습니다. 목회를 하는 친구들 가운데 어떤 이들은 나에게 이렇게 말합니다. 주일마다 다른 교회에 가서 순회 설교를 하면 할수록 이러한 일을 더 많이 발견한다는 것입니다. 복음적인 교회에서마저 강사로 오는 목사에게 순서가 적힌 종이를 준다는 것을 저는 반복적으로 듣습니다. 그리고 문자 그대로 그 앞에다 그 순서지를 놓고 그대로 행할 것을 종용합니다. 11시에 시작합니다 - 성경을 봉독하고 순서지에 적힌 모든 것을 진행하여 12시가 됩니다 - 그런 다음에 축도가 이어집니다. 제가 볼 때 이것은 매우 심각합니다…우리가 프로그램에 너무 매여 있어서 성령님이 역사하실 틈이 없지 않습니까? 어째서 이렇게 형식적이 되었습니까?"(「부흥」 97, 103쪽)

 외식

율법주의는 능력이 없는 종교입니다

율법주의의 전형적인 특징은 능력이 없는 종교라는 것입니다. 경건의 모양은 있으나 경건의 능력은 없습니다. 그야말로 하나님의 임재하심 없이 그저 형식과 절차로 가득 찬 종교입니다.

거룩함이나 경건은 하나님의 생명입니다. 경건의 능력은 전통적으로 내려오는 종교적인 의식들을 잘 행한다고 해서 주어지지 않습니다. 심지어 하나님의 계명을 잘 지킨다고 주어지는 것도 아닙니다. 거룩함이나 경건한 삶은 오직 예수님이 우리의 삶 속에 거하시며 다스리실 때에만 가능합니다. 그것들은 모두 하나님의 생명이기 때문입니다. 그러므로 주님과의 교제는 소홀히 하고 규례와 규칙에 대한 외부적인 복종만을 강조하는 율법주의 신앙에서는 절대로 경건의 능력이 있을 수 없습니다.

성경은 말세가 가까울수록 경건의 모양은 있으나 그 능력은 없는 율법주의가 가득할 것이라고 예언하고 있습니다.

"너는 이것을 알라 말세에 고통하는 때가 이르러 사람들이 자기를 사랑하며 돈을 사랑하며 자랑하며 교만하며 비방하며 부모를 거역하며 감사하지 아니하며 거룩하지 아니하며 무정하며 원통함을 풀지 아니하며 모함하며 절제하지 못하며 사나우며 선한 것을 좋아하지 아니하며 배반하며 조급하며 자만하며 쾌락을 사랑하기를 하나님 사랑하는 것보다 더하며 경건의 모양은 있으나 경건의 능력은 부인하니 이같은 자들에게서 네가 돌아서라"(딤후 3:1-5).

참으로 두려운 사실은 여기에 나와 있는 특징들 중 오늘날 하나님의 백성인 우리에게 해당하지 않는 것이 하나도 없다는 사실입니다. 마치 이 구절이 이 시대를 염두에 두고 쓰여진 것처럼 느낄 만큼 오늘날 우리의 상태가 여기에서 경고하고 있는 상태와 너무나 비슷합니다.

율법주의의 결과는 외식입니다

율법주의는 능력이 없는 종교입니다. 그 결과 나타나는 율법주의의 열매가 바로 외식(위선)입니다. 율법주의 신앙에는 항상 외식이 가득합니다. 율법주의 신앙은 모양과 절차를 중요시하기 때문에 매우 경건하고 거룩한 모양을 갖춥니다. 하지만 죄를 이기는 능력은 없습니다. 죄는 속으로 숨어 버립니다. 결과적으로 나타나는 현상이 외식입니다. 외식은 율법주의의 열매이기 때문에 매우 악한 것입니다. 그래서 성경은 이것을 매우 강력하게 꾸짖고 있습니다.

"화 있을진저 외식하는 서기관들과 바리새인들이여 잔과 대접의 겉은 깨끗이 하되 그 안에는 탐욕과 방탕으로 가득하게 하는도다 눈 먼 바리새인이여 너는 먼저 안을 깨끗이 하라 그리하면 겉도 깨끗하리라 화 있을진저 외식하는 서기관들과 바리새인들이여 회칠한 무덤 같으니 겉으로는 아름답게 보이나 그 안에는 죽은 사람의 뼈와 모든 더러운 것이 가득하도다 이와 같이 너희도 겉으로는 사람에게 옳게 보이되 안으로는 외식과 불법이 가득하도다"(마 23:25-28).

오늘날 우리의 모습은 어떻다고 생각하십니까? 오늘날 우리 중 많은 이들이 탈을 몇 개씩 가지고 있습니다. 교회에 갈 때 쓰는 탈, 직장에서 쓰는 탈, 사람들 앞에서 쓰는 탈 등등. 그래서 교회에 갈 때에는 좋은 옷을 입고, 좋은 종교적인 언어를 사용하고, 사람들 보기에 그럴 듯한 종교적인 모양을 갖춥니다. 그러나 그들 속에는 온갖 세상의 욕심과 정욕과 시기와 질투와 간음과 싸움과 교만과 명예욕과 미움이 가득합니다. 오늘날 하나님의 백성과 교회 안에 세상에 있는 죄가 다 있습니다. 너무나 가슴 아픈 일입니다. 이것이 오늘날 많은 성도가 가지고 있는 율법주의 신앙의 결과요, 그 열매입니다. 율법주의에서는 절대로 죄가 다루어지지 않습니다.

하나님과 동행하는 삶을 위해 하나님 앞에서 소중한 자세는 정직함입니다. 그래서 성경에 보면 신앙의 본질과 진실이 항상 같이 감을 알 수 있습니다.

"이스라엘 자손들아 여호와의 말씀을 들으라 여호와께서 이 땅 주민과 논쟁하시나니 이 땅에는 진실도 없고 인애도 없고 하나님을 아는 지식도 없고"(호 4:1).

또한 우리를 인도하시는 성령님은 진리의 영이십니다.

"그러나 진리의 성령이 오시면 그가 너희를 모든 진리 가운데로 인도하시리니…"
(요 18:13).

그러므로 성령님의 인도를 따르기 위해 정직함은 필수입니다.

우리는 하나님과 동행하는 삶을 사는 데 필수 요소인 정직함을 크게 두 가지로 나눌 수 있습니다. 첫째는 하나님의 진리에 정직하게 동의하는 것입니다. 하나님을 알려면 우리는 하나님의 진리에 정직하게 동의하고 서야 합니다. 그것이 누구를 통해서 주어졌건, 얼마나 강하고 중한 말씀이건 상관없이, 그것이 하나님의 말씀이고 진리이면 그 앞에 정직하게 동의하고 서는 자세가 필수적입니다. 호세아 6장이 말하듯이, 하나님은 하나님의 백성이 하나님을 떠날 때 하나님의 종들을 통해 그들이 하나님께 돌아올 것을 매우 강하게 촉구하십니다.

"그러므로 내가 선지자들로 그들을 치고 내 입의 말로 그들을 죽였노니 내 심판은 빛처럼 나오느니라"(호 6:5).

그런데 어떤 성도들은 "목사가 강단에서 성도들을 친다"라고 말하며, 그들이 좋아하는 메시지만을 듣기 원합니다. 또 어떤 성도들은 "그렇게 사는 사람들이 어디 있나?"라고 말하며 적당히 넘어가려 합니다. 심지어 "그렇게 하면 어떻게 교회가 운영되겠나?"라고 말하면서 타협하려는 성도들도 있습니다. 이러한 자세로는 절대로 하나님을 알 수 없습니다. 하나님과 동행하는 삶을 살 수 없습니다.

둘째는 진실된 자세입니다. 하나님의 성령은 진리의 영이십니다. 반면에 사탄은 거짓의 아비입니다.

"너희는 너희 아비 마귀에게서 났으니 너희 아비의 욕심대로 너희도 행하고자 하느니라 그는 처음부터 살인한 자요 진리가 그 속에 없으므로 진리에 서지 못하고 거짓을 말할 때마다 제 것으로 말하나니 이는 그가 거짓말쟁이요 거짓의 아비가 되었음이라"(요 8:44).

우리가 하나님을 간절히 구할 때 하나님은 우리에게 진실된 삶을 집중적으로 훈련시키십니다.

죄와 관련하여 진실된 자세는 자기의 잘못과 죄를 하나님 앞에서 그리고 사람 앞에서 정직하게 인정하는 것입니다. 그리고 진실된 자는 하나님의 은혜와 긍휼을 구합니다. 죄는 숨길수록 커집니다. 반면에 드러내어 고백하고 하나님의 은혜를 구할수록 죄의 능력은 소멸됩니다.

 ## 실제가 없음

율법주의는 영적으로 눈 먼 종교입니다

율법주의의 또 하나의 특징은 영적인 눈이 어두워지는 것입니다. 그래서 예수님이 율법주의적인 신앙을 가진 사람들의 대표격인 바리새인들을 지칭하실 때 가장 흔히 사용하셨던 용어 중 하나가 맹인이라는 것이었습니다.

"화 있을진저 눈 먼 인도자여 너희가 말하되 누구든지 성전으로 맹세하면 아무 일 없거니와 성전의 금으로 맹세하면 지킬지라 하는도다 어리석은 맹인들이여 어느 것이 크냐 그 금이냐 그 금을 거룩하게 하는 성전이냐 맹인들이여 어느 것이 크냐 그 예물이냐 예물을 거룩하게 하는 제단이냐…맹인 된 인도자여 하루살이는 걸러 내고 낙타는 삼키는도다…눈 먼 바리새인이여 너는 먼저 안을 깨끗이 하라 그리하면 겉도 깨끗하리라"(마 23:16-17, 19, 24, 26).

"그냥 두라 그들은 맹인이 되어 맹인을 인도하는 자로다 만일 맹인이 맹인을 인도하면 둘이 다 구덩이에 빠지리라 하시니"(마 15:14).

물론 본인들은 자신들에 대해서 그렇게 생각하지 않았습니다. 오히려 그 반대로 생각했습니다. 예수님 시대의 바리새인들만 하더라도 그랬습니다.

그들은 자신들이야말로 어두움 가운데 있는 자를 위한 빛이요, 눈 먼 자들의 인도자라고 생각했습니다(롬 2:19-20 참조).

예수님의 관점과 바리새인들의 관점이 하늘과 땅 차이만큼 다른 것은 이론과 실제의 차이 때문입니다. 바리새인들이 자신들을 빛이라고 생각한 것은 그들이 하나님에 관한 이론적인 지식을 누구보다 많이 가지고 있었기 때문입니다. 그러나 하나님 앞에서 중요한 것은 실제입니다. 이론도 물론 중요하지만, 그것은 실제를 위한 수단에 불과합니다. 그리고 사실 율법주의는 이론이 실제를 대체해 버린 것이기 때문에 거기에는 어떠한 실제도 없습니다. 그래서 예수님이 그들에게 맹인이라고 말씀하신 것입니다.

율법주의에는 실제가 없습니다

율법주의에서는 이론이 실제를 대체해 버립니다. 그래서 율법주의에는 실제가 없습니다. 말과 이론은 무화과나무의 잎사귀처럼 무성할 수 있으나, 그 삶 속에 하나님의 실재가 전혀 없습니다. 하나님의 실재가 없는 것, 이것은 우리의 신앙을 점검해 볼 수 있는, 율법주의의 열매 중 매우 중요한 한 가지입니다.

오늘날 성도들은 "하나님이 살아계심을 믿습니다. 하나님이 도와주실 줄 믿습니다. 하나님이 나의 기도에 응답하실 줄 믿습니다"라고 말합니다. 그러나 그들 중 많은 사람은 그러한 하나님의 실재를 삶에서 거의 경험하지 못합니다. 이것이 바로 그들이 율법주의에 빠진 증거입니다. 오늘날 우리가 실제의 관점에서 우리의 삶을 살펴본다면 얼마나 율법주의에 깊이 빠져있는지를 쉽게 알 수 있을 것입니다.

우리는 반드시 이 열매를 가지고 우리 자신을 살펴보아야 합니다. 만약 바리새인이 "실제의 열매"를 가지고 자신의 삶을 살펴보았더라면, 그들은 자신들의 신앙에 근본적으로 문제가 있었다는 사실을 알았을 것입니다. 그러나 그들은 그렇게 하지 않았습니다. 우리도 마찬가지입니다. 우리가 이 율법주의의 열매를 가지고 우리의 신앙을 살펴본다면, 우리는 우리 신앙의 현 주소를 볼 수 있습니다. 그러나 우리는 대부분 바리새인들처럼 이 열매를 가지고 우리의 삶을 살펴보지 않습니다.

 ## 믿음이 없음

율법주의의 또 하나의 열매는 믿음이 없는 것입니다

예수님은 그 당시 종교지도자들의 믿음 없음을 강하게 책망하셨습니다.

> "모세를 믿었더라면 또 나를 믿었으리니 이는 그가 내게 대하여 기록하였음이라 그러나 그의 글도 믿지 아니하거든 어찌 내 말을 믿겠느냐 하시니라"(요 5:46-47)

그러나 우리가 기억해야 할 것은 그 당시 종교지도자들은 성경을 철저하게 믿었다는 사실입니다. 특히 바리새인들은 매우 보수적인 신앙관을 가지고 있었습니다. 그래서 그들은 창세기부터 말라기까지 모든 성경을 일점일획 틀림없는 하나님의 말씀으로 그대로 믿었습니다.

여기서도 문제는 관점의 차이입니다. 그 당시 바리새인들은 성경의 모든 내용을 하나님의 말씀으로 철저히 믿었습니다. 그래서 그들은 자신들의 믿음이 다른 누구보다 더 좋다고 생각했습니다. 그러나 성경이 말하는 믿음은 성경에 나오는 하나님에 관한 진리를 문자 그대로 믿는 것을 말하는 것이 아니라 인격체이신 하나님을 믿는 것을 말합니다. 하지만 바리새인들은 하나님을 전혀 몰랐기 때문에 하나님을 실제로 믿을 수 없었던 것입니다.

오늘날 성도들의 경우도 마찬가지입니다. 만약 "하나님은 전능하시며, 우리의 필요를 채우시는 분임을 믿습니까?"라고 물으면, 대부분의 성도는 아멘으로 화답할 것입니다. 그러나 그들 중 많은 사람은 실제로 문제가 생기고 필요가 생길 때 하나님을 의지하지 않습니다. 특히 그 문제나 필요가 매우 중대한 것일수록 더욱 그렇게 하지 않습니다. 그들은 인간적인 수단과 방법을 의지하고, 사람을 의지합니다. 이것은 그들이 하나님을 전혀 믿지 않는 것을 의미합니다. 그들의 믿음은 하나님에 관한 성경적인 진리에 지식적으로 동의하는 것일 뿐 실제로는 하나님을 믿지 않는 것을 의미합니다.

저는 집회에 다니면서 성도들에게 자주 다음과 같은 세 가지 질문을 던집니다. "하나님이 살아계심을 믿습니까? 우리가 이 세상을 떠나면 하나님 앞에 설 것을 믿습니까? 그리고 하나님 앞에 서면 이 세상에서 살았던 것으로 하나님 앞에서 선악 간에 심판을 받을 줄 믿습니까?" 그러면 대부분의 성도는 당연히 그렇게 믿는다고 대답합니다. 그러나 실제로는 이 세 가지 사항을 믿지 않습니다. 만약 우리가 이 세 가지 진리만이라도 진실로 믿는다면 우리는 절대로 이렇게 살지 않을 것입니다. 심지어 목회자들도 절대로 이렇게 목회하지 않을 것입니다.

율법주의 신앙에서는 믿음이 없습니다. 그러나 율법주의에서는 믿음에 대한 올바른 이해도 가리어지기 때문에 믿음이 전혀 없으면서도 자신이 믿음이 없다는 사실을 알지 못합니다. 바리새인들처럼 자신들의 믿음이 좋다고 생각합니다. 율법주의는 그만큼 무서운 것입니다.

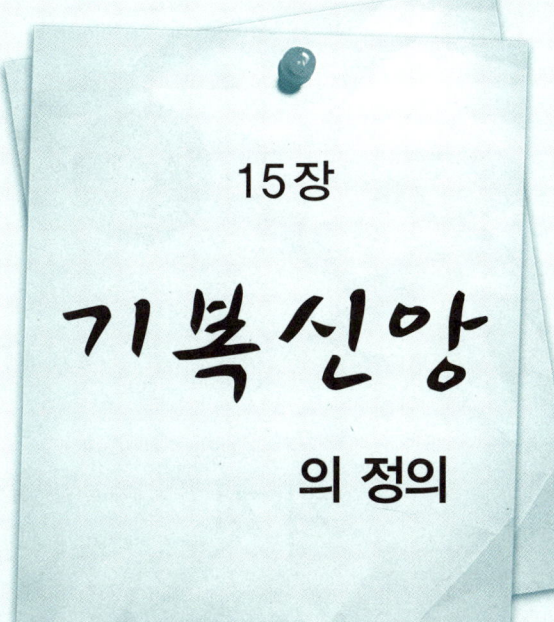

15장 기복신앙의 정의

그들이 선견자들에게 이르기를 선견하지 말라 선지자들에게 이르기를 우리에게 바른 것을 보이지 말라 우리에게 부드러운 말을 하라 거짓된 것을 보이라 너희는 바른 길을 버리며 첩경에서 돌이키라 이스라엘의 거룩하신 이를 우리 앞에서 떠나시게 하라 하는도다 이러므로 이스라엘의 거룩하신 이가 이같이 말씀하시되 너희가 이 말을 업신여기고 압박과 허망을 믿어 그것을 의지하니 이 죄악이 너희에게 마치 무너지려고 터진 담이 불쑥 나와 순식간에 무너짐 같게 되리라 하셨은즉(사 30:10~13).

15장

거짓 신앙체계는 율법주의와 기복신앙과 인본주의가 삼위일체처럼 서로 밀접하게 연결되어 있습니다. 그래서 거짓 신앙체계의 또 다른 한 축은 기복신앙입니다. 이 단원에서는 기복신앙에 대해서 집중적으로 살펴보고자 합니다.

우선 기복신앙은 무엇을 말합니까? 오늘날 어떤 사람들은 설교 시간에 복에 대해서 많이 말하는 것을 기복신앙이라고 생각하고, 그렇지 않으면 기복신앙이 아니라고 생각합니다. 그러나 제가 말하는 거짓 신앙체계로서의 기복신앙은 그러한 것을 말하는 것이 아닙니다.

 **기복신앙의 정의**

제가 말하는 기복신앙을 쉽게 이해할 수 있게 하기 위해서 앞에서 살펴본 하나님 중심적인 삶과 자기 중심적인 삶의 특징들을 간단히 복습하도록 하겠습니다. 우리는 앞에서 하나님 중심적인 삶과 타락의 본질인 자기 중심적인 삶에 대해 살펴보았습니다. 그리고 그것들과 참 신앙 혹은 거짓 신앙체계와의 관계를 살펴보았습니다. 그것들을 도표로 요약하면 다음과 같습니다.

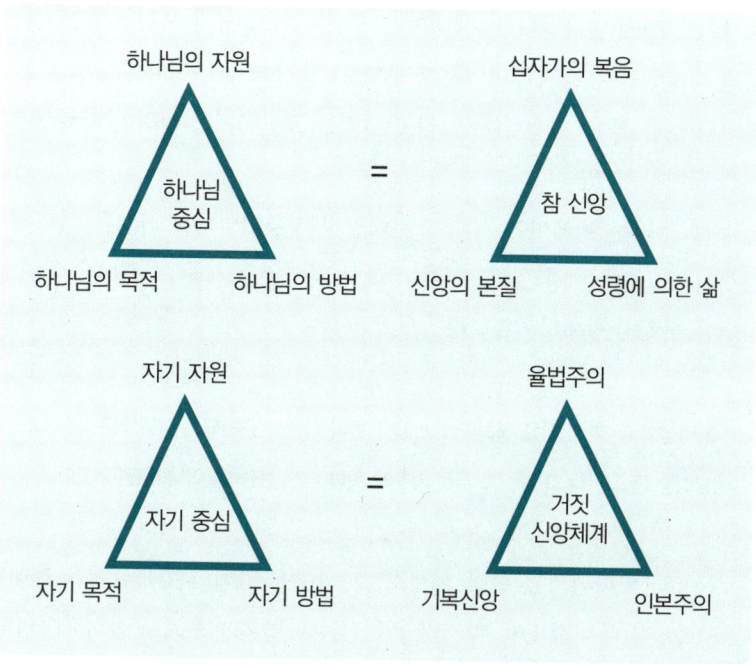

위 도표에서 볼 수 있는 것처럼 참다운 신앙은 하나님 중심적인 삶으로서 그 한 가지 특징은 하나님의 목적을 위해 사는 것입니다. 다시 말해서, 하나님이 우리의 목적이 되는 삶입니다. 그러나 신앙이 타락하면 하나님의 백성이 예수님을 믿으면서도 자기 목적을 위해 살게 됩니다. 그리고 하나님의 존재는 그들의 삶에서 그들의 목적을 위한 수단으로 전락해 버립니다. 하나님이 하나님의 백성의 목적을 위한 수단으로 전락한 삶, 그것이 바로 기복신앙입니다.

 ## 기복신앙의 좋은 예 : 예레미야 시대

신앙이 타락할수록 항상 참다운 신앙은 자취를 감추고 가짜인 거짓 신앙

체계가 전면에 나타납니다. 예레미야 시대는 어느 시대보다 영적으로 타락했던 시대였습니다. 예레미야서에 보면 그 당시 거짓 신앙체계가 판을 치고 있었던 것을 볼 수 있습니다. 그리고 우리는 그곳에서 전형적인 기복신앙의 예를 찾아볼 수 있습니다.

우선 우리는 예레미야 시대가 시대말적 상황이었다는 사실을 기억해야 합니다. 그 시대는 영적으로 매우 타락한 시대였습니다. 그 시대에 대해 하나님은 이렇게 말씀하셨습니다.

"내 백성이 두 가지 악을 행하였나니 곧 그들이 생수의 근원되는 나를 버린 것과 스스로 웅덩이를 판 것인데 그것은 그 물을 가두지 못할 터진 웅덩이들이니라"(렘 2:13).

그 결과 하나님의 심판이 실제로 그 시대에 임해서 예루살렘은 폐허가 되고, 성전은 무너졌으며, 이스라엘 백성은 바벨론에 포로로 잡혀갔습니다.

그렇게 타락한 시대였음에도 불구하고 그 당시 이스라엘 백성의 삶에는 하나님께 대한 큰 희생과 헌신이 있었습니다. 그들은 먼 나라에서 온 특별한 향품을 가져다가 하나님께 번제로 드렸습니다(렘 6:20 참조). 그 외에도 그들은 다른 많은 희생을 드렸습니다(렘 7:21 참조). 그리고 안식일에는 예루살렘 성전에서 성대한 예배를 드렸습니다(렘 7장 참조). 뿐만 아니라 그들의 입술에는 항상 하나님이 있었습니다(렘 12:2 참조). 그리고 그들이 선지자를 만나거나 친구나 친척을 만났을 때 묻는 첫마디는 그들에게 주신 하나님의 응답이 무엇이냐는 것이었습니다(렘 23:35, 37 참조). 그러나 하나님은 그들의 모든 희생과 헌신을 전혀 받지 않으실 뿐 아니라 오히려 그들에게 다가오는 심판에 대해서 집중적으로 말씀하셨습니다.

그렇다면 무엇이 그들의 문제였습니까? 그에 대한 주된 해답이 예레미야 6장에 나옵니다.

"내가 그 땅 주민에게 내 손을 펼 것인즉 그들의 집과 밭과 아내가 타인의 소유로 이전되리라 여호와의 말씀이니라 이는 그들이 가장 작은 자로부터 큰 자까지 다 탐욕을 부리며 선지자로부터 제사장까지 다 거짓을 행함이라 그들이 내 백성의 상처를 가볍게 여기면서 말하기를 평강하다 평강하다 하나 평강이 없도다 그들이 가증한 일을 행할 때에 부끄러워하였느냐 아니라 조금도 부끄러워하지 않을 뿐 아니라 얼굴도 붉어지지 않았느니라 그러므로 그들이 엎드러지는 자와 함께 엎드러질 것이라 내가 그들을 벌하리니 그 때에 그들이 거꾸러지리라 여호와의 말씀이니라…시바에서 유향과 먼 곳에서 향품을 내게로 가져옴은 어찌함이냐 나는 그들의 번제를 받지 아니하며 그들의 희생제물을 달게 여기지 않노라"(렘 6:12-15, 20)

성경은 그 당시 이스라엘 백성 속에 탐심이 가득했었다고 말합니다. 이것은 그 당시 가장 큰 자부터 작은 자까지, 종교지도자들부터 일반 백성에 이르기까지 총체적으로 그랬습니다. 우리가 자기 중심적인 삶의 특징에서 살펴보았듯이, 그들 속에 탐심이 가득했다는 말은 그들이 자기 목적을 위해 살았다는 말입니다. 그들에게 종교적인 모양의 희생과 헌신은 있었을지 모르나, 그들은 결국 자기들을 위해 살았습니다. 자기 목적을 위해 살았습니다. 그리고 하나님은 그들의 삶 속에 수단에 불과했습니다.

하나님의 관점에서 볼 때 그 당시 이스라엘 백성은 하나님을 버린 것이었습니다. 그런데도 그들은 왜 그렇게 많은 희생을 드렸습니까? 그들은 자기들이 원하고 목적하는 바를 하나님이 이루어주시도록 그 많은 희생을 드린 것입니다. 그것이 사업에서의 성공이었든지, 자녀를 위해 복을 내리는 것이었든지, 문제의 해결이었든지, 기도의 응답이었든지, 자기들이 목적하고 원하는 바를 하나님이 채워주시고 해결해주시도록 그 많은 희생과 제사를 드렸던 것입니다. 여기에서 우리는 율법주의와 기복신앙의 혼합된 모습을 봅니다. 즉 의식을 잘하는 것으로 하나님의 도움을 얻고자 하는 율법주의 그리고 자기 목적을 위해 하나님이 수단 된 기복신앙이 그것입니다. 율법주의,

기복신앙, 인본주의는 항상 같이 갑니다.

하지만 우리의 중심에서 하나님이 목적을 위한 수단에 불과하다면 우리가 아무리 많은 희생과 헌신을 드린다 할지라도, 그것은 하나님을 사랑하는 것이 전혀 아닙니다. 여기 재벌 아들이 있다고 가정해 봅시다. 한 여자가 그 남자를 '찍었습니다.' 그래서 모든 희생과 헌신을 다해 그 남자에게 잘해줍니다. 심지어 자기 집을 팔아서까지 그 남자에게 좋은 선물을 사주며 잘해줍니다. 그런데 사실 그 여자가 그렇게 하는 이유는 그 남자와 결혼하면 얻어질 부와 명예에 관심이 있어서입니다. 그 부와 명예를 얻기 위해 그렇게 합니다. 그렇다면 그 여자는 그 남자를 사랑하는 것입니까? 결코 아닙니다. 아무리 많은 희생과 헌신을 한다 할지라도 그것은 사랑하는 것이 아닙니다. 자기 목적을 위해 그 남자를 이용하는 것뿐입니다.

하나님과의 관계에서도 마찬가지입니다. 하나님을 사랑하려면 하나님이 목적이 되어야 합니다. 하나님께 많은 헌신과 봉사와 희생을 드린다 할지라도, 하나님이 자신의 삶에서 자기 목적을 위한 수단에 불과하다면 그것은 결코 하나님을 사랑하는 것이 아닙니다. 이것이 예레미야 시대의 이스라엘 백성의 상태였습니다. 그리고 그 때문에 하나님은 그 모든 희생을 받지 않으신다고 말씀하신 것입니다.

물론 그 당시 이스라엘 백성은 다르게 생각했을 것입니다. 그들은 자기들이 하나님을 사랑한다고 자부하며, 하나님이 그들의 예배를 기쁘게 받으신다고 생각했을 것입니다. 왜냐하면 그들은 의식이 본질을 대체해 버린 율법주의적인 가치관을 가지고 있었기 때문입니다. 그래서 많은 희생제물과 의식을 드렸으니 자신들이 누구보다 하나님을 사랑한다고 생각했을 것이고, 그 결과 하나님이 그들에게 많은 복을 주실 것이라고 생각했을 것입니다. 그러나 그들이 가지고 있던 이해는 철저하게 타락한 거짓 신앙체계에 불과합니다.

오늘날 우리의 모습은 어떻습니까? 오늘날 한국 교회 가운데에도 많은 의식들이 있습니다. 많은 예배와 기도와 헌금이 있습니다. 그러나 하나님의 백성인 우리의 중심에 무엇이 있나 살펴보십시오. 우리가 기도하는 내용을 살펴보십시오. 그 희생과 헌신을 드리는 목적을 살펴보십시오.

어떤 성도는 밤새도록 자녀의 가정에 복을 내려주시기를 기도한 뒤, 새벽에 기도를 마치면서 "지금까지 기도하지 못한 모든 것도 채워 주실 줄로 믿습니다"라고 기도합니다. 물론 그러한 부분들을 위해서 기도하는 그 자체가 잘못된 것은 아닙니다. 하나님에 대한 그들의 이해에 있어서 하나님이 그들의 삶의 목적을 위한 수단에 불과한 것이 문제입니다. 그들이 관심을 가지고 있는 것은 자신의 문제 해결, 축복받는 것, 자녀가 잘되는 것, 자신의 기도가 응답받는 것, 치유받는 것뿐입니다. 인격체이신 하나님을 알고, 존재를 다하여 그분을 사랑하는 것, 하나님의 의중을 알기 원하는 것 그리고 그곳에 하나님과 같이 있기를 원하는 것 등은 그들에게는 들어보지 못한 일이며, 관심 밖의 일입니다.

어떤 교회에서는 그 교회에 나온 지 몇 년 안에 부자가 되지 못하면 신앙생활을 잘못한 것이라고 말합니다. 결국 그들의 삶에서 신앙생활은 돈을 많이 벌기 위한 수단에 불과한 것입니다. 많은 경우 그들은 성도들이 어떠한 방법으로 돈을 버는지에 대해서는 별로 상관하지 않습니다. 투기를 하든지, 여관을 운영하든지, 술집을 하든지 상관하지 않습니다. 그저 돈만 많이 벌면 됩니다. 얼마나 타락한 기복신앙인지요.

물론 하나님께 처음 나올 때는 그러한 목적을 가지고 나올 수도 있습니다. 그러나 그들이 진실로 하나님을 만났다면, 다시 말해서 하나님을 알았다면 그러한 자세는 버리게 될 것입니다. 하지만 그들이 소위 예수를 믿은 다음에도 계속해서 그러한 자세를 가지고 있다면, 그들은 전혀 하나님을 모르는 사람이요, 하나님을 사랑하지 않는 사람입니다. 철저하게 타락한 기복신앙 가운데 빠져 있는 사람일 뿐입니다.

사실, 사도 바울은 불신자에게 예수님을 처음 전할 때부터 예수님을 단순한 구세주로만이 아닌 주님으로 전했습니다. 그리고 하나님의 성령이 그들의 마음 눈을 밝혀 예수님의 얼굴에 있는 하나님의 영광을 아는 광채를 비춰주시기를 기대했습니다. 즉 영광의 주님을, 영광의 하나님을 그들로 하여금 알게 해주시기를 기대했습니다. 그리고 그들이 하나님을 전 존재로 사랑하기를 기대했습니다.

"그러므로 우리가 이 직분을 받아 긍휼하심을 입은 대로 낙심하지 아니하고 이에 숨은 부끄러움의 일을 버리고 속임으로 행하지 아니하며 하나님의 말씀을 혼잡하게 하지 아니하며 오직 진리를 나타냄으로 하나님 앞에서 각 사람의 양심에 대하여 스스로 추천하노라 만일 우리 복음이 가리었으면 망하는 자들에게 가리어진 것이라 그 중에 이 세상 신이 믿지 아니하는 자들의 마음을 혼미하게 하여 그리스도의 영광의 복음의 광채가 비치지 못하게 함이니 그리스도는 하나님의 형상이니라 우리는 우리를 전파하는 것이 아니라 오직 그리스도 예수의 주 되신 것과 또 예수를 위하여 우리가 너희의 종 된 것을 전파함이라 어두운 데서 빛이 비치라 말씀하셨던 그 하나님께서 예수 그리스도의 얼굴에 있는 하나님의 영광을 아는 빛을 우리 마음에 비추셨느니라"(고후 4:1-6).

"내가 하나님의 열심으로 너희를 위하여 열심을 내노니 내가 너희를 정결한 처녀로 한 남편인 그리스도께 드리려고 중매함이로다…"(고후 11:2).

# 기복신앙의 열매

우리는 앞에서 자기 목적을 위해 사는 삶의 전형적인 열매로서 사람 두려워함과 선별적인 순종에 대해 살펴보았습니다. 기복신앙은 하나님의 백성의 삶에서 하나님이 그들의 목적을 위해 수단 된 삶이기 때문에 정확하게 동일한 열매가 나타나게 되어 있습니다. 예레미야 시대의 종교지도자들의 삶에서 그에 대한 전형적인 예를 볼 수 있습니다.

사람 두려워함

하나님은 그 당시 종교지도자들에 대해서 이렇게 말씀하셨습니다.

"이는 그들이 가장 작은 자로부터 큰 자까지 다 탐욕을 부리며 선지자로부터 제사장까지 다 거짓을 행함이라 그들이 내 백성의 상처를 가볍게 여기면서 말하기를 평강하다 평강하다 하나 평강이 없도다"(렘 6:13-14).

그 당시 이스라엘 백성은 하나님을 떠나 있었습니다. 그래서 그들에게는 하나님의 어떠한 생명도 없었습니다. 온갖 영적인 억압과 상처뿐이었습니다. 이사야 시대는 예레미야 시대보다 약 150년 전 시대입니다. 그런데 벌써 그 당시에 머리끝부터 발끝까지 성한 곳이 없었습니다.

"발바닥에서 머리까지 성한 곳이 없이 상한 것과 터진 것과 새로 맞은 흔적뿐이거늘 그것을 짜며 싸매며 기름으로 부드럽게 함을 받지 못하였도다"(사 1:6).

그렇다면 예레미야 시대에는 어떠했겠습니까?
그렇게 하나님의 백성의 상처가 심각하고 영적인 억압이 심각한데도, 그 당시 종교지도자들은 그 상처들이 전혀 대수롭지 않다는 듯 "평강"만을 전했습니다. 여기의 평강은 오늘날로 말하면 축복입니다. 성경에서 평강과 복과 생명은 모두 같은 의미로 쓰였습니다.

그럼 왜 그들은 평강을 외쳤습니까? 그 이유는 그들 속에 탐심이 가득했기 때문입니다. 그 당시에는 평강을 외쳐야 사람들에게 인기가 있었습니다. 그래서 선지자들은 사람들에게 은혜로운 말씀을 전하는 훌륭한 선지자로 인정받고, 많은 사람이 자기에게 몰려옴으로써 자기의 사역이 확장되게 하기 위해 평강을 외쳐댔던 것입니다. 그래서 하나님의 백성의 영적인 상태가 그토록 심각한데도 그 모든 일들이 다 잘되고 있는 것처럼 대수롭지 않게 여기면서 그저 평강을 외쳐댔던 것입니다. 그 속에 탐심이 가득함으로 인해 나타나는 사람 두려워함의 열매가 그대로 나타난 것입니다.

오늘날 우리의 모습은 어떻습니까? 한 중소도시에서 가장 많은 성도가 모이는 교회의 목사님이 후배에게 이렇게 조언했다고 합니다. "교회가 성장하는 비결을 가르쳐줄까? 오늘부터 3년 동안 새벽 예배부터 모든 예배 시간에 축복을 전해. 그러면 교회가 성장할 거야." 참으로 두려운 일입니다. 오늘날 성도들의 상태가 참으로 심각합니다. 교회와 성도의 삶 가운데 죄의 억압이 가득합니다. 교회 중직들의 가정이 파괴되고 있습니다. 교회 안에 세상적인 가치관과 죄가 너무나 팽배합니다. 하나님의 임재는 대부분의 모임에서 걷혀 있습니다. 하나님에 대한 이론은 많은 반면, 하나님의 실재는 교회와 성도의 삶에서 거의 경험되지 않고 있습니다. 교회의 영적인 태가 철저하게 닫혀 있습니다. 많은 하나님의 백성이 하나님을 전혀 알지도 못하고 사랑하지도 않습니다. 그들 속에 우상숭배인 탐심이 가득합니다. 영적 간음인 세상 사랑이 가득합니다. 그런 상황에서 그들은 아무렇지도 않다는 듯 축복을 외쳐대고 있습니다. 얼마나 심각하고, 얼마나 두려운 일입니까? 모두가 탐심에서 나온 사람 두려워함 때문입니다.

부드러운 메시지

기복신앙의 또 한 가지 전형적인 열매는 부드러운 메시지를 듣기 원하는 것입니다. 기복신앙을 가진 사람들의 삶에는 그 중심에 항상 탐심이 있습니다. 그러므로 그들은 메시지를 들어도 자기들의 필요와 욕구를 충족시켜줄 메시지를 듣기 원합니다. 그러한 메시지를 성경은 "부드러운 말"이라고 부릅니다.

"그들이 선견자들에게 이르기를 선견하지 말라 선지자들에게 이르기를 우리에게 바른 것을 보이지 말라 우리에게 부드러운 말을 하라 거짓된 것을 보이라"(사 30:10).

예레미야 시대의 이스라엘 백성이 그랬습니다. 그들의 삶 속에는 탐심이 가득했습니다. 그들은 철저하게 타락한 기복신앙을 가지고 있었습니다. 그래서 그들은 자기들이 원하는, 자기들을 충족시켜 주는 평강의 메시지를 듣기 원했습니다. 오늘날로 말하면 복의 메시지를 듣기 원했습니다. 그것이 그 당시 선지자들과 제사장들이 그들에게 평강의 메시지를 전한 가장 주된 이유이기도 했습니다.

오늘날도 마찬가지입니다. 오늘날 교회의 상황이 이토록 심각한데도 왜 목회자들은 전혀 아무 일도 없다는 듯 축복의 메시지를 전합니까? 그것은 그래야 교회가 성장하기 때문입니다. 그럼 왜 오늘날 하나님의 백성은 축복의 메시지를 듣기 원합니까? 그것 역시 그들 속에 탐심이 가득하기 때문입니다. 그래서 그들은 그들의 목적과 목표를, 욕구를 충족시켜 줄 축복의 메시지를 원합니다. 그러나 예수님은 우리가 예수님을 따르려면 자기를 부인하라고 말씀하십니다. 우리의 모든 목적과 목표를 내려놓고, 우리의 모든 것으로 하나님을 사모하라고 말씀하십니다. 그러나 오늘날의 많은 성도는 자기의 목적과 목표를 그대로 가지고 있으면서, 하나님을 이용해 자기의 목적과 목표를 성취시키려고 합니다. 그러므로 그들이 듣기 원하는 것은 당연히 축복입니다. 그리고 축복을 전하는 교회가 성장하는 것 같으니까 목회자들은 더욱 축복을 외치는 것입니다. 이 시대가 얼마나 예레미야 시대와 흡사합니까!

이러한 기복신앙에 대해서 하나님은 이렇게 경고하셨습니다.

"그들이 나무를 향하여 너는 나의 아버지라 하며 돌을 향하여 너는 나를 낳았다 하고 그들의 등을 내게로 돌리고 그들의 얼굴은 내게로 향하지 아니하다가 그들이 환난을 당할 때에는 이르기를 일어나 우리를 구원하소서 하리라"(렘 2:27).

"그러므로 나 여호와가 이와 같이 말하노라 보라 내가 재앙을 그들에게 내리리니 그들이 피할 수 없을 것이라 그들이 내게 부르짖을지라도 내가 듣지 아니할 것인즉…그러므로 너는 이 백성을 위하여 기도하지 말라 그들을 위하여 부르짖거나 구하지 말라 그들이 그 고난으로 말미암아 내게 부르짖을 때에 내가 그들에게서 듣지 아니하리라"(렘 11:11, 14). "그들이 금식할지라도 내가 그 부르짖음을 듣지 아니하겠고 번제와 소제를 드릴지라도 내가 그것을 받지 아니할 뿐 아니라 칼과 기근과 전염병으로 내가 그들을 멸하리라"(렘 14:12).

얼마나 두려운 일입니까? 그들은 (자기들의 목적을 위해) 도움을 얻으려고 하나님께 많은 희생과 헌신을 드렸을지 모르지만, 하나님은 그들이 (보통 때는 신앙의 본질을 떠나 자기 임의대로 살다가 어려움을 당할 때 도와달라고) 하나님께 나오더라도 그들의 기도를 듣지 않으시겠다는 것입니다.

기복신앙은 우리 삶에서 하나님을 우리 목적을 위한 수단으로 삼는 신앙입니다. 그 중심에는 항상 탐심이 있습니다. 오늘날 우리나라에 있는 하나님의 백성 가운데 율법주의 못지않게 기복신앙이 뿌리를 깊이 내리고 있습니다. 어쩌면 이것은 당연한 일입니다. 율법주의, 기복신앙, 인본주의는 항상 같이 가기 때문입니다.

16장 성경에서 말하는 복

내가 오늘 하늘과 땅을 불러 너희에게 증거를 삼노라 내가 생명과 사망과 복과 저주를 네 앞에 두었은즉 너와 네 자손이 살기 위하여 생명을 택하고 네 하나님 여호와를 사랑하고 그의 말씀을 청종하며 또 그를 의지하라 그는 네 생명이시요 네 장수이시니 여호와께서 네 조상 아브라함과 이삭과 야곱에게 주리라고 맹세하신 땅에 네가 거주하리라(신 30:19~20).

16장

제가 기복신앙이 거짓 신앙체계라고 말하면, 어떤 사람은 이렇게 반문합니다. "성경은 여러 곳에서 복에 대해서 말하고 있는데 그렇다면 그 구절들을 어떻게 이해해야 하느냐?" 그래서 이 장에서는 성경에서 말하는 복에 대해서 살펴보고자 합니다. 우리가 이 부분을 살펴보고 나면 기복신앙이 왜 거짓 신앙체계인가를 더욱 명확히 알 수 있을 것입니다.

하나님이 복이십니다

성경에서 말하는 복을 이해하는 데 있어서 아주 중요한 한 가지는, 복은 하나님이 주시는 어떤 것이 아니라 하나님 그분이라는 사실입니다. 이와 관련한 중요한 구절이 있습니다. 그것은 신명기 30장 19~20절입니다.

"내가 오늘 하늘과 땅을 불러 너희에게 증거를 삼노라 내가 생명과 사망과 복과 저주를 네 앞에 두었은즉 너와 네 자손이 살기 위하여 생명을 택하고 네 하나님 여호와를 사랑하고 그의 말씀을 청종하며 또 그를 의지하라 그는 네 생명이시요 네 장수이시니 여호와께서 네 조상 아브라함과 이삭과 야곱에게 주리라고 맹세하신 땅에 네가 거주하리라."

하나님은 이스라엘 백성에게 생명과 복 그리고 사망과 저주를 그 앞에 두었으니 살기 위해 생명을 택하라고 말씀하십니다. 그러면서 하나님 자신이 생명이라고 말씀하십니다. 여기에서 말하는 생명과 복은 같은 것을 말합니다. 이처럼 성경에서 말하는 복은 하나님 그분 자신입니다.

 황금률

이 부분을 이해함에 있어서 그리고 전반적으로 하나님과의 관계에 있어서 매우 중요한 하나의 황금률이 있습니다. 그것은 신구약 전체에 걸쳐 나옵니다. 그것은 다름이 아니라, 우리가 하나님과 함께하면 하나님도 우리와 함께하시고, 우리가 하나님을 버리면 하나님도 우리를 버리신다는 것입니다.

이 황금률은 역대하 15장 2절에 잘 표현되어 있습니다.

"…너희가 여호와와 함께 하면 여호와께서 너희와 함께 하실지라 너희가 만일 그를 찾으면 그가 너희와 만나게 되시려니와 너희가 만일 그를 버리면 그도 너희를 버리시리라."

그러나 이 황금률은 여기에만 나와 있는 것이 아닙니다. 성경 여러 곳에 나와 있습니다. 표현은 다양하게 되어 있지만, 내용은 정확하게 같습니다.

"만군의 여호와가 이르노라 너희 조상들의 날로부터 너희가 나의 규례를 떠나 지키지 아니하였도다 그런즉 내게로 돌아오라 그리하면 나도 너희에게로 돌아가리라 하였더니 너희가 이르기를 우리가 어떻게 하여야 돌아가리이까 하는도다"(말 3:7).

"그러므로 이스라엘의 하나님 나 여호와가 말하노라 내가 전에 네 집과 네 조상의 집이 내 앞에 영원히 행하리라 하였으나 이제 나 여호와가 말하노니 결단코 그렇게 하지 아니하리라 나를 존중히 여기는 자를 내가 존중히 여기고 나를 멸시하는 자를 내가 경멸하리라"(삼상 2:30).

"하나님을 가까이하라 그리하면 너희를 가까이하시리라 죄인들아 손을 깨끗이 하라 두 마음을 품은 자들아 마음을 성결하게 하라"(약 4:8).

"너희가 온 마음으로 나를 구하면 나를 찾을 것이요 나를 만나리라"(렘 29:13).

"그러므로 너는 그들에게 말하기를 만군의 여호와께서 이처럼 이르시되 너희는 내게로 돌아오라 만군의 여호와의 말이니라 그리하면 내가 너희에게로 돌아가리라 만군의 여호와의 말이니라"(슥 1:3).

위의 구절들을 정리하면, 이렇게 표현할 수 있습니다.

한편으로,
우리가 하나님과 함께하면, 하나님도 우리와 함께하신다.
우리가 하나님을 찾으면, 하나님이 우리를 만나주신다.
우리가 하나님을 가까이 하면, 하나님도 우리를 가까이하신다.
우리가 하나님께 돌아가면, 하나님께서도 우리에게 돌아오신다.
우리가 하나님을 존중하면, 하나님도 우리를 존중하신다.

이 모든 표현들은 다양하지만, 모두 같은 것을 의미합니다.

다른 한편으로,
우리가 하나님을 버리면, 하나님도 우리를 버리신다.
우리가 하나님을 멸시하면, 하나님도 우리를 멸시하신다.

이 표현들 또한 같은 것을 의미합니다.

황금률의 의미

이처럼 우리가 하나님과 함께하면 하나님도 우리와 함께하시고, 우리가 하나님을 버리면 하나님도 우리를 버리십니다. 그런데 문제는 하나님과 함께한다는 말이 무슨 뜻이며, 하나님을 버린다는 말이 무슨 뜻이냐 하는 것입니다. 왜냐하면 우리 신앙의 모든 면에서 하나님의 관점을 갖는 것이 필수이기 때문입니다. 만약 우리가 하나님의 관점을 이해하지 못하면 우리는 이런 구절들을 우리 생각과 관점에서 이해할 수밖에 없습니다. 그렇게 되면 우리가 실제로는 하나님을 멸시하고 떠나 있는 상황에서도 하나님과 함께하고 있다고 생각할 수 있습니다.

그것이 바로 이사야 시대의 이스라엘 백성이 처했던 바입니다. 그들은 안식일을 철저히 지켰을 뿐 아니라, 월삭과 절기와 모든 대회를 지켰습니다. 그리고 하나님에게 나올 때 빈손으로 오지 아니하고, 많은 살진 짐승들을 희생으로 드렸습니다. 그들은 많이 기도하고 많이 금식했습니다. 그러니 그들에게 하나님을 존중하느냐고 물으면 그들은 무엇이라고 대답했겠습니까? 당연히 그렇다고 대답했을 것입니다. 그들은 "아니 우리가 하나님을 멸시하면 이렇게 하겠습니까?"라고 반문했을 것입니다. 그러나 하나님은 그들에 대해 무엇이라고 말씀하셨습니까? 하나님은 그들이 하나님을 버렸고 멸시하고 멀리 물러갔다고 말씀하셨습니다.

"슬프다 범죄한 나라요 허물 진 백성이요 행악의 종자요 행위가 부패한 자식이로다 그들이 여호와를 버리며 이스라엘의 거룩하신 이를 만홀히 여겨 멀리하고 물러갔도다" (사 1:4).

이처럼 그들의 관점과 하나님의 관점은 달랐습니다. 그래서 우리가 하나님의 관점을 이해하는 것이 매우 중요합니다.

엘리 제사장의 경우도 마찬가지였습니다. 엘리 제사장은 자기 아들들이 하나님 앞에 범죄하고 악을 행했을 때 그렇게 하면 안 된다고 타일렀습니다(삼상 2:22-25). 물론 그는 그들의 악행을 막지는 못했습니다. 뿐만 아니라, 엘리는 나중에 이스라엘 백성이 블레셋과의 전쟁에서 패했을 때, 자기의 두 아들이 한꺼번에 전사했다는 소식을 들었을 때보다 하나님의 언약궤가 빼앗겼다는 소식을 들었을 때 더 큰 충격을 받고 뒤로 넘어져 목이 부러져 죽었습니다. 그렇다면 우리가 일반적으로 생각할 때 엘리는 하나님을 존중히 여긴 자입니까, 아니면 멸시한 자입니까? 당연히 하나님을 존중히 여긴 자이지요. 그러나 하나님의 관점은 전혀 달랐습니다. 앞에서 살펴본 사무엘상 2장 30절을 보아도 알 수 있듯이, 하나님은 그를 하나님을 멸시한 자의 편에 두고 계십니다.

그럼 성경에서 하나님과 함께한다는 말은 무슨 뜻이고, 하나님을 버린다는 말은 무슨 뜻입니까? 성경에서 하나님과 함께한다는 말은 신앙의 본질인 하나님을 알고, 전 존재로 사랑하는 삶 가운데 거하는 것을 말합니다. 다시 말해서 하나님 중심적인 삶을 사는 것을 말합니다. 반면에 성경에서 하나님을 버렸다는 말이나 하나님을 멸시한다는 말은 모두 신앙의 본질에서 떠난 것을 말합니다.

우리가 여러 번 살펴보았듯이, 이사야 시대에는 수많은 의식들이 있었습니다. 그러나 그들은 신앙의 본질에서 떠나 있었습니다. 즉 하나님을 알고, 전 존재로 사랑하는 삶에서 떠나 있었습니다(호 4:1, 6 참조). 그래서 하나님은 그들에게 그들이 하나님을 버렸고, 하나님을 멸시하여 멀리 떠나갔다고 말씀하셨습니다.

그리고 또 하나 우리는 호세아 4장 6절에서 다시 한번 신앙의 본질에서 떠난 것이 하나님을 버린 것임을 볼 수 있습니다.

"내 백성이 지식이 없으므로 망하는도다 네가 지식을 버렸으니 나도 너를 버려 내 제사장이 되지 못하게 할 것이요 네가 네 하나님의 율법을 잊었으니 나도 네 자녀들을 잊어버리리라"(호 4:6).

하나님의 법칙은 우리가 하나님을 버리면, 하나님도 우리를 버리시는 것인데, 이 구절은 하나님을 버린 것 대신 신앙의 본질인 하나님을 아는 지식을 버린 것을 하나님을 버린 것과 동일하게 취급하고 있습니다.

예레미야 시대도 마찬가지였습니다. 그 시대에도 많은 의식이 있었습니다. 그러나 그들은 신앙의 본질에서 떠나 있었습니다(렘 7:21-27 참조). 그래서 하나님은 그들이 생수의 근원이신 하나님을 버렸다고 말씀하셨습니다(렘 2:13).

이것은 오늘날도 마찬가지입니다. 우리가 아무리 주일예배에 빠지지 않고, 십일조를 철저하게 드리고, 심지어 새벽기도도 한번도 안 빠지고, 교회에서 누구보다 열심히 봉사한다 할지라도, 신앙의 본질에서 떠나면 그것은 하나님을 떠난 것이요, 하나님을 버린 것이요, 하나님을 멸시한 것입니다. 반면에 하나님을 존중히 여기는 것, 하나님과 함께하는 것, 하나님을 찾는 것, 하나님께 돌아가는 것은 모두 다 같은 의미인데, 그것은 신앙의 본질인 하나님을 알고 전 존재로 사랑하는 삶을 의미합니다.

그런데 오늘날 많은 성도는 이러한 하나님의 관점을 전혀 이해하지 못하고 있습니다. 이사야나 예레미야 시대처럼 그릇되게 이해합니다. 그래서 실제로는 하나님을 멸시하고 멀리 떠나 있으면서도 그 사실을 알지 못합니다.

그래서 오늘날 많은 성도는 하나님께 돌아오는 것도 잘못 이해하고 있습니다. 만약 어떤 사람이 사업이 어려울 때는 주일예배도 빼먹지 않고, 십일조도 철저히 드리고, 금요기도회까지 잘 나오더니 바빠지니까 예배도 빠지고, 기도회도 빠지기 시작했다고 하십시다. 십일조도 액수가 커지면서 잘 안하기 시작했습니다. 그러다가 갑자기 사업이 어려워지기 시작합니다. 그럼 그들은 그 사람에게 하나님께 돌아오라고 권면합니다. 그 의미인즉 다시 예전처럼 예배를 더 잘 드리고, 기도회에도 잘 나오고, 헌금도 잘하라는 뜻입니다. 물론 그렇게 하는 것도 중요합니다. 그러나 그것은 성경에서 말하는 하나님께로 돌아오는 것이 아닙니다. 그것이 만약 하나님께로 돌아오는 것이었으면 이사야나 호세아 시대의 사람들은 하나님께로 돌아오라는 말을 들을 필요가 전혀 없었습니다. 예레미야 시대에도 마찬가지였습니다. 그 당시에는 그러한 의식이 그들 가운데 차고 넘쳤습니다. 그러나 하나님은 예레미야 시대만 하더라도 하나님께 돌아오라고 수없이 말씀하셨습니다.

하나님께 돌아오는 것은 신앙의 본질로 돌아오는 것을 말합니다. 우리는 이것을 호세아서 6장 1절과 3절에서 확실하게 알 수 있습니다. 하나님은 호세아를 통해 6장 1절에서 이스라엘 백성에게 하나님께로 돌아오라고 호소하셨습니다.

"오라 우리가 여호와께로 돌아가자 여호와께서 우리를 찢으셨으나 도로 낫게 하실 것이요 우리를 치셨으나 싸매어 주실 것임이라."

그러면서 3절에서 그 의미가 무엇인지를 정확하게 말씀하셨습니다.

"그러므로 우리가 여호와를 알자 힘써 여호와를 알자 그의 나타나심은 새벽 빛 같이 어김없나니 비와 같이 땅을 적시는 늦은 비와 같이 우리에게 임하시리라 하리라."

보십시오. 하나님께 돌아가는 것은 하나님을 알고 사랑하는 신앙의 본질로 돌아가는 것을 말합니다. 1절과 3절의 내용이 정확하게 같은 것임을 우리는 문맥에서 분명하게 알 수 있습니다. 그리고 하나님은 이렇게 그들이 하나님께 돌아오면 황금률의 내용처럼 반드시 그들에게 돌아오시겠다고 말씀하셨습니다. 아침이 되면 해가 뜨는 것처럼 반드시 그들에게 임하시겠다고 말씀하셨습니다.

하나님을 찾는 것도 마찬가지입니다. 우리는 일반적으로 하나님을 찾는 것을 우리의 필요를 위해 하나님의 도움을 간절히 구하는 것으로 이해합니다. 물론 그렇게 기도하는 것도 필요합니다. 그리고 그러한 기도가 잘못된 것은 아닙니다. 그러나 성경에서 하나님을 찾는 것은 전혀 그러한 것을 의미하지 않습니다. 성경에서 하나님을 찾는 것은 하나님을 알기 위해 그분 자신을 간절히 찾는 것을 말합니다. 그래서 위에 나오는 역대하 15장 2절에서 하나님은 하나님과 함께하는 것과 하나님을 찾는 것을 나란히 같은 의미로 사용하셨습니다.

시편 24편 6절도 이 점을 명확하게 보여주고 있습니다.

"이는 여호와를 찾는 족속이요 야곱의 하나님의 얼굴을 구하는 자로다."

히브리 문학에는 평행법이라는 것이 있는데, 이는 그 의미를 보다 풍요롭게 표현하기 위해 정확하게 같은 의미의 말을 두 문장으로 표현하는 것을 말합니다. 따라서 이 구절에서 하나님을 찾는 것은 단순히 하나님의 도움을 구하는 것이 아니라, 하나님 그분 자신을 구하는 의미임을 명백히 알 수 있습니다.

복과 신앙의 본질

복은 하나님이 우리에게 주시는 그 어떤 것이 아니라, 하나님 그분이 복이십니다. 하나님은 우리가 하나님과 함께할 때 우리와 함께하십니다. 다시 말해서, 우리가 신앙의 본질인 하나님을 알고 전 존재로 사랑하는 삶 가운데 있을 때, 하나님이 우리와 함께하십니다. 그리고 하나님이 우리와 함께

하시면 그분 안에 있는 모든 생명이 우리에게 넘칩니다. 하나님의 평화(샬롬)와 하나님의 도우심, 하나님의 인도, 기도 응답, 하나님과의 친밀함, 세상과 죄를 이기는 능력 등 모든 하나님의 생명이 우리에게 넘칩니다. 그것이 바로 성경이 말하는 복입니다.

반면에 우리가 하나님을 버릴 때 하나님도 우리를 버리십니다. 즉, 우리가 신앙의 본질에서 떠날 때 하나님은 우리를 버리십니다. 하나님이 우리를 버리시면 하나님의 모든 생명이 우리에게서 고갈됩니다. 하나님의 실제적인 도움, 하나님의 은혜, 하나님의 안식, 세상과 죄를 이기는 능력 등 모든 생명이 걷힙니다. 왜냐하면 하나님 그분이 생명이시니까요.

신명기 30장에서 하나님은 여러 차례에 걸쳐 우리 앞에 복과 저주, 생명과 사망을 놓았으니 우리와 우리 자손들을 위해 생명을 택하라고 말씀하십니다. 하나님의 백성이라면 그 두 가지 중 복과 생명보다 사망과 저주를 택할 사람은 단 한 사람도 없을 것입니다. 그러나 문제는 우리가 원하건 원하지 않건, 또 알건 모르건, 신앙의 본질에서 떠나면 그것은 분명하게 우리가 사망과 저주를 택한 것이라는 사실입니다. 그것이 정확하게 예레미야 시대에 일어났던 일입니다.

오늘날 대부분의 하나님의 백성 가운데 그분의 실재는 거의 없습니다. 죄와 세상을 이길 수 있는 하나님의 능력이 소멸되었습니다. 영적인 태가 철저하게 닫혀 있습니다. 하나님이 말씀하시는 안식이나 샬롬은 찾아볼 수 없습니다. 여러분은 그 이유가 무엇이라고 생각하십니까? 이제 그 이유가 분명하게 보이십니까?

저는 여기서 한 가지를 더 살펴보고자 합니다. 그것은 하나님의 약속이 우리 가운데 이루어지는 것도 하나님의 생명이라는 것입니다. 우리에게 향하신 하나님의 약속은 보증이 아닙니다. 그것은 하나님의 초청입니다. 그리고 모든 하나님의 약속은 우리가 하나님을 알고 전 존재로 사랑하는 신앙의 본질 가운데 거할 때 우리에게 성취됩니다. 반면에 하나님이 우리에게 어떠한 약속을 주셨을지라도 우리가 신앙의 본질에서 떠나면 그 약속은 우리에게서 거두어집니다. 그것은 하나님의 약속 또한 하나님의 생명이기 때문입니다.

우리는 성경에서 이에 대한 두 가지 좋은 예를 볼 수 있습니다. 하나는 엘리 제사장의 경우입니다. 하나님은 과거에 엘리 제사장 가문이 하나님 앞에서 영원히 섬기게 될 것이라고 약속하셨습니다. 그러나 하나님은 이제 그 약속을 거두십니다.

"그러므로 이스라엘의 하나님 나 여호와가 말하노라 내가 전에 네 집과 네 조상의 집이 내 앞에 영원히 행하리라 하였으나 이제 나 여호와가 말하노니 결단코 그렇게 하지 아니하리라 나를 존중히 여기는 자를 내가 존중히 여기고 나를 멸시하는 자를 내가 경멸하리라"(삼상 2:30).

어떻게 보면 하나님이 말을 바꾸시는 것처럼 보입니다. 그러나 하나님은 그런 분이 아닙니다. 그분에게는 회전하는 그림자도 없으십니다. 이 말씀은 엘리 제사장이 신앙의 본질에서 떠났으므로 그의 가문을 향한 약속이 거두어진다는 말씀입니다.

또 다른 예는 호세아 4장 6절에 나옵니다.

"내 백성이 지식이 없으므로 망하는도다 네가 지식을 버렸으니 나도 너를 버려 내 제사장이 되지 못하게 할 것이요…."

이 구절을 출애굽기 19장과 대조해서 보면 그 의미를 보다 분명히 알 수 있습니다.

"내가 애굽 사람에게 어떻게 행하였음과 내가 어떻게 독수리 날개로 너희를 업어 내게로 인도하였음을 너희가 보았느니라 세계가 다 내게 속하였나니 너희가 내 말을 잘 듣고 내 언약을 지키면 너희는 모든 민족 중에서 내 소유가 되겠고 너희가 내게 대하여 제사장 나라가 되며 거룩한 백성이 되리라 너는 이 말을 이스라엘 자손에게 전할지니라"(출 19:4-6).

하나님은 이스라엘 백성이 신앙의 본질 가운데 거할 때 제사장 나라가 되게 하실 것이라고 약속하셨습니다. 그러나 그들이 신앙의 본질에서 떠나자, 하나님은 그들이 더 이상 하나님의 제사장이 되지 못할 것이라고 말씀하십니다. 이처럼 하나님의 모든 약속도 하나님의 생명으로서, 우리가 신앙의 본질 가운데 거할 때에만 이루어집니다.

 ## 우리를 향한 하나님의 의도는 생명(복)입니다

"여호와의 말씀이니라 너희를 향한 나의 생각을 내가 아나니 평안이요 재앙이 아니니라 너희에게 미래와 희망을 주는 것이니라"(렘 29:11).

우리를 향하신 하나님의 의도는 생명이요 샬롬입니다. 재앙과 저주는 우리를 향하신 하나님의 의도가 아닙니다. 그래서 하나님은 신명기 30장에서도 이스라엘 백성에게 그들 앞에 복과 저주 그리고 생명과 사망을 두었다고 하시면서, 그들과 그들의 자손들을 위해 생명을 택하라고 하셨습니다. 에덴 동산을 보아도 우리는 우리를 향하신 하나님의 의도가 얼마나 하나님의 생명이 넘치는 삶인가를 알 수 있습니다.

특히 우리는 우리를 향하신 하나님의 생각이 평안이요 소망이라고 하신 이 말씀을 예레미야서에 하고 계시다는 사실을 기억해야 합니다. 하나님은 예레미야 시대의 이스라엘 백성이 지금이라도 하나님에게로 돌아와서 그들을 향하신 하나님의 뜻인 하나님의 평안(샬롬)과 생명 가운데 거하기를 원하셨습니다. 그들이 살기를 원하셨습니다. 그리고 하나님은 그들이 그렇게 되기 위해 하나님께로 돌아오라고 부르짖고 계셨습니다.

> "너희가 내게 부르짖으며 내게 와서 기도하면 내가 너희들의 기도를 들을 것이요 너희가 온 마음으로 나를 구하면 나를 찾을 것이요 나를 만나리라 이것은 여호와의 말씀이니라 나는 너희들을 만날 것이며 너희를 포로된 중에서 다시 돌아오게 하되 내가 쫓아 보내었던 나라들과 모든 곳에서 모아 사로잡혀 떠났던 그 곳으로 돌아오게 하리라 이것은 여호와의 말씀이니라"(렘 29:12-14).

그들의 문제는 그들이 신앙의 본질인 하나님 알고 사랑하는 삶에서 떠난 것이었습니다. 다시 말해서 하나님을 버린 데 있었습니다. 그래서 하나님은 그들이 살기 위해, 그들을 향하신 하나님의 의도인 생명과 평강과 소망이 그들의 삶에 넘치게 하기 위해 하나님께로 돌아오라고 외치고 계셨습니다. 즉, 하나님을 알고 사랑하기 위해 하나님 자신을 구하여 하나님께 나아오라고 외치고 계신 것입니다.

하나님을 찾는 방법은 항상 마음을 다하여 그분을 찾는 것입니다. 그래서 예레미야 29장 13절에서 하나님이 그 당시 이스라엘 백성에게 마음을 다해 하나님을 찾고 찾으면 만나리라고 말씀하신 것입니다. 그리고 호세아 6장 3절에서도 구하되 힘써 구하라고 하셨습니다. 또한 역대하 15장은 아사왕 시절에 이스라엘이 마음을 다하여 하나님을 찾자 하나님이 만나주셨다고 말하고 있습니다.

> "또 마음을 다하고 목숨을 다하여 조상들의 하나님 여호와를 찾기로 언약하고…온 유다가 이 맹세를 기뻐한지라 무리가 마음을 다하여 맹세하고 뜻을 다하여 여호와를 찾았으므로 여호와께서도 그들을 만나 주시고 그들의 사방에 평안을 주셨더라"(대하 15:12, 15).

저는 예레미야 29장의 이 말씀이 이 시대를 향하신 하나님의 부르짖음이라고 확신합니다. 우리를 향하신 하나님의 의도는 생명이요 샬롬입니다. 저주와 사망이 아닙니다. 그래서 하나님은 우리가 살기 위해 신앙의 본질인 하나님을 알고 사랑하는 삶으로 오라고 외치고 계십니다. 우리를 향하신 하나님의 의도인 생명과 샬롬이 우리 삶 속에 넘치게 하기 위해 하나님 자신을 간절히 찾아 하나님께로 나오라고 외치고 계십니다.

17장
거짓
신앙체계와 말씀

이 예루살렘 백성이 항상 나를 떠나 물러감은 어찌함이냐 그들이 거짓을 고집하고 돌아오기를 거절하도다 내가 귀를 기울여 들은즉 그들이 정직을 말하지 아니하며 그들의 악을 뉘우쳐서 내가 행한 것이 무엇인고 말하는 자가 없고 전쟁터로 향하여 달리는 말 같이 각각 그 길로 행하도다 공중의 학은 그 정한 시기를 알고 산비둘기와 제비와 두루미는 그들이 올 때를 지키거늘 내 백성은 여호와의 규례를 알지 못하도다(렘 8:5~7)

17장

우리의 올바른 신앙과 하나님의 말씀은 항상 밀접한 관계를 가지고 있습니다. 그래서 우리가 하나님 말씀의 진리 가운데 설 때 우리의 신앙은 올바르게 됩니다. 반대로 우리의 신앙이 타락하면 올바른 말씀이 우리에게서 사라집니다. 그리고 그 자리를 거짓이 차지합니다. 그래서 앞으로 두 장에 걸쳐 이 부분을 살펴보고자 합니다. 특히 이 진리와 거짓의 문제를 살펴보는 것은 기복신앙을 이해하는 데 큰 도움이 됩니다.

거짓 신앙체계에 빠지면 올바른 말씀이 사라집니다

우리의 신앙이 타락하여 거짓 신앙체계에 빠지면 예외 없이 올바른 하나님의 말씀이 사라지게 됩니다. 우리는 이사야나 호세아 시대와 예레미야 시대의 이스라엘 백성 그리고 예수님 시대의 종교지도자들의 삶에서 모두 이 부분을 볼 수 있습니다.

호세아와 이사야 시대는 신앙의 본질에서 떠난 시대였습니다(호 4:1). 그리고 그 시대는 하나님의 말씀을 버렸습니다.

"내 백성이 지식이 없으므로 망하는도다 네가 지식을 버렸으니 나도 너를 버려 내 제사장이 되지 못하게 할 것이요 네가 네 하나님의 율법을 잊었으니 나도 네 자녀들을 잊어버리리라"(호 4:6).

여기 6절에도 지식을 버린 것, 즉 신앙의 본질에서 떠난 것과 하나님의 율법을 버린 것이 밀접하게 연관되어 있음을 말하고 있습니다.

예레미야 시대도 마찬가지였습니다. 그 시대도 신앙의 본질에서 떠나 있었습니다(렘 2:13). 그리고 그들 역시 하나님의 말씀을 버렸습니다.

"땅이여 들으라 내가 이 백성에게 재앙을 내리리니 이것이 그들의 생각의 결과라 그들이 내 말을 듣지 아니하며 내 율법을 거절하였음이니라"(렘 6:19).

예레미야 시대의 이런 모습을 잘 볼 수 있는 구절이 또 있습니다.

"이 예루살렘 백성이 항상 나를 떠나 물러감은 어찌함이냐 그들이 거짓을 고집하고 돌아오기를 거절하도다 내가 귀를 기울여 들은즉 그들이 정직을 말하지 아니하며 그들의 악을 뉘우쳐서 내가 행한 것이 무엇인고 말하는 자가 없고 전쟁터로 향하여 달리는 말 같이 각각 그 길로 행하도다 공중의 학은 그 정한 시기를 알고 산비둘기와 제비와 두루미는 그들이 올 때를 지키거늘 내 백성은 여호와의 규례를 알지 못하도다 너희가 어찌 우리는 지혜가 있고 우리에게는 여호와의 율법이 있다 말하겠느냐 참으로 서기관의 거짓 붓이 거짓되게 하였나니 지혜롭다 하는 자들은 부끄러움을 당하며 두려워 떨다가 잡히리라 보라 그들이 여호와의 말을 버렸으니 그들에게 무슨 지혜가 있으랴 그러므로 내가 그들의 아내를 타인에게 주겠고 그들의 밭을 그 차지할 자들에게 주리니 그들은 가장 작은 자로부터 큰 자까지 다 욕심내며 선지자로부터 제사장까지 다 거짓을 행함이라 그들이 딸 내 백성의 상처를 가볍게 여기면서 말하기를 평강하다 평강하다 하나 평강이 없도다"(렘 8:5-11).

이 구절 역시 하나님의 백성이 신앙의 본질에서 떠나는 것과 하나님의 말씀을 버리는 것이 밀접하게 연결되어 있음을 알려줍니다(5절과 9절 대조). 뿐만 아니라 그렇게 되면 그 자리에 거짓이 가득하게 되는 것도 분명히 보여주고 있습니다(5-6, 8, 10절). 그리고 이것들이 기복신앙과 밀접하게 연결되어 있음도 보여줍니다(10-11절).

이것은 예수님 시대의 종교지도자의 경우에도 마찬가지였습니다. 그들 역시 신앙의 본질에서 떠나 있었습니다(요 5:37-38, 42 참조). 그리고 그들도 하나님의 말씀을 버렸습니다.

"그 말씀이 너희 속에 거하지 아니하니 이는 그가 보내신 이를 믿지 아니함이라 너희가 성경에서 영생을 얻는 줄 생각하고 성경을 연구하거니와 이 성경이 곧 내게 대하여 증언하는 것이니라…모세를 믿었더라면 또 나를 믿었으리니 이는 그가 내게 대하여 기록하였음이라 그러나 그의 글도 믿지 아니하거든 어찌 내 말을 믿겠느냐 하시니라"(요 5:38-39, 46-47).

올바른 하나님의 말씀이 사라진다는 의미

이처럼 우리의 신앙이 타락하여 거짓 신앙체계에 빠질 때마다 하나님의 올바른 말씀이 사라집니다. 그런데 여기서도 중요한 것은 항상 그렇듯이 하나님의 관점입니다. 하나님의 관점에서 그 말이 무슨 뜻이냐 하는 것이 중요합니다. 우리가 하나님의 관점을 모르면 정확하게 같은 상태에 있으면서도 그 사실을 전혀 모를 수 있습니다.

호세아나 예레미야 시대의 이스라엘 백성이 하나님의 율법을 잊었거나 버렸다고 성경이 말하니까, 우리는 단순하게 그들이 하나님의 율법을 전혀 배우지도 연구하지도 않고 무지 가운데 살았다고 생각하기 쉽습니다. 그리고 그들에게 하나님의 심판이 온 것은 너무 당연하다고 생각하며, 우리는 그들과 다르다고 생각합니다. 아마 예수님 시대의 바리새인들도 그렇게 생각했을 것입니다. 그래서 그들은 자기 조상들처럼 되지 않기 위해 철저하게 율법을 연구하고, 율법을 가르치고, 철저하게 율법을 지키려고 노력했습니다. 이들의 그러한 노력은 예수님도 인정하시는 바였습니다.

"너희가 성경에서 영생을 얻는 줄 생각하고 성경을 연구하거니와 이 성경이 곧 내게 대하여 증언하는 것이니라"(요 5:39).

사실, 그들은 단순히 성경을 상고하는 것 이상이었습니다. 그들은 누구보다 철저하게 성경을 연구하고 묵상했습니다. 그들은 성경의 언어를 알았고, 배경을 알았고, 성경에 대한 랍비의 해석을 알았습니다. 그래서 예수님 당시의 바리새인들을 비롯한 종교지도자들은 자신들은 조상들과는 다르다고 생각했을 것입니다. 오히려 바리새인들은 호세아와 이사야서를 잘 알았을 것입니다. 호세아 4장 6절과 같은 구절들을 잘 알았을 것입니다. 그래서 그들은 늘 그 구절들을 가지고 설교하면서, 자신들은 조상들처럼 되지 않기 위해 율법을 열심히 배우고, 묵상하고, 지켜야 한다고 강조했을 것입니다.

그러나 문제는 하나님의 관점에서는 호세아 시대의 이스라엘 백성이나 바리새인들이나 정확하게 똑같은 상태에 있었다는 것입니다. 바리새인들은 정확하게 똑같은 상태에 있으면서도, 하나님이 이스라엘 백성이 하나님의 율법을 버렸다고 말씀하셨을 때 무슨 의미로 그렇게 말씀하신 줄 몰랐기 때문에, 자신들은 자기 조상들과는 근본적으로 다르다고 생각했습니다. 따라서 하나님이 성경을 통해 그들에게 수없이 말씀하고 계셨는데도 그들은 그러한 하나님의 음성을 전혀 듣지 못했습니다. 심지어 그 구절을 가지고 수없이 설교하면서도 하나님의 음성을 듣지 못했습니다. 이것이 영적 분별력 상실이 갖는 심각성입니다. 우리도 이처럼 하나님의 관점을 정확하게 알지 못하면 바리새인들처럼 될 수밖에 없습니다.

그럼 하나님의 올바른 말씀이 사라진다는 말은 무슨 뜻입니까? 혹은 하나님의 율법을 잊거나 버렸다는 말은 무슨 뜻입니까? 하나님의 말씀을 그렇게 열심히 상고하고 묵상하고 암송했는데, 그 말씀이 그들 속에 거하지 않는다는 말은 무슨 뜻입니까? 이 말들은 모두 같은 뜻입니다.

우선 이 말들은 그 당시 하나님의 백성이 하나님의 말씀인 성경을 몰랐다는 말이 아닙니다. 심지어 하나님의 심판이 실제로 닥친 예레미야 시대의 이스라엘 백성도 성경을 나름대로 잘 알았던 것 같습니다. 그래서 그들은 자기들이 성경을 알기 때문에 지혜롭다고 생각했을 정도였습니다.

"너희가 어찌 우리는 지혜가 있고 우리에게는 여호와의 율법이 있다 말하겠느냐…" (렘 8:8).

요시야는 예레미야 시대의 왕입니다. 열왕기하 22장에 보면, 요시야 왕이 성전을 깨끗하게 하던 중 하나님의 율법 책을 발견하는 사건이 나옵니다. 그전에는 율법 책도 그들에게 없었던 것 같습니다. 요시야는 개혁을 단행했고, 하나님은 그의 그러한 태도로 인해 그가 살아 있는 동안에는 하나님의 심판을 유보하시겠다고 말씀하셨습니다(왕하 22:19-20). 그러나 요시야를 통한 개혁이 예레미야 시대의 전 이스라엘 백성에게 근본적인 변화를 가져다 주었던 것은 아니었습니다. 아마 하나님은 예레미야 3장 10절에서 그것을 말씀하시는 것 같습니다.

"이 모든 일이 있어도 그의 반역한 자매 유다가 진심으로 내게 돌아오지 아니하고 거짓으로 할 뿐이니라 여호와의 말씀이니라."

그 당시 이스라엘 백성은 요시야 이후로 이제 율법책도 가지고 있고, 그 율법을 배우고, 나름대로 그 율법대로 행했기 때문에 자신들이 하나님의 말씀 가운데 있다고 생각했던 것 같습니다.

바리새인들의 경우를 보면 이 점을 더욱 분명하게 알 수 있습니다. 바리새인들은 율법을 누구보다 잘 알았습니다. 그들은 사실 오늘날의 많은 성도보다 훨씬 더 하나님의 말씀을 소중히 여겼고, 잘 알았으며, 더 열심히 연구했습니다. 그런데도 하나님은 그들에게 율법을 버렸다고 말씀하셨습니다. 그러므로 하나님의 말씀을 버렸다는 말은 그들이 하나님의 말씀을 전혀 몰랐다는 말을 의미하지 않습니다.

율법을 버렸다는 말은 하나님의 백성이 이론적으로는 하나님의 말씀을 잘 알았을지 모르지만, 그 말씀이 실제적으로는 그들 속에 거하지 않았다는 것을 의미합니다. 무슨 말인지 쉽게 예를 들어 설명하겠습니다. 제가 한 교회의 집회를 인도하면서 "우리 소유의 주인이 하나님이심을 믿습니까?"라고 물었습니다. 그러자 한 장로님이 이렇게 대답했습니다. "물론이지요. 우리의 소유는 모두 하나님의 것입니다. 우리는 청지기이지요." 사실, 오늘날 하나님의 백성들 중 그러한 사실을 모르는 성도는 많지 않을 것입니다. 그러나 그 말씀이 실제로 그들 속에 거하여 그대로 사는 성도는 얼마 없을 것입니다. 하나님의 말씀에 대한 우리의 이러한 자세를 두고 하나님은 '하나님의 백성이 말씀을 버렸다, 그 말씀이 그들 속에 거하지 않는다 그리고 하나님의 말씀을 믿지 않는다' 라고 말씀하신 것입니다.

이처럼 하나님의 백성이 신앙의 본질에서 떠나면 올바른 말씀이 사라집니다. 그리고 그 말은 교리적으로 올바른 말씀이 없어진다는 말이 아니라, 올바른 하나님의 말씀이 하나님의 백성의 마음과 삶 속에서 사라지는 것을 말합니다.

이러한 관점에서 볼 때, 오늘날 우리의 영적 상태는 참으로 심각합니다. 오늘날 우리의 시대는 어느 시대 못지않게 하나님의 말씀을 버린 시대입니다. 예를 들어, 오늘날 목회자와 성도 가운데 교회의 주인은 하나님이라는 사실을 모르는 사람은 거의 없습니다. 그러나 그러한 사실을 진실로 믿기 때문에 교회에서 목회자와 성도가 자기의 생각과 입장과 경험을 내려놓고 하나님의 뜻을 발견하여 그 가운데 자기의 전 존재로 동참하고자 하는 자세로 하나님 앞에 엎드리는 경우는 거의 없습니다. 이와 비슷한 예는 수없이 많습니다. 그만큼 우리는 철저하게 하나님의 말씀을 버린 시대에 살고 있습니다.

하나님의 올바른 말씀과 신앙의 본질

하나님의 올바른 말씀과 신앙의 본질은 여러 가지 면에서 밀접한 관계를 가지고 있습니다. 그 중 하나는 우리가 신앙의 본질 가운데 거할 때에만 하나님의 명령을 따라 살 수 있다는 것입니다. 만약 우리가 신앙의 본질인 하나님을 알고 전 존재로 사랑하는 삶에서 떠나면 하나님의 명령을 지키는 것은 불가능합니다. 그래서 우리는 앞에서 신명기 30장 16절에 나오는 신앙의 본질 가운데 그 순서가 중요하다는 사실을 살펴보았습니다.

> "곧 내가 오늘 네게 명령하여 네 하나님 여호와를 사랑하고 그 모든 길로 행하며 그의 명령과 규례와 법도를 지키라 하는 것이라 그리하면 네가 생존하며 번성할 것이요 또 네 하나님 여호와께서 네가 가서 차지할 땅에서 네게 복을 주실 것임이니라."

우리는 무엇보다 우리의 존재를 다하여 하나님을 사랑해야 합니다. 그래야 하나님의 모든 길로 행하는 것도 가능하고, 하나님의 명령을 지키는 것도 가능합니다. 반면에 우리가 하나님을 사랑하지 않으면 하나님의 명령을 온전히 지키는 것은 가능하지 않습니다. 그저 자기가 원하는 대로 자기에게 유익하고 이로운 것들만 지키는 선별적인 순종이 있을 따름입니다. 하나님의 관점에서 볼 때 그러한 선별적인 순종은 전적인 불순종과 같습니다.

오늘날 하나님의 백성은 하나님의 명령을 지키는 것이 쉽다고 생각합니까 아니면 어렵다고 생각합니까? 대부분의 성도는 하나님의 명령을 지키는 것과 신앙생활을 하는 것이 매우 어렵다고 생각합니다. 그래서 그들은 "하나님의 말씀을 어떻게 다 지킬 수 있나?", "하나님의 말씀을 다 지키고 살려면 목사가 되었어야지", "그렇게 사는 사람이 어디 있어?"라는 말로 자신의 불순종을 정당화시켜 버립니다. 전적인 불순종과 똑같은 자신의 선별적인 순종의 태도를 정당화시켜 버립니다.

그러나 신구약 모두 성경은 하나님의 명령을 지키는 것이 매우 쉽다고 말합니다.

> "내가 오늘 네게 명령한 이 명령은 네게 어려운 것도 아니요 먼 것도 아니라…오직 그 말씀이 네게 매우 가까워서 네 입에 있으며 네 마음에 있은즉 네가 이를 행할 수 있느니라"(신 30:11, 14).
>
> "나는 마음이 온유하고 겸손하니 나의 멍에를 메고 내게 배우라 그리하면 너희 마음이 쉼을 얻으리니 이는 내 멍에는 쉽고 내 짐은 가벼움이라 하시니라"(마 11:29-30).

그럼 무엇이 문제입니까? 오늘날 많은 하나님의 백성이 하나님을 사랑하는 삶에서 떠나 있는 것이 문제입니다. 신앙의 본질에서 떠나 있는 것이 문제입니다. 이것은 순종의 문제이기에 앞서 사랑의 문제입니다. 그들이 존재를 다하여 하나님을 사랑하는 신앙의 본질에서 떠나 있기 때문에 하나님의 말씀에 대한 그릇된 자세와 태도가 나오는 것입니다. 그 결과, 성경을 잘 알고, 주일예배에 꼬박꼬박 출석함에도 불구하고, 하나님의 말씀을 버린 열매가 그 삶 속에 가득합니다. 그러면서 안타깝게도 그 사실조차 모릅니다.

저는 이것을 말을 타는 것에 비유해 설명하곤 합니다. 어떤 사람이 각기 다른 방향으로 달리는 두 마리의 말 위에 한발씩 딛고 서서 그 말들을 조정하려 한다고 생각해 보십시오. 그것은 불가능한 일입니다. 그것은 다리가 찢어지는 일입니다. 그런데 오늘날 너무나 많은 성도가 그러한 삶을 살려고 노력합니다. 그들은 한 발은 하나님 위에, 다른 한 발은 세상 위에 놓고 살아가려고 합니다. 그것은 불가능한 삶입니다. 그로 인해 그들은 넘어지고, 코가 깨지고, 엎어지고, 좌절합니다. 우리 신앙은 우리의 모든 삶을 하나님 위에 맡기는 것입니다. 그렇게 하면 하나님의 은혜로 주와 동행하는 삶이 쉬워질 것입니다. 마치 한 마리의 말을 탄 것처럼 말입니다. 그것이 예수님이 마태복음 11장에서 하신 말씀입니다.

올바른 신앙으로 돌아가는 길은 올바른 말씀으로 돌아가는 것입니다

올바른 하나님의 말씀과 신앙의 본질 사이에 있는 밀접한 관계 중 또 하나는, 신앙의 본질인 하나님과의 친밀한 교제로 돌아가려면 올바른 말씀으로 돌아가야 한다는 것입니다. 즉, 하나님과의 올바른 관계로 회복되려면 하나님이 말씀하신 의도와 목적과 의미 그대로의 말씀을 자신의 생명으로 여겨야 합니다.

이에 대한 대표적인 예가 예수님입니다. 예수님은 먼저 하나님의 말씀을 취하시되, 하나님이 말씀하신 의도와 목적과 의미 그대로 취하셨습니다. 그리고 예수님은 그것을 자신의 생명으로 여기셨습니다.

이러한 예수님의 태도는 말씀에 대한 사탄의 태도와 비교해 보면 분명하게 대조됩니다. 성경에 보면 사탄도 하나님의 말씀을 인용합니다. 그래서 사탄은 예수님을 성전 꼭대기에 세우고 하나님의 아들이거든 뛰어내리라고 말하면서 시편 91편에 나오는 하나님의 말씀을 인용했습니다.

그러나 사탄은 하나님의 말씀을 인용하되, 절대로 하나님이 의도하시고 목적하시고 의미하신 바 그대로 말씀을 인용하지 않습니다. 항상 자기 목적을 위해 하나님의 말씀을 왜곡시킵니다. 사탄은 거짓의 아비이기 때문입니다. 사탄이 인용한 시편 91편만 하더라도 그렇습니다. 그 구절은 원래 우리가 하나님을 거처 삼고 살아가면 하나님이 우리 인생의 모든 길에서, 심지어 천사를 보내서라도 우리를 지키시고 인도하시겠다는 약속입니다(시 91:11-12). 그런데 사탄은 그 구절 중 일부를 떼어내고, 또 일부를 추가해서, 하나님이 원래 의도하시고 목적하시고 의미하신 바와 다르게 자기 목적을 위해 그 구절을 왜곡시켰습니다. 그래서 예수님이 성전 꼭대기에서 뛰어내리면 하나님이 천사를 보내서 그 발을 붙들어 발이 돌에 부딪히지 않도록 하시겠다는 말로 그 구절을 둔갑시켜 버렸습니다. 성경말씀을 가지고 오히려 하나님을 시험하라고 예수님을 유혹한 것입니다. 그러나 예수님은 사탄의 그러한 의도를 아시고, "하나님을 시험치 말라"는 말씀을 가지고 사탄을 물리치셨습니다.

반면에 예수님은 전혀 달랐습니다. 예수님은 "기록되었으되"라는 말과 함께 하나님의 말씀을 인용하시면서, 하나님의 말씀을 하나님이 의미하시고 목적하시고 의도하신 바 그대로 인용하셨습니다. 그리고 예수님은 그것을 생명으로 아셨습니다.

"나는 그의 명령이 영생인 줄 아노라 그러므로 내가 이르는 것은 내 아버지께서 내게 말씀하신 그대로니라 하시니라"(요 12:50).

그러나 오늘날 우리의 모습은 어떠합니까? 우리는 하나님의 말씀을 우리가 선호하는 부분만 선별적으로 취하는 경향이 있습니다. 그것은 하나님의 말씀에 대한 올바른 자세가 아닙니다. 그리고 그러한 자세를 가지고는 절대로 신앙의 본질 가운데 설 수 없습니다.

한 가지 예를 들어보겠습니다. 어떤 성도는 마태복음 11장 28절의 말씀을 좋아합니다.

"수고하고 무거운 짐 진 자들아 다 내게로 오라 내가 너희를 쉬게 하리라."

목회자도 그 말씀을 전하기 좋아합니다. 세상에서 지치고 피곤한 하나님의 백성에게 위로의 메시지를 전하는 것이 중요하다는 이유에서입니다. 그러나 바로 그 다음 절에 나오는 말씀은 좋아하지 않습니다.

"나는 마음이 온유하고 겸손하니 나의 멍에를 메고 내게 배우라 그리하면 너희 마음이 쉼을 얻으리니 이는 내 멍에는 쉽고 내 짐은 가벼움이라 하시니라"(29-30절).

이 말씀은 부담이 되기 때문입니다. 목회자도 다음 구절을 가지고 설교하는 경우는 많지 않습니다. 사람들이 부담스러워하기 때문입니다. 이럴 경우, 만약 29절과 30절을 취하지 않고 선별적으로 28절을 취하거나 전한다면, 그것은 하나님이 의도하시고 목적하시고 의미하신 대로 28절을 취한 것이 아닙니다. 그것은 마치 사탄이 했던 것처럼 자기의 목적을 위해 하나님의 말씀을 왜곡시킨 것입니다. 예수님이 28절에서 말씀하신 안식과 쉼은 29절과 30절에서 말씀하신 대로 예수님의 온전한 주권 아래 거하는 삶에서만 얻어지는 것이기 때문입니다. 예수님의 온전한 주권 아래 거하는 삶 없이는 어떠한 안식이나 쉼도 하나님이 약속하신 안식이나 쉼은 전혀 아닙니다.

이처럼 우리가 신앙의 본질로 돌아가려면 예수님이 그러셨던 것처럼 하나님이 의도하시고, 목적하시고, 의미하신 그대로의 하나님의 말씀을 자신의 생명으로 알아야 합니다. 그것이 바로 하나님의 말씀 앞에 떠는 자세입니다. 그리고 하나님은 그러한 자를 귀히 여기십니다. 그러한 자와 함께 기꺼이 거하십니다(사 66:2 참조).

'돌아올 수 없는 길'을 가는 것을 포함합니다

하나님의 말씀 앞에 떠는 자세는 또한 하나님의 말씀이 그러하기에 다른 선택의 여지가 없는 길을 가는 것을 포함합니다. 하나님의 기준을 발견하고 따라가는 길이 우리 신앙에 대한 일반적인 이해와 다르고, 사람들이 원하는 것과 다르고, 그래서 교회가 양적으로 성장하기보다 오히려 감소하는 것이 예상된다 할지라도, 하나님의 말씀이 그러하기에 그 길을 갈 수밖에 없는 것을 포함합니다. 즉, 하나님이 말씀하신 의도와 목적과 의미 그대로의 말씀 위에 자신의 모든 것을 거는 것을 포함합니다.

마틴 루터건, 요한 웨슬리건, 조나단 에드워드건 하나님과 동행했던 하나님의 사람들은 다 이러한 자세를 가지고 주님을 따랐습니다. 우리가 이러한 자세를 가지고 주님의 말씀을 따라 행할 때, 거기에 놀라운 주님의 은혜가 회복되고, 또 영적인 분별력이 주어집니다. 무엇보다 거기에 주님과의 친밀함이 열려집니다.

올바른 말씀과 신앙의 본질은 밀접한 관계를 가지고 있습니다. 신앙이 타락하여 거짓 신앙체계에 빠지면 올바른 하나님의 말씀이 사라집니다. 그러므로 신앙의 본질로 돌아가려면 올바른 하나님의 말씀에 자신을 걸어야 합니다.

18장

거짓

신앙체계와 거짓

만군의 여호와 이스라엘의 하나님께서 이와 같이 말씀하시되 너희 길과 행위를 바르게 하라 그리하면 내가 너희로 이 곳에 살게 하리라 너희는 이것이 여호와의 성전이라 여호와의 성전이라 여호와의 성전이라 하는 거짓말을 믿지 말라 너희가 만일 길과 행위를 참으로 바르게 하여 이웃들 사이에 정의를 행하며 이방인과 고아와 과부를 압제하지 아니하며 무죄한 자의 피를 이 곳에서 흘리지 아니하며 다른 신들 뒤를 따라 화를 자초하지 아니하면 내가 너희를 이 곳에 살게 하리니 곧 너희 조상에게 영원무궁토록 준 땅에니라 보라 너희가 무익한 거짓말을 의존하는도다(렘 7:3~8).

18장

거짓 신앙체계와 하나님의 말씀은 밀접한 관계를 가지고 있습니다. 그래서 우리의 신앙이 타락하여 거짓 신앙체계에 빠지면 올바른 말씀은 사라집니다. 그리고 거짓이 만연하게 됩니다.

여기서 말하는 거짓에는 크게 두 종류가 있습니다. 하나는 삶에서의 거짓이고, 다른 하나는 전파되는 하나님 말씀에서의 거짓입니다. 그런데 전파되는 하나님 말씀에서의 거짓이 항상 먼저입니다. 거짓은 거기서부터 시작됩니다. 그리고 삶에서의 거짓은 자동적인 결과로 나타나게 됩니다.

이 장에서는 바로 그 거짓의 문제를 살펴보고자 합니다. 특히 신앙이 지극히 타락했던 예레미야 시대의 모습을 중심으로 살펴보고자 합니다. 한 가지 매우 두려운 사실은 오늘날 우리의 모습이 하나님의 심판이 실제로 임했던 예레미야 시대와 매우 흡사하다는 사실입니다.

거짓 신앙체계에서는 거짓이 가득합니다

예레미야 시대는 신앙이 지극히 타락한 시대로 거짓이 매우 팽배했습니다. 예레미야서에 나오는 몇 구절만 보아도 이 사실을 분명하게 알 수 있습니다.

> "선지자들은 거짓을 예언하며 제사장들은 자기 권력으로 다스리며 내 백성은 그것을 좋게 여기니 마지막에는 너희가 어찌하려느냐"(렘 5:31).
> "이는 그들이 가장 작은 자로부터 큰 자까지 다 탐욕을 부리며 선지자로부터 제사장까지 다 거짓을 행함이라"(렘 6:13).
> "너희는 이것이 여호와의 성전이라 여호와의 성전이라 여호와의 성전이라 하는 거짓말을 믿지 말라"(렘 7:4).
> "보라 너희가 무익한 거짓말을 의존하는도다"(렘 7:8).
> "이 예루살렘 백성이 항상 나를 떠나 물러감은 어찌함이냐 그들이 거짓을 고집하고 돌아오기를 거절하도다"(렘 8:5).
> "너희가 어찌 우리는 지혜가 있고 우리에게는 여호와의 율법이 있다 말하겠느냐 참으로 서기관의 거짓의 붓이 거짓되게 하였나니"(렘 8:8).

이 외에도 예레미야서에 보면 선지자들과 제사장들이 거짓을 예언했다는 말과 이스라엘 백성 가운데 거짓이 가득했다는 말이 수없이 나옵니다. 이처럼 예레미야 시대에는 거짓이 팽배했습니다. 그리고 이것은 어느 시대이건 마찬가지입니다. 하나님의 백성이 신앙의 본질에서 떠나면 그곳은 곧바로 거짓이 가득하게 됩니다.

 ## 거짓의 의미

그럼 하나님은 무엇을 두고 그 시대에 거짓이 가득했다고 말씀하십니까? 물론 그들의 행실과 말에 거짓이 가득했습니다. 그러나 하나님이 말씀

하신 거짓은 무엇보다 먼저 전파된 하나님 말씀에서의 거짓이었습니다. 위에서 인용한 거짓들은 모두 전파된 하나님 말씀에서의 거짓을 말합니다. 이처럼 어느 시대이건 하나님의 백성의 신앙이 타락하면 전파되는 하나님의 말씀에서 진리가 사라지고 거짓이 가득하게 됩니다. 그리고 하나님의 백성의 삶에 거짓이 뒤따릅니다.

그렇다면 하나님의 말씀에 거짓이 가득하게 된다는 말은 무슨 뜻입니까? 우리는 항상 하나님이 말씀하신 그 의미를 분명히 알아야 합니다. 그래야 그 하나님의 기준에 우리 자신을 비추어 볼 수 있습니다. 그리고 우리가 영적으로 올바른 상태에 있는지 혹은 잘못되어 있는지를 알 수 있습니다. 만약 그렇지 않으면 우리도 예레미야 시대의 이스라엘 백성처럼 거짓이 가득한 가운데 살면서도 그 사실을 전혀 모를 수 있습니다.

하나님이 말씀하신 거짓은 반드시 교리가 잘못된 것을 말하는 것이 아닙니다

전파되는 하나님 말씀에서의 거짓을 이해함에 있어 이 부분은 매우 중요한 부분입니다. 하나님이 거짓이라고 말씀하시는 것이 반드시 교리적으로 잘못된 것을 말하는 것은 아닙니다. 만약 그것이 교리적으로 잘못된 것을 말한다면 오히려 그것을 분별하기가 쉬울 것입니다. 그러나 교리적으로는 옳으면서도 하나님이 말씀하신 거짓이 될 수 있습니다.

예레미야 시대의 예에서 이 점을 잘 볼 수 있습니다. 예레미야 6장에 보면, 그 당시 하나님이 무엇을 두고 거짓이라고 하셨는지를 잘 알 수 있습니다.

"이는 그들이 가장 작은 자로부터 큰 자까지 다 탐욕을 부리며 선지자로부터 제사장까지 다 거짓을 행함이라 그들이 내 백성의 상처를 가볍게 여기면서 말하기를 평강하다 평강하다 하나 평강이 없도다"(렘 6:13-14).

하나님이 말씀하신 거짓은 그 당시 선지자와 제사장이 평강이 없이 온갖 상처 가운데 있는 하나님의 백성에게 평강을 외친 것을 두고 하신 말씀입니다. 여기서 말하는 평강은 단순한 마음의 평안을 말하는 것이 아니라, 하나님의 주권적인 통치가 함께하심으로 인해 삶의 전 영역에서 하나님의 생명이 넘치는 것을 말합니다. 우리가 앞 장에서 살펴보았듯이, 성경에서 말하는 생명, 복 그리고 평강은 모두 같은 것을 의미합니다.

물론 그 당시 선지자와 제사장이 평강을 외친 것은 나름대로 성경적인 근거를 가지고 있었습니다. 그들이 평강을 외친 성경적인 근거 중 주된 두 가지만 들어 보겠습니다. 하나는 하나님이 다윗의 자손에게 영원한 왕위와 평강을 약속하셨다는 것이었고, 다른 하나는 하나님이 하나님의 성전에 하나님의 이름을 영원히 두시겠다고 약속하신 것이었습니다. 그들은 이것들에 대한 다음과 같은 성경적인 약속들을 잘 알고 있었을 것입니다.

"네 수한이 차서 네 조상들과 함께 누울 때에 내가 네 몸에서 날 네 씨를 네 뒤에 세워 그의 나라를 견고하게 하리라 그는 내 이름을 위하여 집을 건축할 것이요 나는 그의 나라 왕위를 영원히 견고하게 하리라 나는 그에게 아버지가 되고 그는 내게 아들이 되리니 그가 만일 죄를 범하면 내가 사람의 매와 인생의 채찍으로 징계하려니와 내가 네 앞에서 물러나게 한 사울에게서 내 은총을 빼앗은 것처럼 그에게서 빼앗지는 아니하리라 네 집과 네 나라가 내 앞에서 영원히 보전되고 네 왕위가 영원히 견고하리라 하셨다 하라 나단이 이 모든 말씀들과 이 모든 계시대로 다윗에게 말하니라"(삼하 7:12-17).

"그들의 피는 영영히 요압의 머리와 그 자손의 머리로 돌아갈지라도 다윗과 그 자손과 그의 집과 그의 왕위에는 여호와께로 말미암은 평강이 영원히 있으리라"(왕상 2:33).

"보라 한 아들이 네게서 나리니 그는 온순한 사람이라 내가 그로 주변 모든 대적에게서 평온을 얻게 하리라 그의 이름을 솔로몬이라 하리니 이는 내가 그의 생전에 평안과 안일함을 이스라엘에게 줄 것임이니라 그가 내 이름을 위하여 성전을 건축할지라 그는 내 아들이 되고 나는 그의 아버지가 되어 그 나라 왕위를 이스라엘 위에 굳게 세워 영원까지 이르게 하리라 하셨나니"(대상 22:9-10).

"오직 너희의 하나님 여호와께서 자기의 이름을 두시려고 너희 모든 지파 중에서 택하신 곳인 그 계실 곳으로 찾아 나아가서 너희의 번제와 너희의 제물과 너희의 십일조와 너희 손의 거제와 너희의 서원제와 낙헌 예물과 너희 소와 양의 처음 난 것들을 너희는 그리로 가져다가 드리고 거기 곧 너희의 하나님 여호와 앞에서 먹고 너희의 하나님 여호와께서 너희의 손으로 수고한 일에 복 주심으로 말미암아 너희와 너희의 가족이 즐거워할지니라"(신 12:5-7).

"여호와께서 그에게 이르시되 네 기도와 네가 내 앞에서 간구한 바를 내가 들었은즉 나는 네가 건축한 이 성전을 거룩하게 구별하여 내 이름을 영원히 그 곳에 두며 내 눈길과 내 마음이 항상 거기에 있으리니"(왕상 9:3).

"다윗이 이르기를 이스라엘 하나님 여호와께서 평강을 그의 백성에게 주시고 예루살렘에 영원히 거하시나니"(대상 23:25).

보십시오. 하나님은 다윗과 그 자손과 그 가문과 그 왕위에 영원한 평강을 약속하셨습니다. 그 약속대로 하나님은 다윗의 아들 솔로몬을 세우시고, 그에게 평강을 주셨을 뿐 아니라, 그의 왕위가 영원할 것이라고 다시 한번 약속하셨습니다. 그리고 하나님은 처음부터 하나님의 성전을 세워 하나님의 이름을 그곳에 영원히 두시겠다고 약속하셨는데, 솔로몬을 통해 그 약속을 이루시고, 그 모든 축복들을 약속하셨습니다.

그리고 이 약속대로 예레미야 시대에는 여전히 다윗의 자손이 왕으로 다스리고 있었고, 하나님의 성전이 예루살렘에 우뚝 서 있었습니다. 뿐만 아니라, 그 성전에서 수많은 예배와 제사와 희생제물이 드려지고 있었습니다. 그래서 그 당시 선지자와 제사장은 평강을 외쳐댔던 것입니다. 그들도 나름대로 성경에 기초해서 그렇게 했습니다. 그리고 그러한 이해를 가지고 있었기 때문에 이스라엘의 일부 백성이 이미 바벨론으로 포로로 잡혀간 상황에서도, 즉 하나님이 예레미야를 통해 말씀하신 심판이 이미 부분적으로 성취되고 있는 상황에서도, 그들은 그 사실을 전혀 깨닫지 못할 뿐 아니라, 오히려 포로로 잡혀간 이들이 곧 돌아올 것이라고 외쳤던 것입니다.

이처럼 교리적으로 그리고 성경적으로는 옳으면서도, 하나님이 말씀하신 거짓이 될 수 있습니다.

영적 분별력이 없으면 거짓이 될 수 있습니다

하나님이 말씀하신 거짓과 관련해서 매우 중요한 또 하나의 부분은 영적 분별력입니다. 다른 말로 해서, 하나님의 관점입니다. 우리가 하나님의 관점을 가지고 있지 않으면 우리가 전하는 하나님의 말씀은 거짓이 될 수 있습니다. 그것이 교리적으로 그리고 성경적으로는 옳을지 모르지만, 하나님의 관점에서는 철저한 거짓이 될 수 있습니다. 또한 하나님의 관점을 가지고 있어야 거짓을 분별할 수 있습니다. 만약 우리가 하나님의 관점을 가지고 있지 못하면, 예레미야 시대의 이스라엘 백성이 그랬던 것처럼 거짓을 진리로 받아들일 것입니다.

다시 한번 예레미야 시대를 살펴보십시다. 하나님은 그 당시 선지자의 선포가 교리적으로 잘못된 것이 아니었는데도 왜 그것들을 거짓이라고 하셨습니까? 이 부분을 정확하게 이해하면 오늘날 우리의 문제를 분명하게 알 수 있습니다. 그리고 하나님의 말씀을 전한다는 것이 얼마나 두려운 일인지를 깨닫게 됩니다. 예레미야 8장 5~11절을 보면서 하나하나 설명하도록 하겠습니다.

"이 예루살렘 백성이 항상 나를 떠나 물러감은 어찌함이냐 그들이 거짓을 고집하고 돌아오기를 거절하도다 내가 귀를 기울여 들은즉 그들이 정직을 말하지 아니하며 그들의 악을 뉘우쳐서 내가 행한 것이 무엇인고 말하는 자가 없고 전쟁터로 향하여 달리는 말 같이 각각 그 길로 행하도다 공중의 학은 그 정한 시기를 알고 산비둘기와 제비와 두루미는 그들이 올 때를 지키거늘 내 백성은 여호와의 규례를 알지 못하도다 너희가 어찌 우리는 지혜가 있고 우리에게는 여호와의 율법이 있다 말하겠느냐 참으로 서기관의 거짓의 붓이 거짓되게 하였나니 지혜롭다 하는 자들은 부끄러움을 당하며 두려워 떨다가 잡히리라 보라 그들이 여호와의 말을 버렸으니 그들에게 무슨 지혜가 있으랴 그러므로 내가 그들의 아내를 타인에게 주겠고 그들의 밭을 그 차지할 자들에게 주리니 그들은 가장 작은 자로부터 큰 자까지 다 욕심내며 선지자로부터 제사장까지 다 거짓을 행함이라 그들이 딸 내 백성의 상처를 가볍게 여기면서 말하기를 평강하다 평강하다 하나 평강이 없도다"(렘 8:5-11).

왜 그 당시 선지자와 제사장의 메시지가 거짓이었는지를 이해하기 위해 하나님의 관점과 그 당시 이스라엘 백성의 관점의 차이를 살펴볼 필요가 있습니다.

우선 그 당시 이스라엘 백성의 관점을 살펴보겠습니다. 성경에서 하나님은 다윗의 자손에게 놀라운 평강을 약속하셨습니다. 그리고 하나님은 약속하신 모든 것들을 지키시는 신실하신 하나님이십니다. 그러므로 그 약속들에 근거하여 그 당시 선지자와 제사장이 평강을 외치는 것은 지극히 성경적인 일이었습니다. 그리고 이스라엘 백성은 그 메시지들을 당연히 성경적인 것으로 받아들였습니다. 이러한 이해를 가지고 있었기 때문에, 그들은 하나님이 예레미야를 통해서 그토록 강력하게 경고하신 하나님의 심판이 이미 부분적으로 이루어지고 있는 상황에서도, 그것을 전혀 깨닫지 못했습니다. 하나님께서 말씀하신 바를 전혀 듣지 못했습니다. 이처럼 관점이 무서운 것입니다. 즉, 영적 분별력이 중요한 것입니다.

반면에 우리가 하나님의 관점을 이해하면, 그 당시 선지자와 제사장의 메시지가 왜 거짓이었나를 쉽게 이해할 수 있습니다.

먼저 하나님이 다윗과 다윗의 자손에게 영원한 평강과 나라를 약속하신 것은 사실입니다. 그러나 그것은 다윗을 통해서 메시아를 주시겠다는 약속입니다. 그리고 그 메시아의 나라가 영원하리라는 약속입니다. 물론 그 약속은 그 당시 실제적인 다윗의 자손들을 향한 약속도 됩니다. 그러나 그 경우에도 하나님의 모든 약속은 하나님의 백성이 하나님과 함께할 때에만 이루어집니다. 우리가 앞에서 살펴본 것처럼, 하나님의 약속은 보증이 아니라 초청이기 때문입니다. 그리고 하나님의 약속이 이루어지는 것 또한 하나님의 생명이기 때문입니다.

예루살렘 성전의 경우도 마찬가지였습니다. 하나님은 그곳에 하나님의 이름을 두시겠다고 처음부터 약속하셨습니다. 한 예를 들어, 우리가 위에서 살펴본 신명기 12장 5~7절을 보아도 그것을 알 수 있습니다. 그리고 신명기서만 하더라도 하나님은 그 이후에 이와 비슷한 말씀을 여러 차례 하셨습니다. 그러나 우리는 하나님이 신명기 12장 이하에서 그 부분을 말씀하시기 이전에 먼저 10장과 11장에서 신앙의 본질에 대해 말씀하셨다는 사실을 기억해야 합니다. 그리고 그 본질의 토대 위에서 12장 이후에 나오는 의식에 대해 말씀하셨다는 사실을 기억해야 합니다.

"이스라엘아 네 하나님 여호와께서 네게 요구하시는 것이 무엇이냐 곧 네 하나님 여호와를 경외하여 그의 모든 도를 행하고 그를 사랑하며 마음을 다하고 뜻을 다하여 네 하나님 여호와를 섬기고 내가 오늘 네 행복을 위하여 네게 명하는 여호와의 명령과 규례를 지킬 것이 아니냐 하늘과 모든 하늘의 하늘과 땅과 그 위의 만물은 본래 네 하나님 여호와께 속한 것이로되 여호와께서 오직 네 조상들을 기뻐하시고 그들을 사랑하사 그들의 후손인 너희를 만민 중에서 택하셨음이 오늘과 같으니라 그러므로 너희는 마음에 할례를 행하고 다시는 목을 곧게 하지 말라"(신 10:12-16).

그리고 하나님은 하나님의 이름을 두시겠다고 하신 하나님의 성전이라도 하나님의 백성이 신앙의 본질에서 떠나면 그 성전을 파괴하실 것이라고 경고하셨습니다.

"솔로몬이 여호와의 성전과 왕궁 건축하기를 마치며 자기가 이루기를 원하던 모든 것을 마친 때에 여호와께서 전에 기브온에서 나타나심 같이 다시 솔로몬에게 나타나사 여호와께서 그에게 이르시되 네 기도와 네가 내 앞에서 간구한 바를 내가 들었은즉 나는 네가 건축한 이 성전을 거룩하게 구별하여 내 이름을 영원히 그 곳에 두며 내 눈길과 내 마음이 항상 거기에 있으리니 네가 만일 네 아버지 다윗이 행함 같이 마음을 온전히 하고 바르게 하여 내 앞에서 행하며 내가 네게 명령한 대로 온갖 일에 순종하여 내 법도와 율례를 지키면 내가 네 아버지 다윗에게 말하기를 이스라엘의 왕위에 오를 사람이 네게서 끊어지지 아니하리라 한 대로 네 이스라엘의 왕위를 영원히 견고하게 하려니와 만일 너희나 너희의 자손이 아주 돌아서서 나를 따르지 아니하며 내가 너희 앞에 둔 나의 계명과 법도를 지키지 아니하고 가서 다른 신을 섬겨 그것을 경배하면 내가 이스라엘을 내가 그들에게 준 땅에서 끊어 버릴 것이요 내 이름을 위하여 내가 거룩하게 구별한 이 성전이라도 내 앞에서 던져버리리니 이스라엘은 모든 민족 가운데에서 속담거리와 이야기거리가 될 것이며"(왕상 9:1-7).

그러나 그 당시 이스라엘 백성은 하나님의 관점에서 보면, 철저하게 하나님을 떠나 있었습니다. 철저하게 신앙의 본질에서 떠나 있었습니다. 따라서 그들에게는 어떠한 하나님의 생명도 함께하지 않았습니다. 즉, 어떠한 하나님의 평강도 그들에게는 없었습니다. 오히려 온갖 상처만 가득할 뿐이었습니다. 왜냐하면 하나님은 우리가 하나님과 함께할 때 우리와 함께하시고, 우리가 하나님을 버리면 우리를 버리시기 때문입니다. 그리고 하나님 그분이 생명이시기 때문입니다. 그리고 실제 하나님의 심판은 이스라엘 백성의 코앞에까지 다가와 있었습니다.

그러한 상황에서 평강을 외쳐대는 선지자와 제사장의 메시지는, 그것이 나름대로 성경에 나와 있는 약속에 기초한 것이었을지 몰라도, 그 시대의 이스라엘 백성에게 주시는 하나님의 말씀이 전혀 아니었습니다. 그것은 하나님의 의도와는 정반대의 것들인 거짓이었습니다. 그래서 하나님은 그들을 보내지도 않았는데 그들이 가서 하나님이 말씀하시지도 않은 거짓을 예언했다고 여러 차례 말씀하셨습니다.

"여호와께서 내게 이르시되 선지자들이 내 이름으로 거짓 예언을 하도다 나는 그들을 보내지 아니하였고 그들에게 명령하거나 이르지 아니하였거늘 그들이 거짓 계시와 점술과 헛된 것과 자기 마음의 거짓으로 너희에게 예언하는도다 그러므로 내가 보내지 아니하였어도 내 이름으로 예언하여 이르기를 칼과 기근이 이 땅에 이르지 아니하리라 하는 선지자들에 대하여 여호와께서 이와 같이 말씀하셨노라 그 선지자들은 칼과 기근에 멸망할 것이요"(렘 14:14-15).

이 얼마나 두려운 일입니까! 이처럼 영적 분별력이 없으면, 우리가 전하는 하나님의 말씀이 거짓이 될 수 있습니다.

그렇다면 오늘날 우리의 현실은 어떻습니까? 오늘날 많은 하나님의 백성의 삶은 예레미야 시대의 이스라엘 백성의 삶과 비슷합니다. 그들은, 그들의 삶 속에 의식은 많을지 모르지만, 철저하게 신앙의 본질에서 떠나 있습니다. 그것은 하나님의 관점에서 보면 하나님을 버린 것입니다. 그들은 자기 목적을 위해 살아갑니다. 자기 마음의 강퍅한 대로 살아갑니다. 그리고 그 결과 하나님의 생명이 철저하게 하나님의 백성과 교회 가운데서 걷혀 있습니다. 그런데도 그러한 하나님의 백성들에게 오늘날 축복을 외쳐대는 경우가 너무나 많습니다. 나름대로 성경적인 근거를 가지고 외치는 말일지 몰라도 그것은 하나님의 관점에서는 철저하게 거짓입니다.

"만군의 여호와께서 이와 같이 말씀하시되 너희에게 예언하는 선지자들의 말을 듣지 말라 그들은 너희에게 헛된 것을 가르치나니 그들이 말한 묵시는 자기 마음으로 말미암은 것이요 여호와의 입에서 나온 것이 아니니라 항상 그들이 나를 멸시하는 자에게 이르기를 너희가 평안하리라 여호와의 말씀이니라 하며 또 자기 마음이 완악한 대로 행하는 모든 사람에게 이르기를 재앙이 너희에게 임하지 아니하리라 하였느니라"(렘 23:16-17).

거짓은 능력이 없습니다

하나님이 말씀하시는 이 거짓의 심각성은 그것이 전혀 능력이 없다는 것입니다. 예레미야 7장에서 우리는 이 부분을 잘 볼 수 있습니다.

"여호와께로부터 예레미야에게 말씀이 임하니라 이르시되 너는 여호와의 집 문에 서서 이 말을 선포하여 이르기를 여호와께 예배하러 이 문으로 들어가는 유다 사람들아 여호와의 말씀을 들으라 만군의 여호와 이스라엘의 하나님께서 이와 같이 말씀하시되 너희 길과 행위를 바르게 하라 그리하면 내가 너희로 이 곳에 살게 하리라 너희는 이것이 여호와의 성전이라, 여호와의 성전이라, 여호와의 성전이라 하는 거짓말을 믿지 말라 너희가 만일 길과 행위를 참으로 바르게 하여 이웃들 사이에 정의를 행하며 이방인과 고아와 과부를 압제하지 아니하며 무죄한 자의 피를 이 곳에서 흘리지 아니하며 다른 신들 뒤를 따라 화를 자초하지 아니하면 내가 너희를 이 곳에 살게 하리니 곧 너희 조상에게 영원 무궁토록 준 땅에니라 보라 너희가 무익한 거짓말을 의존하는도다"(렘 7:1-8).

우선 하나님은 예레미야를 예루살렘 성전으로 보내어 안식일에 예배하러 오는 자들에게 "너희는 이것이 여호와의 성전이라는 거짓말을 믿지 말라"고 외치도록 하셨습니다. 예루살렘 성전이 하나님의 성전이라는 사실은 성경에도 수없이 나와 있을 뿐 아니라, 전통적으로도 수백 년 동안 그렇게 믿어왔던 의심할 나위 없이 확고한 사실입니다. 그런데 그 예루살렘 성전이 하나님의 성전이라는 말이 거짓이라는 것입니다. 만약 여러분이 그 시대에 살았더라면, 여러분은 소위 평화의 선지자와 예레미야의 말 중 누구의 말을 믿었겠습니까? 그래서 그 당시 이스라엘 백성은 예레미야의 말을 믿지 않았습니다.

그럼 왜 예루살렘 성전이 여호와의 성전이라는 말이 거짓이었습니까? 예루살렘 성전은 그곳에 하나님의 영광의 임재가 머물러 계신 동안에만 하나님의 성전으로서의 의미가 있었습니다. 만약 하나님의 영광이 그곳에 임재하지 않는다면, 그곳은 더 이상 하나님의 성전이 아니었습니다. 그저 하나의 건물일 뿐이었습니다. 하나님의 영광의 임재는 하나님의 백성이 신앙의 본질 가운데서 하나님과 동행하는 삶을 살 때에만, 그곳에 머물러 있었습니다. 그래서 하나님은 신명기 10장과 11장에서 신앙의 본질에 대해 그리고 12장 이하에서 의식에 대해 말씀하셨던 것입니다.

그러나 그 당시 이스라엘 백성은 철저하게 하나님을 떠나 있었습니다. 그 결과 우리가 에스겔서에서도 볼 수 있듯이, 하나님의 영광의 임재가 이미 그들에게서 걷혀 있었습니다. 다시 말해서, 예루살렘 성전은 이미 하나님의 성전으로서의 기능을 상실했던 것입니다. 그런데도 그 당시 선지자와 제사장은 그러한 하나님의 관점을 전혀 알지 못한 채, 그들이 하나님이 거하고 계시는 성전에서 그 많은 제사를 드리니까 하나님이 그 나라를 지켜주실 것이고, 하나님의 백성에게 복을 주실 것이라고 외쳐댔습니다. 그리고 이스라엘 백성은 그들의 말을 그대로 믿었습니다. 그것을 두고 하나님은 그들이 거짓을 신뢰한다고 말씀하시고, 또 그들이 하나님이 아니라 성전을 신뢰한다고 말씀하신 것입니다. 정확하게 맞는 말씀입니다.

그러면서 하나님은 그 거짓이 무익한 것이라고 하셨습니다.

"보라 너희가 무익한 거짓말을 의존하는도다"(렘 7:8).

그렇습니다. 거짓은 전혀 쓸모가 없습니다. 왜냐하면 그것은 어떠한 능력도 없기 때문입니다. 원래 하나님의 말씀은 대단한 능력을 가지고 있습니다. 하나님은 말씀으로 천지를 창조하셨습니다. 그리고 성경은 말씀의 능력에 대해 이렇게 말하고 있습니다.

"하나님의 말씀은 살아 있고 활력이 있어 좌우에 날선 어떤 검보다도 예리하여 혼과 영과 및 관절과 골수를 찔러 쪼개기까지 하며 또 마음의 생각과 뜻을 판단하나니"(히 4:12).

이러한 능력은 우리가 하나님과 동행하는 삶을 살 때 그리고 하나님의 말씀이 하나님의 인도를 따라 우리에게 주어질 때 나타납니다. 반면에 하나님의 백성이 하나님을 떠나 있으면, 그들의 임의대로 하나님의 약속을 선별적으로 취해서 아무리 그것을 주장하고, 전하고, 또 믿는다 할지라도 거기에는 어떠한 능력도 나타나지 않습니다. 그것은 거짓이며, 거짓에는 어떠한 능력도 없기 때문입니다.

예레미야 시대의 선지자와 제사장이 그랬습니다. 그들은 하나님을 떠나 있으면서 하나님을 떠나 있는 백성에게 성경에 나오는 좋은 약속들을 선별적으로 취하여 전했습니다. 그러나 그 약속들이 성경에 나와 있는 말씀일지는 몰라도, 실제로는 그 당시 이스라엘 백성에게 주시는 하나님의 말씀이 아니었습니다. 따라서 그것은 아무런 능력도 없었습니다.

그 당시 선지자와 제사장이 전한 거짓이 아무런 능력도 없었던 것은 "이것이 여호와의 성전이라"는 말을 세 번씩이나 반복한 것을 보아도 알 수 있습니다. 심지어 어떤 주석은 이것을 "vain repetitious babbling"(헛된 반복적인 중언부언)이라고 설명하고 있었습니다.

한번은 제가 목회자들이 예배를 드리는 곳에 참여한 적이 있었습니다. 두 분 목사님들이 기도를 하셨는데, 이상하게 두 분 다 "…해 주실 것을 믿습니다"라는 표현을 많이 사용하는 것이 귀에 들어왔습니다. 그러면서 드는 생각이 그것이 오늘날 우리의 현실이 아닌가 싶었습니다. 오늘날 우리는 성경에 나오는 약속들을 "믿습니다"라는 말과 함께 외치고, 붙잡고, 전합니다. "예수님의 이름으로 두 세 사람이 모인 곳에 함께하신다고 하셨으니,

이곳에 함께 계실 줄 믿습니다", "하나님이 우리의 기도에 응답하실 줄 믿습니다", "하나님이 능력으로 역사하실 줄 믿습니다." 그런데 그러한 말들이 공허한 메아리에 불과할 때가 많습니다. 그 약속들이 전혀 실제로 이루어지지 않습니다. 그것들이 하나님의 백성의 삶에서 어떠한 실제적인 능력을 가지고 역사하지 않습니다. 이것은 오늘날 많은 하나님의 백성이 하나님을 떠난 결과, 하나님의 생명이 그들에게서 걷혀 있기 때문입니다. 그래서 우리의 기도와 설교와 고백이 그저 성경적인 교리에 대한 동의나 어떠한 능력도 없는 반복적인 중언부언에 불과할 때가 너무 많습니다. 그런데 예레미야 시대에 정확하게 그러한 일이 일어났던 것입니다.

또 한번은 목회자들을 위한 세미나를 인도하고 있었습니다. 설교를 마치고 기도사역을 하는 시간이었는데, 하나님께서 옛날에 물을 퍼 올리는 데 사용했던 펌프를 생각하게 하셨습니다. 보통은 펌프에 물을 조금 붓고 펌프질을 하면 물이 올라왔습니다. 그러나 계속 펌프질을 해도 물이 올라오지 않으면, 그 펌프 패킹이 탔습니다. 그러한 점을 생각나게 하시면서, 하나님은 저에게 그런 것처럼 목회자들의 목이 타버렸다고 말씀하셨습니다. 다시 말해서, 목회자들이 성경에 나와 있는 하나님의 약속들을 줄기차게 외치지만, 거기에 그 말씀의 생명과 능력이 전혀 나타나지 않는다는 것이었습니다. 그래서 마치 목이 타버린 것처럼, 목에서 뜨거운 바람만 나올 뿐이라는 의미였습니다. 오늘날의 상황을 정확하게 말씀하신 것이 아닌가 생각합니다.

 ## 거짓이 팽배함

거짓 신앙체계는 누룩과 같습니다. 조그만 누룩이 온 반죽을 다 부풀리듯이, 거짓 신앙체계는 하나님의 백성 전체를 쉽게 오염시킵니다. 그래서 예수님도 여러 차례에 걸쳐 거짓 신앙체계인 율법주의를 누룩에 비유하셨

습니다. 거짓 신앙체계가 확산되면 거짓도 아울러 퍼집니다. 그래서 거짓이 온 하나님의 백성 사이에 팽배하게 됩니다. 이것이 하나님의 백성이 진리를 더욱 보지 못하는 이유가 되기도 합니다. 거짓이 팽배하여 대부분의 사람이 다 거짓을 진리로 알기 때문입니다.

예레미야 시대에 정확하게 그러한 일이 일어났습니다. 우리는 몇 구절만 보아도 그 당시 거짓이 얼마나 팽배했는지를 쉽게 알 수 있습니다.

"이는 그들이 가장 작은 자로부터 큰 자까지 다 탐욕을 부리며 선지자로부터 제사장까지 다 거짓을 행함이라"(렘 6:13).

이 구절에 대해서 브라이트 톰프슨은 이렇게 말합니다.

"'작은 자'와 '선지자'가 대구를 이루고 있고 '큰 자'와 '제사장'이 대구를 이루고 있다고 하더라도, 선지자가 제사장보다 열등한 위치에 있었다고 단정할 수 없을 것이다. 여기서는 단지 모든 성직자를 다 포괄하기 위해 이렇게 표현했던 것으로 보는 것이 좋겠다."

또 다른 구절은 그 당시 종교지도자가 예레미야를 대적한 것에 대해 다루는 구절입니다.

"그들이 말하기를 오라 우리가 꾀를 내어 예레미야를 치자 제사장에게서 율법이, 지혜로운 자에게서 책략이 선지자에게서 말씀이 끊어지지 아니할 것이니 오라 우리가 혀로 그를 치고 그의 어떤 말에도 주의하지 말자 하나이다"(렘 18:18).

이 구절을 영어 NIV 성경은 이렇게 표현하고 있습니다. "They said, 'Come, let's make plans against Jeremiah; for the teaching of the law by the priest will not be lost, nor will counsel from the wise, nor the word from the prophets. So come, let's attack him with our tongues and pay no attention to anything he says.'" 즉, 그 당시 종교지도자들은 제사장들의 가르침, 현인들의 상담 그리고 선지자들의 선포된 말씀이 헛되지 않도록 예레미야를 대적했습니다. 이것을 보면, 제사장들이건, 현인들이건, 선지자들이건 총체적으로 거짓을 전하고 있었던 것을 알 수 있습니다. 그러니까 그 당시 이스라엘 백성이 예레미야를 통해 전파되는 하나님의 진리를 깨닫는 것은 절대로 쉬운 일이 아니었습니다.

이것은 예수님 시대의 종교지도자들의 경우에도 마찬가지였습니다. 예수님은 거짓 신앙체계를 누룩에 비유하면서 그것을 "바리새인의 누룩", "바리새인과 사두개인의 누룩", "바리새인의 누룩과 헤롯의 누룩" 등으로 부르셨습니다. 그 당시 바리새인과 사두개인과 서기관과 헤롯은 교리적인 면에서나 배경, 그 외 여러 가지 면에서 전혀 다른 종류의 사람들이었습니다. 그럼에도 예수님은 그들이 모두 동일한 거짓을 붙들고 있었다고 말씀하고 계십니다.

이러한 관점에서 기독교 역사 이천 년을 되돌아보십시오. 우리는 신앙이 타락한 시대일수록 이렇게 거짓이 팽배했던 것을 쉽게 볼 수 있습니다. 그렇다면 오늘날 우리는 어떤 상태에 있다고 생각하십니까?

거짓 신앙체계에 빠지면 사람들이 거짓을 좋아합니다

하나님의 백성이 거짓 신앙체계에 빠지면 일반적으로 쉽게 이해되지 않는 일이 일어납니다. 그것은 그들이 거짓을 좋아하게 된다는 것입니다.

예레미야 시대에 그러한 일이 일어났습니다.

"선지자들은 거짓을 예언하며 제사장들은 자기 권력으로 다스리며 내 백성은 그것을 좋게 여기니 마지막에는 너희가 어찌하려느냐"(렘 5:31).

이사야 시대에도 동일한 일이 일어났습니다.

"대저 이는 패역한 백성이요 거짓말 하는 자식들이요 여호와의 법을 듣기 싫어하는 자식들이라 그들이 선견자들에게 이르기를 선견하지 말라 선지자들에게 이르기를 우리에게 바른 것을 보이지 말라 우리에게 부드러운 말을 하라 거짓된 것을 보이라 너희는 바른 길을 버리며 첩경에서 돌이키라 이스라엘의 거룩하신 이를 우리 앞에서 떠나시게 하라 하는도다"(사 30:9-11).

이러한 구절들을 읽을 때, 우리는 선뜻 그 뜻을 이해하지 못합니다. 그리고 우리는 생각합니다. "어떻게 하나님의 백성이 그럴 수 있나? 그러니까 하나님의 심판이 그들에게 임하지." 여러분은 진리를 사랑하십니까 아니면 거짓을 사랑하십니까?

하나님은 우리의 행동으로 하는 말을 우리의 말로 여기십니다

이러한 구절들을 그저 표면적으로 읽고 넘어가면 우리는 하나님이 말씀하시는 내용을 전혀 이해하지 못합니다. 그렇게 되면, 우리도 똑같은 상황에 있으면서도 그 사실을 전혀 모를 수 있습니다. 하나님이 말씀하신 의미를 이해하려면 그 당시의 배경을 보다 상세히 살펴보아야 합니다.

우선 이사야 시대를 보십시오. 우리는 이미 이사야 1장에서 그들이 얼마나 안식일과 월삭과 모든 절기와 대회를 철저하게 지켰는가를 살펴보았습니다. 그들은 또한 수많은 살진 짐승을 희생으로 드렸습니다. 그리고 그들은 많이 기도하고 많이 금식했습니다. 그런데 그러한 그들이 진짜로 선지자들에게 "우리에게 정직한 것을 보이지 말라. 거짓된 것을 보이라. 그래서 우리로 하여금 정로에서 벗어나게 만들고, 이스라엘의 거룩하신 자로 하여금 우리를 떠나시게 만들라"고 말했을 것이라고 생각하십니까? 그렇지 않았을 것입니다. 그렇다면 하나님이 그들이 하지도 않은 말을 했다고 하시는 분입니까? 그것 또한 가당치도 않는 말입니다.

예레미야 시대에도 이러한 일이 일어났던 것을 볼 수 있습니다.

> "그러므로 이제 너는 유다 사람들과 예루살렘 주민들에게 말하여 이르기를 여호와의 말씀에 보라 내가 너희에게 재앙을 내리며 계책을 세워 너희를 치려 하노니 너희는 각기 악한 길에서 돌이키며 너희의 길과 행위를 아름답게 하라 하셨다 하라 그러나 그들이 말하기를 이는 헛되니 우리는 우리의 계획대로 행하며 우리는 각기 악한 마음이 완악한 대로 행하리라 하느니라"(렘 18:11-12).

하나님은 예레미야 시대의 이스라엘 백성이 하나님이 그들에게 돌이키라고 말씀하셨을 때, "헛소리 마세요. 우리는 그냥 우리 마음의 완악한 대로 행하겠습니다"라고 대답했다고 말씀하십니다. 그럼 여러분은 그 당시 이스라엘 백성이 진짜 그렇게 말했다고 생각하십니까? 그들은 인도에까지 가서 특별한 향품을 가져다가 하나님께 희생제물을 드린 사람들입니다. 그리고 예레미야 23장에 의하면, 그들은 선지자를 만나거나 친구를 만났을 때 첫 마디로 "우리에게 주신 하나님의 응답이 무엇이냐?"라고 물었던 사람들입니다. 그런 그들이 하나님이 그들에게 말씀하셨을 때, "헛소리 마세요. 우리를 그냥 내버려 두세요"라고 대답했겠습니까? 그렇다면 하나님이 그들이 하지도 않은 말을 했다고 하시는 분입니까?

이에 대한 해답은 우리의 관점과 하나님의 관점이 다른 데에 있습니다. 우리는 우리가 입으로 한 말을 말한 것이라고 생각합니다. 그러나 하나님은 우리가 행동으로 한 말을 우리가 말한 것이라고 생각하십니다. 그래서 이사야 시대나 예레미야 시대의 이스라엘 백성은 자기들이 실제로 그렇게 말하지 않았기 때문에 이사야나 예레미야의 말이 틀렸다고 생각했을 것입니다. 그러나 하나님은 그들이 실제로 그렇게 행동했기 때문에 그들이 그렇게 말했다고 말씀하셨습니다.

　이러한 하나님의 관점을 이해하고 우리 자신을 보십시오. 그것은 참으로 두려운 일입니다. 오늘날 우리는 아무도 진리를 싫어하고 거짓을 좋아한다고 말하지 않습니다. 그러나 우리의 행동이 하는 말이 무엇인지 한번 살펴보십시오. 예를 들어, 오늘날 새로운 담임목사를 구하면서 청빙 광고에 이렇게 싣는 교회가 있을까요? "우리는 진리가 아닌 거짓을 전하는 목회자를 원합니다. 우리는 우리가 좋아하는 메시지만을 전할 목회자를 원합니다. 그래서 우리로 하여금 하나님의 길에서 벗어나게 하고, 하나님으로 하여금 우리를 떠나시게 만들 목회자를 원합니다." 그러한 교회는 이 세상에 단 하나도 없을 것입니다. 그러나 만약 새로 부임한 목회자가 지속적으로 신앙의 본질을 전하고, 하나님의 주권적인 통치를 전하자 그 교회 성도들이 싫어하고 교회를 떠난다면, 그 교회는 실제로 하나님에게 그렇게 말하는 것입니다. 그런 관점에서 오늘날의 교회를 보십시오. 저는 오늘날 너무나 많은 교회와 성도가 하나님을 향해 이사야 시대의 이스라엘 백성이 말했던 것처럼 그렇게 말하고 있다고 생각합니다. 그러나 그들은 그러한 사실조차 모릅니다.

　이처럼 하나님의 백성이 신앙의 본질에서 떠나면 거짓을 좋아하게 되어 있습니다. 자기의 욕구를 충족시켜 줄 메시지를 좋아하게 되어 있었습니다. 이것을 성경은 부드러운 메시지라고 부릅니다. 그리고 그것이 바로 거짓입니다.

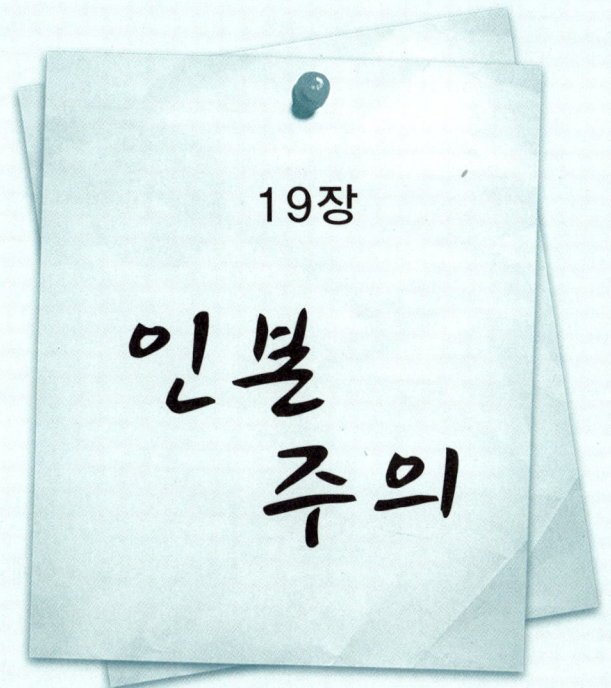

19장

인본주의

잉태하지 못하며 출산하지 못한 너는 노래할지어다 산고를 겪지 못한 너는 외쳐 노래할지어다 이는 홀로 된 여인의 자식이 남편 있는 자의 자식보다 많음이라 여호와께서 말씀하셨느니라 네 장막터를 넓히며 네 처소의 휘장을 아끼지 말고 널리 펴되 너의 줄을 길게 하며 너의 말뚝을 견고히 할지어다 이는 네가 좌우로 퍼지며 네 자손은 열방을 얻으며 황폐한 성읍들을 사람 살 곳이 되게 할 것임이라(사 54:1-3).

19장

우리가 하나님과 동행하는 삶을 살려면 반드시 하나님의 길로 행해야 합니다. 하나님의 길로 행하는 것은 우리 신앙의 모든 면에서 필수입니다.

하나님을 사랑하는 것과 하나님의 길로 행하는 것은 밀접한 관계를 가지고 있습니다(신 30:15-16). 그리고 하나님을 경외하는 것과 하나님의 길로 행하는 것도 밀접한 관계를 가지고 있습니다(신 8:6; 시 128:1). 하나님을 알려면 하나님의 길로 행해야 합니다(출 33:13). 하나님을 기쁘시게 하기 위해서도 하나님의 길로 행해야 합니다(출 33:13). 이스라엘 백성은 하나님의 길을 알지 못했기 때문에 40년 동안 하나님을 분노하시게 했습니다(히 3:10). 하나님의 길로 행할 때에 하나님의 약속이 우리의 삶 속에 이루어집니다(신 28:9). 하나님의 길로 행하는 자에게 하나님이 복을 주십니다(신 30:16).

그래서 성경은 반복해서 하나님의 길로 행하라고 말하고 있습니다.

"곧 내가 오늘 네게 명령하여 네 하나님 여호와를 사랑하고 그 모든 길로 행하며 그의 명령과 규례와 법도를 지키라 하는 것이라 그리하면 네가 생존하며 번성할 것이요 또 네 하나님 여호와께서 네가 가서 차지할 땅에서 네게 복을 주실 것임이니라"(신 30:16).

"사실은 내가 너희 조상들을 애굽 땅에서 인도하여 낸 날에 번제나 희생에 대하여 말하지 아니하며 명령하지 아니하고 오직 내가 이것을 그들에게 명령하여 이르기를 너희는 내 목소리를 들으라 그리하면 나는 너희 하나님이 되겠고 너희는 내 백성이 되리라 너희는 내가 명령한 모든 길로 걸어가라 그리하면 복을 받으리라 하였으나"(렘 7:22-23).

"오직 여호와의 종 모세가 너희에게 명령한 명령과 율법을 반드시 행하여 너희의 하나님 여호와를 사랑하고 그의 모든 길로 행하며 그의 계명을 지켜 그에게 친근히 하고 너희의 마음을 다하며 성품을 다하여 그를 섬길지니라 하고"(수 22:5).

하나님의 길로 행하는 것이 우리에게 최선입니다. 하나님의 길은 의롭습니다(시 145:17). 하나님의 길은 옳습니다(신 32:4). 하나님의 길은 거룩합니다(시 77:13). 하나님의 길은 사랑스럽고 신실합니다(시 25:8-10). 하나님의 길은 영원합니다(합 3:6). 반면에 인간이 타락하면 하나님의 길에 대해서 부담스러워 합니다. 그리고 하나님의 길에 대해서 반박합니다(겔 18:25, 29; 33:20).

거짓 신앙체계인 인본주의는 하나님의 길 혹은 하나님의 방법대로 사는 대신 자기 방법대로 사는 삶입니다. 자기 방법과 세상의 방법은 밀접한 관계를 가지고 있습니다.

인본주의 가운데 있으면 아직 신앙의 본질 위에 서지 못한 것입니다

우리는 거짓 신앙체계를 보다 자세히 이해하기 위해서 그 특징들을 하나하나 살펴보고 있습니다. 그러나 율법주의, 기복신앙, 인본주의는 각기 다른 세 개의 거짓 신앙체계가 아니라, 하나의 거짓 신앙체계의 다른 특징들입니다. 그래서 이 세 특징들은 서로 떼려야 뗄 수 없도록 깊이 연결되어 있습니다. 따라서 우리의 삶 속에 세 가지 특징 중 한 가지만이라도 나타난다면 그것은 우리가 여전히 거짓 신앙체계에 빠져 있다는 것을 의미합니다.

어떤 성도는 율법주의와 기복신앙의 병폐를 심각하게 인식합니다. 그리고 거기에서 돌이키려고 노력합니다. 목회자 중에는 그것들의 문제점을 심각하게 인식하고 교회에서 집중적으로 그 병폐들에 대해 설교하기도 합니다. 그러나 개인의 삶이나 사회생활 혹은 교회에서 사역을 하는 데 있어서는 기존에 사용하던 인본주의적인 방법들을 그대로 사용합니다. 이럴 경우 그 사람은, 아무리 자신은 율법주의나 기복신앙을 버렸다고 생각할지 몰라도 여전히 거짓 신앙체계에 빠져 있는 것입니다. 신앙의 본질인 하나님만이 목적이 되는 삶 가운데 아직 서지 않은 것입니다.

그러므로 하나님과의 친밀한 교제를 누리고, 하나님을 알고 사랑하는 삶 가운데 서려면, 반드시 믿음에 의한 삶을 살아야 합니다. 인간적인 수단이나 방법을 의지하는 것이 아니라, 오직 하나님을 믿음으로 의지하는 삶을 살아야 합니다. 저는 개인적으로 믿음에 의한 삶을 사는 것이 신앙의 본질인 하나님과의 친밀한 교제 가운데 있는지 혹은 그렇지 못한지를 확인시켜 주는 리트머스 시험지라고 생각합니다. 그것이 제가 이 책을 완성하자마자 「믿음에 의한 삶」을 집필하고자 하는 이유이기도 합니다.

인본주의는 절대로 하나님의 유업을 받을 수 없습니다

인본주의는 거짓 신앙체계의 특징으로서 절대로 하나님의 유업을 받을 수 없습니다. 우리는 앞에서 이사야 54장과 갈라디아서 4장을 대조해 보면서, "이삭"과 "이스마엘"에 대해 살펴보았습니다. 그곳에서 "이삭"은 십자가의 복음을, "이스마엘"은 율법주의를 대변함을 보았습니다. 그러나 "이스마엘"은 인본주의를 가리키기도 합니다. 그곳에서 "이스마엘"과 "하갈"은 밀접하게 연결되어 있는데, "이스마엘"은 아브라함이 하나님의 역사하심을 기다리지 못하고, 인간적인 수단을 동원하여 "하갈"과 동침함으로써 낳은 아들이기 때문입니다. 갈라디아서 4장은 "하갈"과 "이스마엘"이 어떠한 하나님의 유업도 받지 못할 것이니, 그것들을 교회로부터 철저하게 쫓아내라고 말하고 있습니다(갈 4:30). 이처럼 인본주의는 하나님의 유업을 절대로 받지 못합니다.

인본주의가 잠시 득세할 수 있습니다

하갈의 경우에서 볼 수 있는 것처럼 인본주의가 잠시 득세할 수는 있습니다. "이스마엘"은 하나님의 자원과 능력 그리고 하나님의 방법으로 하나님에 의해서 주어진 아들이 아니라, 인간적인 수단과 방법에 의해서 태어난 아들이었습니다. 그래서 성경은 그를 "육체를 따라 난 자"라고 부르고 있습니다(갈 4:23, 29). 이렇게 이스마엘이 인본주의의 결과로 태어났음에도 불구하고, 그가 태어났을 때 하갈과 이스마엘은 15년 동안 득세했습니다.

오늘날 심지어 많은 목회자까지도 하나님이 능력으로 임하셔서 그분의 일을 이루시도록 하나님을 구하고 기다리며 그것을 위해 철저하게 하나님의 길에 서기를 추구하기보다, 인간적인 수단과 방법을 통해 자신들이 세워 놓은 소정의 목표를 이루려고 합니다. 그 이유는 아브라함이 하갈을 통해 이스마엘을 얻은 것처럼 그들도 인간적인 열매라도 얻기를 원하기 때문입니다. 그리고 그 열매를 가지고 득세하기 위함입니다.

하나님을 구하는 자에게는 수치의 기간이 있을 수 있습니다

인본주의가 하갈처럼 인간적인 수단과 방법을 동원해 득세하는 반면, 하나님을 구하는 자들은 사라처럼 수치의 기간을 거칠 수 있습니다. 이사야 54장에서 우리는 이 부분을 잘 볼 수 있습니다.

"잉태하지 못하며 출산하지 못한 너는 노래할지어다 산고를 겪지 못한 너는 외쳐 노래할지어다 이는 홀로 된 여인의 자식이 남편 있는 자의 자식보다 많음이라 여호와께서 말씀하셨느니라…두려워하지 말라 네가 수치를 당하지 아니하리라 놀라지 말라 네가 부끄러움을 보지 아니하리라 네가 네 젊었을 때의 수치를 잊겠고 과부 때의 치욕을 다시 기억함이 없으리니"(사 54:1, 4).

여기에 보면, 하나님의 유업이 주어질 자를 잉태하지 못한 자, 산고를 겪지 못한 자라고 부르면서, 그에게 과거에 수치가 있었음을 말하고 있습니다. 여기의 잉태하지 못한 자, 산고를 겪지 못한 자가 바로 갈라디아서 4장에서 말하는 "이삭"입니다. 이들은 신앙의 본질 가운데 서는 자, 십자가의 복음 가운데 서는 자, 하나님 중심적인 삶 가운데 서는 자를 말합니다. 그런데 그들에게는 수치의 기간이 있습니다.

그럼 왜 그것이 수치의 기간입니까? 사라의 경우에서 볼 수 있듯이, 열매가 없기 때문에 수치의 기간입니다. 하나님은 아브라함에게 하늘의 별과 같이 많은 자손을 약속하셨습니다. 그러나 사라는 여러 해가 지나도록 자녀를 낳지 못했습니다. 아니 나중에는 자녀를 생산할 수 있는 생리적인 능력까지 잃었습니다. 반면에 하갈은 인간적인 수단과 방법을 통해 아브라함의 아들을 낳아 사라를 멸시하고 무시했습니다.

하나님이 세우시는 대부분의 사람들은 다 이 기간을 거쳤습니다. 다윗의 경우에도 그랬습니다. 하나님은 사울을 이미 버리셨습니다. 그럼에도 그는 왕위에 앉아 수십 년 동안 이스라엘을 통치했습니다. 반면에 다윗은 왕으로 기름부음은 받았으나 왕의 보좌나 권력이 없이 오히려 그 수십 년 동안 사울에게 도망 다니는 신세가 되었습니다. 이 기간이 다윗에게는 수치의 기간이었습니다. 그 외에 모세도, 요셉도, 바울도 다 이 기간을 거쳤습니다.

그럼 무엇 때문에 이 수치의 기간이 존재합니까? 그 기간은 하나님이 하나님의 사람들을 집중적으로 다루시기 위해 존재합니다. 그렇기 때문에 수치의 기간은 오히려 하나님의 축복입니다. 초대 왕 사울은 이러한 수치의 기간이 없었습니다. 그래서 그는 쉽게 버림을 받았습니다. 그러나 다윗에게는 오랜 수치의 기간이 있었습니다. 그 결과, 그도 나중에 죄를 지었지만, 결국 하나님에게로 돌아왔습니다.

수치의 기간은 무엇보다 하나님을 간절히 찾는 기간입니다. 시간만 지난다고 해서 수치의 기간이 끝나지는 않습니다. 그 기간에 무엇보다 하나님을 간절히 찾아야 합니다. 그래서 이사야 55장에서 성경은 하나님을 간절히 구할 것을 촉구하고 있습니다.

"너희는 여호와를 만날 만한 때에 찾으라 가까이 계실 때에 그를 부르라"(사 55:6).

또한 수치의 기간은 자기 중심적인 삶의 자세를 버리는 기간입니다. 이사야 54장에 나오는 잉태하지 못한 자, 산고를 겪지 못한 자는 사라처럼 인간적인 방법을 내려놓았기 때문에 수치를 당한 자들입니다. 우리가 인간적인 방법을 모두 내려놓고 하나님만을 전적으로 의지하면, 하나님이 곧바로 임하셔서 우리 가운데서 역사하시면 좋을 텐데, 그렇지 않기 때문에 수치의 기간이 있습니다. 우리는 하나님만을 전적으로 의지하는데, 하나님은 아직 오시지 않고 그 대신 우리를 다루시기 때문에 수치의 기간이 있습니다.

그러므로 이 수치의 기간을 통해서 우리가 반드시 배워야 하는 것은 무엇보다 사라의 경우처럼 오직 믿음으로만 하나님을 의지하는 것입니다. 스스로 세우고자 하는 자신의 모든 노력을 포기하고 오직 하나님만을 의지하는 법을 배워야 합니다. 그래서 이사야 55장도 하나님을 구하되 인간적인 방법과 수단을 의지하는 것을 버리고 하나님을 의지하며 나오라고 말하고 있습니다.

"너희는 여호와를 만날 만한 때에 찾으라 가까이 계실 때에 그를 부르라 악인은 그의 길을 불의한 자는 그의 생각을 버리고 여호와께로 돌아오라 그리하면 그가 긍휼히 여기시리라 우리 하나님께로 돌아오라 그가 너그럽게 용서하시리라 이는 내 생각이 너희의 생각과 다르며 내 길은 너희의 길과 다름이니라 여호와의 말씀이니라 이는 하늘이 땅보다 높음 같이 내 길은 너희의 길보다 높으며 내 생각은 너희의 생각보다 높음이니라"(사 55:6-9).

그리고 이 기간은 철저하게 하나님 중심적인 삶으로 서는 기간입니다. 이 수치의 기간을 통해서 우리는 빚어지고 준비되어집니다. 순종하는 법도 배우고, 기다리는 법도 배우고, 하나님의 음성을 듣는 법도 배우고, 신실하게 섬기는 법도 배우고, 세상과 사탄을 이기는 법도 배웁니다.

인본주의에 유업이 주어진 적은 이천 년 기독교 역사에서 한번도 없습니다

주님을 구하는 자에게 수치의 기간은 때로 생각보다 길 수도 있습니다. 모세, 다윗, 요셉, 바울 모두 긴 수치의 기간이 있었습니다. 알 티 캔달 목사는 "우리가 하나님을 간절히 찾고 구하며 하나님만을 의지하는 데도 특별한 이유 없이 수치의 기간이 길 경우, 거기에 하나님의 특별한 계획이 있다"고 말합니다.

그러나 얼마나 긴 시간이 걸릴지 몰라도, 하나님을 지속적으로 구하며 하나님을 의지할 때, 하나님은 그들에게 반드시 임하십니다. 그리고 그들에게 반드시 하나님의 유업을 주십니다. 그것이 이사야 54장이 말하는 바입니다.

"잉태하지 못하며 출산하지 못한 너는 노래할지어다 산고를 겪지 못한 너는 외쳐 노래할지어다 이는 홀로 된 여인의 자식이 남편 있는 자의 자식보다 많음이라 여호와께서 말씀하셨느니라 네 장막터를 넓히며 네 처소의 휘장을 아끼지 말고 널리 펴되 너의 줄을 길게 하며 너의 말뚝을 견고히 할지어다 이는 네가 좌우로 퍼지며 네 자손은 열방을 얻으며 황폐한 성읍들을 사람 살 곳이 되게 할 것임이라"(사 54:1-3).

"이는 너를 지으신 이가 네 남편이시라 그의 이름은 만군의 여호와이시며 네 구속자는 이스라엘의 거룩한 이시라 그는 온 땅의 하나님이라 일컬음을 받으실 것이며"(사 54:5).

5절의 이 말은 하나님께서 임하실 것이라는 말입니다.

반면에 하나님의 유업이 인본주의에게는, 즉 "이스마엘"에게는 주어지지 않습니다. 이천 년 기독교 역사 동안 하나님의 유업, 그 중에서도 회복과 부흥에 대한 하나님의 유업이 "이스마엘"에게 주어진 적은 단 한번도 없었습니다. 하나님의 유업은 반드시 "이삭"에게만 주어집니다.

그리고 하나님이 임하시면 사라에게 이삭이 태어났을 때처럼 인본주의의 득세는 무너질 것입니다. 인본주의가 잠시 득세할지 몰라도 그것은 결코 오래가지 못할 것입니다. 하나님이 "이삭"에게 임하실 때, "이스마엘"의 득세는 반드시 무너져 내릴 것입니다. 그래서 이사야 54장도 하나님이 남편 되실 것이기 때문에(하나님이 임하실 것이기 때문에), 잉태하지 못한 자("이삭")에게 남편 있는 자("이스마엘")보다 더 많은 자식이 있게 될 것이며, "이스마엘"이 아니라 "이삭"의 자식들이 열방을 얻게 될 것이라고 말하고 있는 것입니다.

하지만 오늘날 교회 안에는 하갈이 너무 가득합니다. 목회자와 일반 성도는 하나님을 의지하기보다 인간적인 그리고 세상적인 수단과 방법을 동원해 자신이 세워놓은 목표와 목적을 달성하기에 바쁩니다. 그리고 그것을 잘 이루면 성공한 사람이라고 혹은 성공한 목회자라고 칭찬을 받습니다. 반면에 주님을 간절히 구하며, 주님만을 의지하며, 주의 길만을 전하고 그 길에 서고자 하는 사람들은 사역적인 면에서 별로 보잘 것 없을 수 있습니다. 그들을 알아주는 사람들도 별로 없습니다. 그들의 이름은 신문에 나지 않습니다. 그들이 섬기는 교회는 매우 작을 수 있습니다. 그러나 하나님이 임하시면 모든 것이 달라질 것입니다. 그러면 인본주의의 득세는 무너져 내릴 것입니다. 모든 인간적인 수단과 방법을 내려놓고 철저하게 하나님만을 의지하여 서십시오. 하나님의 길만을 전하고, 그 길에만 서십시오. 철저하게

"이삭"이 되십시오. 하나님은 반드시 임하실 것입니다.

지금 돌이켜 보면 포도나무교회를 개척하는 과정에서 하나님의 크신 은혜가 함께하셨음을 알 수 있습니다. 여러 가지 많은 부분에서 그랬지만, 그 중 하나는 어떤 환경 속에서도 오직 하나님만 의지하며 하나님의 길로만 서도록 인도해 주신 것이었습니다. 개척 초기에는 재정적으로 많은 어려움도 있었습니다. 처음에는 매월 월세만 하더라도 2백5십만 원씩 나갔습니다. 일반 재정은 매월 약 3백5십만 원 정도 부족했습니다. 그런 상황에서 주위의 일부 성도들은 한 사람이라도 더 쉽게 교회에 적응할 수 있도록, 그래서 교회가 더 빨리 성장할 수 있도록 저에게 예배나 메시지 등에 있어서 철저한 하나님의 기준보다는 좀 더 유연한 자세를 가질 것을 요청했습니다. 그러나 저는 그렇게 할 수 없었습니다. 만약 제가 그렇게 해서 교회를 빨리 성장시키도록 했을 것 같으면, 포도나무교회가 존재할 필요가 없었기 때문입니다. 오늘날 한국에 교회 수가 부족해서 하나님이 저에게 교회를 개척하라고 하신 것이 아니었습니다. 다른 교회들은 그 교회들대로 하나님의 인도하심을 따르는 것이 중요했듯이, 포도나무교회는 포도나무교회대로 하나님의 인도하심을 따르는 것이 중요했습니다.

그래서 우리는 수없이 많은 사람이 교회를 방문했다가 강한 메시지나 오직 주님만을 구하는 예배 등 여러 가지로 인하여 교회에 적응하지 못하고 돌아갈 때마다 마음속으로 그들을 축복하며 이렇게 말했습니다. '일반적인 교회를 원하시면 다른 교회로 가십시오. 우리 주위에도 수많은 교회가 있습니다. 그러나 우리는 하나님이 우리를 인도하시는 대로 따라가야 합니다.'

또 어떤 분들은 과거 다른 교회에서 하던 방법들을 내세우면서 나에게 그렇게 할 것을 요청했습니다. 그러나 제가 그렇게 하지 않았던 이유는 그러한 방법들을 몰랐기 때문이 아니었습니다. 그것들이 하나님의 방법이 아닌, 인본주의적인 방법이었기 때문입니다.

하지만 그렇게 하면서도 제 마음은 결코 편하지 않았습니다. 왜냐하면 그렇게 해서 과연 교회가 세워질 수 있을지 저도 알 수가 없었기 때문입니다. 그래서 그럴 때마다 제 마음속에 되뇌는 말이 있었습니다. "그래, 하나님만 오시면 돼." 물론 하나님이 언제 어떻게 임하실지 전혀 알 수 없는 일이었습니다. 그러나 최소한 하나님이 저를 인도하시는 길이 하나님의 말씀에 합한 길이었다는 사실과 저와 제 아내의 삶을 다 드려도 조금도 부족함 없을 만큼 소중한 길이라는 사실을 확신했습니다. 그래서 다른 선택의 여지가 없었습니다.

그러자 어느 순간부터인지 하나님이 우리 가운데 오셔서 앞서가시기 시작했습니다. 수많은 아름다운 일들을 행하시기 시작했습니다. 사역의 열매도 국내외로 퍼져가기 시작했습니다. 사람들이 우리 가운데 행하고 계신 하나님을 주목하기 시작했습니다. 한마디로 이사야 54장의 일들이 그대로 이루어지고 있는 것입니다. 지금 저희에게 가장 필요한 것은 오직 하나님만 지속적으로 구하며, 그분께 귀를 기울이고, 그분의 일에 우리의 온 삶으로 동참하는 것입니다. 그러면 남은 모든 일들은 그분이 이루실 것입니다.

저에게도 과거에 수치의 기간이 있었습니다. 하나님이 신앙의 본질을 계시하시며 인도하고 계실 때, 저의 삶 속에는 참 귀한 변화들이 일어나기 시작했습니다. 하나님과의 관계가 새로워졌습니다. 하나님이 하나님의 길들을 보이기 시작하셨습니다. 그러나 사역적인 면에서는 최소한 외부적으로는 별다른 변화가 없었습니다. 하루는 그 당시 이웃 교회에 있던 어떤 목회자가 저에게 "유학 갔다 온 게 무슨 도움이 됩니까?"라고 물었습니다. 지금 생각하면 매우 모욕적인 말이었는데, 그 당시에는 그러한 사실도 알지 못했습니다.

그리고 그때까지 나름대로 여러 가지를 해 보았지만, 사역적인 면에서 어떤 근본적인 일도 일어나지 않았기 때문에 제 머리속에는 "사역이 어렵다"라는 것이 아예 각인이 되어 있었습니다. 그러나 하나님이 임하셔서 움직이시기 시작하자 지금은 사역이 매우 쉬운 것을 발견하고 있습니다. 사실, 가장 쉬운 것이 사역입니다. 왜냐하면 그것은 하나님이 하시는 것이니까요. 그리고 지금은 그 수치가 다 사라져 버렸습니다. 하나님이 이사야 54장에 말씀하신 그대로 되었습니다.

"두려워 말라 네가 수치를 당치 아니하리라 놀라지 말라 네가 부끄러움을 보지 아니하리라 네가 네 청년 때의 수치를 잊겠고 과부 때의 치욕을 다시 기억함이 없으리니"(사 54:4).

인본주의의 다양한 형태

인본주의는 참으로 다양한 형태를 띨 수 있습니다. 헨리 블랙가비 목사는 그의 책 「하나님과의 신선한 만남」에서 다음과 같이 몇 가지 예를 들고 있습니다.

- 하나님은 "믿음으로 살라"고 하시는데, 우리는 눈에 보이는 것을 의지하고 산다.
- 하나님은 자기를 부인하라고 하시는데, 우리는 자기와 자기의 입지를 먼저 챙긴다.
- 하나님은 자기를 낮추라고 하시는데, 우리는 스스로를 높인다.
- 하나님은 자기 목숨을 잃으라(하나님 나라를 위해 우리가 가진 것을 나누어주라)고 하시는데, 우리는 우리의 목숨을 구원하려고(우리가 가진 것을 움켜쥐려고) 애쓴다.
- 하나님은 주님께서 일꾼을 보내주시도록 기도하라고 하셨는데, 우리는 사람들의 마음을 교묘히 조종하여 봉사하게 만든다.

어떤 때는 목회자들이 교회의 필요를 위해 하나님을 의지하고 하나님의 지시를 따르기보다, 성도들로 하여금 헌금하도록 여러 성경구절들과 강사들을 통해 그들을 회유할 수 있습니다. 또 어떤 때는 성도들이 하나님 앞에서 고민하며 하나님의 길로 조정하도록 그들을 위해 기도하며 기다리기보다, 그들이 교회를 떠나지 않도록 하기 위해 그들에게 개인적으로 잘 해줄 수 있습니다. 그러나 이것은 그들이 주님 안에서 자라는 길을 막아버리는 것입니다. 이런 것들을 포함해서 오늘날 우리 가운데 팽배한 인본주의적인 방법은 셀 수 없을 정도로 많습니다.

 ## 지속적으로 하나님과 하나님의 길을 구해야 합니다

그러므로 우리는 지속적으로 하나님과 하나님의 길을 구해야 합니다. 무엇보다 하나님을 간절히 구하는 것이 가장 중요합니다. 그래야 하나님이 하나님의 길을 보여주시기 때문입니다.

시편 81편은 말합니다.

"나는 너를 애굽 땅에서 인도하여 낸 여호와 네 하나님이니 네 입을 크게 열라 내가 채우리라 하였으나 내 백성이 내 소리를 듣지 아니하며 이스라엘이 나를 원하지 아니하였도다 그러므로 내가 그의 마음을 완악한 대로 버려 두어 그의 임의대로 행하게 하였도다 내 백성아 내 말을 들으라 이스라엘아 내 도를 따르라"(시 81:10-13).

먼저 이 구절은 하나님을 구하라는 말씀입니다. 어떤 사람들은 이 구절을 우리가 목표를 크게 가지고 하나님께 구하면 하나님이 그것을 채워주시리라는 식으로 이해합니다. 그러나 이 구절은 전혀 그러한 의미가 아닙니다. 하나님이 이 구절에서 입을 크게 열라고 말씀하신 것은 바로 그 다음 절을 보아도 알 수 있듯이, 하나님을 구하여 입을 크게 열라는 말씀입니다. 그리고 채우시겠다는 말은 하나님이 만나주시겠다는 말씀입니다.

그러나 이스라엘 백성은 하나님을 구하지 않았기에 인본주의로 행할 수

밖에 없었습니다. 입을 크게 열어 하나님을 구하라는 하나님의 음성을 저들이 거절하였을 때, 하나님은 그들로 하여금 그 마음의 강퍅한 대로 행하도록 내어버려두셨습니다. 그들에게 하나님의 길을 계시해 주시지 않았습니다. 그러므로 그들은 자기 방법대로 살 수밖에 없었습니다. 하나님은 지속적으로 그들이 하나님을 청종하며 하나님의 길에서 행하기를 원하셨지만, 그들은 임의대로, 즉 인본주의의 삶을 살기로 선택했습니다. 그리고 그렇게 살 수밖에 없었습니다.

우리가 하나님의 길로 행하려면 지속적으로 하나님을 구해야 합니다. 그래서 하나님의 사람들은 지속적으로 하나님과 하나님의 길을 구했던 것입니다. 모세가 그랬습니다.

"내가 참으로 주의 목전에 은총을 입었사오면 원하건대 주의 길을 내게 보이사 내게 주를 알리시고 나로 주의 목전에 은총을 입게 하시며 이 족속을 주의 백성으로 여기소서"(출 33:13).

다윗도 그랬습니다.

"여호와여 나의 영혼이 주를 우러러보나이다…여호와여 주의 도를 내게 보이시고 주의 길을 내게 가르치소서 주의 진리로 나를 지도하시고 교훈하소서 주는 내 구원의 하나님이시니 내가 종일 주를 기다리나이다"(시 25:1, 4-5).

그 외 하나님과 동행했던 모든 사람들이 그랬습니다.
이 나라 가운데 속히 모든 거짓 신앙체계가 파괴되고, 하나님의 모든 교회가 십자가의 복음과 신앙의 본질 위에 세워지기를 간절히 소원합니다. 또한 그 결과 하나님의 부흥이 이 땅에 속히 임하기를 간절히 소원합니다.

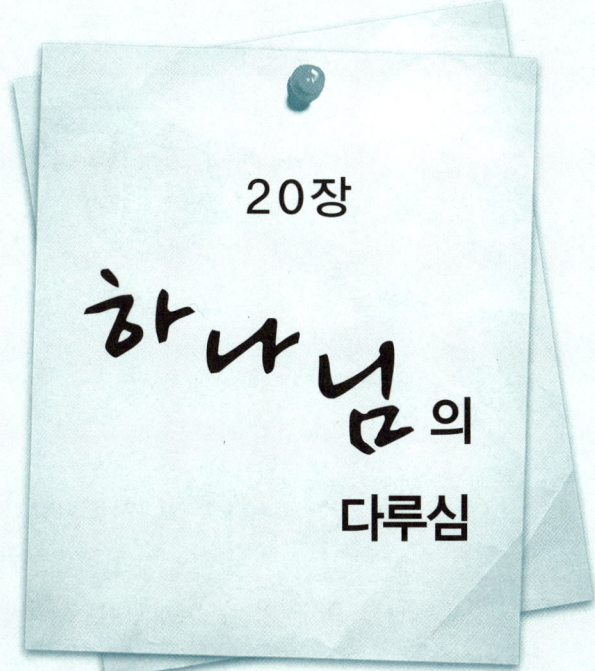

20장
하나님의 다루심

여호와께서 그를 황무지에서, 짐승이 부르짖는 광야에서 만나시고 호위하시며 보호하시며 자기의 눈동자 같이 지키셨도다 마치 독수리가 자기의 보금자리를 어지럽게 하며 자기의 새끼 위에 너풀거리며 그의 날개를 펴서 새끼를 받으며 그의 날개 위에 그것을 업는 것 같이 여호와께서 홀로 그를 인도하셨고 그와 함께 한 다른 신이 없었도다(신 32:10~12).

20장

우리는 앞에서 하나님 중심적인 삶과 자기 중심적인 삶에 대해 살펴보았습니다. 우리의 참된 신앙은 하나님 중심적인 삶입니다. 반대로 자기 중심적인 삶은 타락의 본질입니다.

그런고로 우리가 하나님과 동행하는 삶을 살려면 반드시 하나님 중심적인 삶을 살아야 합니다. 자기 중심적인 삶을 살면서 하나님과 동행하며 하나님께 쓰임 받는 것은 가능하지 않습니다.

그런데도 우리 인간은 자기 중심적인 삶에 너무나 익숙합니다. 우리가 앞에서 살펴본 것처럼, 자기 중심적인 삶은 타락한 본성입니다. 이길수 목사는 이것을 그의 책 「하나님의 자원으로 사는 삶」에서 아담적 본성이라고 부릅니다. 그만큼 자기 중심적인 삶은 타락한 우리 인간의 자연스런 한 부분입니다. 그래서 우리는 절대 저절로 하나님을 찾도록 되어 있지 않습니다. 하나님을 의지하도록 되어 있지 않습니다. 하나님께 묻도록 되어 있지 않습니다. 뿐만 아니라 세상 사람들은 다 자기 중심적인 삶을 삽니다. 그리고 그 배후에서 사탄이 합작을 하고 있습니다. 이처럼 자기 중심적인 삶은 타락한 우리 인간의 자연스런 한 부분이며, 하나님 중심적인 삶은 절대 저절로 오지 않습니다.

이것이 하나님이 하나님의 백성을 다루시는 이유입니다. 하나님은 하나님의 백성과 친밀하게 교제하며 그들을 통해 하나님의 목적을 이루시기 위해 그들을 다루십니다. 그리고 그것을 위해 하나님의 백성으로 하여금 무엇보다 하나님 중심적인 삶을 살도록 다루십니다.

그러므로 이 장에서는 하나님의 다루심에 대해 살펴보려고 합니다. 특히 이스라엘 백성의 광야 생활을 중심으로 해서 하나님의 다루심에 관한 전반적인 부분을 살펴보고자 합니다.

하나님의 다루심은 하나님의 진정한 사랑의 표현입니다

먼저 이스라엘 백성의 광야 생활은 하나님의 다루심의 기간이었습니다. 신명기 8장에 보면 이 부분을 분명하게 알 수 있습니다. 특히 하나님은 그 기간을 아버지가 아들을 훈련함같이 이스라엘 백성을 훈련한 기간이라고 표현하셨습니다.

"너는 사람이 그 아들을 징계함 같이 네 하나님 여호와께서 너를 징계하시는 줄 마음에 생각하고"(신 8:5).

성경은 이스라엘 백성을 향한 하나님의 다루심을 독수리가 그 새끼를 훈련시키는 것에 비유하고 있습니다.

"내가 애굽 사람에게 어떻게 행하였음과 내가 어떻게 독수리 날개로 너희를 업어 내게로 인도하였음을 너희가 보았느니라"(출 19:4).

어미 독수리는 새끼를 훈련시킬 때가 되면 둥지에서 나오도록 하여 자기 날개 위에 태운답니다. 그런 다음 새끼를 태우고 공중 높이 올라가 새끼를 공중에 떨어뜨려 버립니다. 영문을 모르는 새끼는 추락하면서 떨어지지 않으려고 온갖 힘을 다해 날개를 저어봅니다. 그러나 아직 역부족이라 새끼는 땅을 향해 계속 떨어지게 됩니다. 이것을 유심히 지켜보고 있던 어미 독수리는 얼른 내려와 새끼를 날개에 받습니다. 그리고 다시 공중 높이 올라가 똑같은 과정을 반복합니다. 이 과정을 통해 새끼 독수리는 나는 것을 배울 뿐 아니라, 공중의 왕자로서의 강한 날개를 갖게 된다고 합니다. 그래서 독수리는 폭풍이 올 때에도 폭풍을 뚫고 올라가 그 위에 머문답니다. 하나님은 이스라엘 백성을 이렇게 훈련시키기 위해 그들을 광야로 인도하셨던 것입니다. 그들을 이 땅에서 하나님의 영광을 담을 수 있는 하나님의 처소로 훈련시키기 위해 그렇게 하셨던 것입니다.

그리고 성경은 그것이 하나님의 진정한 사랑의 표현이었음을 말하고 있습니다.

> "여호와께서 그를 황무지에서 짐승이 부르짖는 광야에서 만나시고 호위하시며 보호하시며 자기의 눈동자 같이 지키셨도다 마치 독수리가 자기의 보금자리를 어지럽게 하며 자기의 새끼 위에 너풀거리며 그의 날개를 펴서 새끼를 받으며 그의 날개 위에 그것을 업는 것 같이 여호와께서 홀로 그를 인도하셨고 그와 함께 한 다른 신이 없었도다"(신 32:10-12).

어미 독수리가 그 새끼를 공중에 내어 던지는 것은 그를 미워해서가 아닙니다. 그를 하늘의 왕자로 키우기 위한 어미 독수리의 사랑의 표현입니다. 그리고 그 과정 내내 어미 독수리는 곁에서 지켜보며 그 눈을 새끼에게서 떼지 않습니다. 이스라엘 백성을 광야로 인도하신 하나님의 행동이 바로 그러했습니다. 그래서 하나님은 이스라엘 백성을 향한 하나님의 관심을 눈동자와 같이 그들을 지키셨다는 말로 표현하고 계신 것입니다.

하나님이 이스라엘 백성을 홍해 앞으로 인도하셨던 것은 하나님의 진정한 사랑의 표현이었습니다. 그들을 먹을 것이 없는 광야로 인도하신 것도, 마실 것이 없는 곳으로 인도하신 것도 모두 하나님의 진정한 사랑의 표현이었습니다.

이처럼 하나님의 백성을 향한 하나님의 다루심은 항상 하나님의 진정한 사랑의 표현입니다. 신약성경도 히브리서에서 이 점을 분명히 하고 있습니다.

> "또 아들들에게 권하는 것 같이 너희에게 권면하신 말씀도 잊었도다 일렀으되 내 아들아 주의 징계하심을 경히 여기지 말며 그에게 꾸지람을 받을 때에 낙심하지 말라 주께서 그 사랑하시는 자를 징계하시고 그가 받아들이시는 아들마다 채찍질하심이라 하였으니 너희가 참음은 징계를 받기 위함이라 하나님이 아들과 같이 너희를 대우하시나니 어찌 아버지가 징계하지 않는 아들이 있으리요 징계는 다 받는 것이거늘 너희에게 없으면 사생자요 친아들이 아니니라"(히 12:5-8).

우리는 이 사실을 반드시 기억해야 합니다. 만약 광야 생활을 하던 이스라엘 백성이 이 사실을 알았더라면, 아마 그들의 태도는 우리가 성경에서 보는 것과 매우 달랐을 것입니다. 오늘날 우리도 하나님의 이러한 사랑을 알지 못하기 때문에 이스라엘 백성과 똑같은 행동을 할 때가 많습니다.

 하나님의 다루심의 방법 : 우리를 낮추심

이스라엘 백성의 광야 생활을 보면 하나님이 자기 백성을 다루실 때 어떻게 하시는가 하는 점을 잘 볼 수 있습니다. 하나님이 자기 백성을 다루시기 위해 사용하시는 주된 방법 중 하나는 그들을 낮추시는 것입니다.

신명기 8장에 보면 하나님이 이스라엘 백성을 다루시기 위해 그들을 낮추셨다는 말이 여러 차례 나옵니다.

"네 하나님 여호와께서 이 사십 년 동안에 네게 광야 길을 걷게 하신 것을 기억하라 이는 너를 낮추시며 너를 시험하사 네 마음이 어떠한지 그 명령을 지키는지 지키지 않는지 알려 하심이라 너를 낮추시며 너로 주리게 하시며 또 너도 알지 못하며 네 조상들도 알지 못하던 만나를 네게 먹이신 것은 사람이 떡으로만 사는 것이 아니요 여호와의 입에서 나오는 모든 말씀으로 사는 줄을 네가 알게 하려 하심이니라…네 조상들도 알지 못하던 만나를 광야에서 네게 먹이셨나니 이는 다 너를 낮추시며 너를 시험하사 마침내 네게 복을 주려 하심이었느니라"(신 8:2-3, 16).

우리의 삶 속에서 모든 일이 다 잘 되어가고 아무런 문제가 없으면 대부분의 사람들의 경우에는 마음이 높아집니다. 그리고 우리의 마음이 높아져 있으면 하나님이 우리에게 아무리 말씀하셔도 그것을 듣지 못합니다. 그러므로 하나님은 우리를 다루시기 위해 우리를 낮추십니다.

또 하나 하나님이 우리를 낮추시는 중요한 이유는 우리의 무능을 발견하게 하시기 위함입니다. 다시 말해서, 자기 자원과 자기 방법대로 사는 삶 등 자기 중심적인 삶의 무능함을 보게 하기 위함입니다. 그래서 우리로 하여금 하나님 중심적인 삶으로 전환하도록 하기 위함입니다.

만약 하나님이 여러분을 낮추고 계시다면 지금 하나님이 여러분을 다루시고 계시다는 사실을 인식하십시오. 그것을 환경의 탓으로 돌리고, 다른 사람의 탓으로 돌리면서 원망하지 말고, 하나님을 직면하십시오. 사실, 우리에게 어떠한 일이 있다 할지라도 우리가 겸손할 수 있다면 그것은 축복입니다. 하나님은 겸손한 자에게 은혜를 주시고, 교만한 자를 대적하시기 때문입니다(벧전 5:5 참조).

그리고 위에서 살펴본 것처럼, 하나님의 다루심은 하나님의 진정한 사랑의 표현임을 반드시 기억하십시오. 그래야 현실 속에서 일하고 계시는 하나님의 손길을 볼 수 있을 것입니다. 그렇지 않고 광야에서 생활하던 이스라엘 백성처럼 하나님의 사랑을 전혀 깨닫지 못한 채, 환경에 따라 원망과 불평을 일삼는다면, 하나님의 의도를 전혀 깨닫지 못하게 될 것입니다. 전혀 다루어지지 않을 것입니다. 그리고 자칫 잘못하면 그들처럼 하나님의 계획에서 제외될 수 있습니다.

하나님의 다루심의 목적 : 하나님 중심적인 삶으로의 부르심

하나님은 광야 생활을 통해 이스라엘 백성을 훈련시키셨는데, 그 훈련의 목적은 무엇보다 그들을 신앙의 본질로 세우기 위함이었습니다. 우선 출애굽기 19장 4절도 하나님이 이스라엘 백성을 그렇게 훈련시키신 목적이 그들을 하나님께로 인도하시기 위함이었다고 말하고 있습니다. 이 말은 그들을 하나님과의 친밀한 교제로 인도하기 위함이었다는 말입니다.

"…내가 어떻게 독수리 날개로 너희를 업어 내게로 인도하였음을 너희가 보았느니라"(출 19:4).

그리고 신명기 8장도 하나님이 이스라엘 백성을 광야로 인도하신 목적에 대해 말하면서 이 부분을 집중적으로 언급하고 있습니다

"네 하나님 여호와께서 이 사십 년 동안에 네게 광야 길을 걷게 하신 것을 기억하라 이는 너를 낮추시며 너를 시험하사 네 마음이 어떠한지 그 명령을 지키는지 지키지 않는지

알려 하심이라"(2절).

"네 하나님 여호와의 명령을 지켜 그의 길을 따라가며 그를 경외할지니라"(6절).

"네가 먹어서 배부르고 네 하나님 여호와께서 옥토를 네게 주셨음으로 말미암아 그를 찬송하리라 내가 오늘 네게 명하는 여호와의 명령과 법도와 규례를 지키지 아니하고 네 하나님 여호와를 잊어버리지 않도록 삼갈지어다"(10-11절).

"네 마음이 교만하여 네 하나님 여호와를 잊어버릴까 염려하노라 여호와는 너를 애굽 땅 종 되었던 집에서 이끌어 내시고"(14절).

"네 하나님 여호와를 기억하라 그가 네게 재물 얻을 능력을 주셨음이라 이같이 하심은 네 조상들에게 맹세하신 언약을 오늘과 같이 이루려 하심이니라 네가 만일 네 하나님 여호와를 잊어버리고 다른 신들을 따라 그들을 섬기며 그들에게 절하면 내가 너희에게 증거하노니 너희가 반드시 멸망할 것이라 여호와께서 너희 앞에서 멸망시키신 민족들 같이 너희도 멸망하리니 이는 너희가 너희의 하나님 여호와의 소리를 청종하지 아니함이니라"(18-20절).

또한 하나님은 이스라엘 백성을 신앙의 본질 가운데로 인도하시기 위해 다루심을 통해 그들을 집중적으로 하나님 중심적인 삶으로 인도하셨습니다. 그래서 하나님은 다루심을 통해 그들에게 믿음의 훈련, 하나님의 음성 듣고 순종하는 훈련 등 하나님 중심적인 삶의 필수적인 요소들을 훈련시키셨습니다.

오늘날도 하나님은 우리를 다루시되, 무엇보다 우리를 하나님과의 친밀한 교제 가운데로 인도하시기 위해 다루십니다. 우리를 신앙의 본질 가운데 세우시기 위해 우리를 다루십니다. 그것이 다루심의 목적이요, 목표입니다. 그래서 하나님은 다루심을 통해 우리를 집중적으로 하나님 중심적인 삶으로 인도하십니다.

하나님의 자원으로 사는 삶으로의 다루심

광야 생활을 하던 이스라엘 백성을 다루시면서 하나님은 그들에게 하나님의 자원으로 사는 삶을 훈련시키셨습니다. 하나님의 자원으로 사는 삶의 대표적인 한 부분은 믿음으로 사는 삶입니다. 하나님께서 그들을 광야로 인도하신 이유는 그들로 하여금 철저하게 하나님만을 믿음으로 의지하게 하기 위함이었습니다.

하나님은 우선 그들을 광야로 인도하셨습니다. 그들을 광야로 인도하신 이유는 그곳에 가야 그들의 믿음이 드러나기 때문입니다. 광야는 하나님 외에는 아무것도 의지할 것이 없는 곳입니다. 그래서 그곳에 가면 하나님의 백성이 하나님을 의지하는지 혹은 그렇지 않은지가 드러납니다.

그곳에서 하나님은 여러 차례에 걸쳐 그들에게 하나님을 의지하는 믿음의 훈련을 시키기 원하셨습니다. 한 예를 들어, 하나님은 그들을 홍해 앞으로 인도하셨습니다. 이스라엘 백성이 그곳에 이르게 된 것은 구체적인 하나님의 인도를 따른 결과였습니다. 우선 하나님은 그들을 불기둥과 구름 기둥으로 인도하고 계셨습니다. 또한 하나님은 모세를 통해 구체적으로 그곳에 진을 칠 것을 명하셨습니다.

"여호와께서 모세에게 말씀하여 이르시되 이스라엘 자손에게 명령하여 돌이켜 바다와 믹돌 사이의 비하히롯 앞 곧 바알스본 맞은편 바닷가에 장막을 치게 하라"(출 14:1-2).

그리고 하나님은 바로의 군대로 하여금 이스라엘 백성을 쫓도록 바로의 마음을 강퍅하게 하셨습니다. 성경은 바로가 이스라엘 백성을 쫓게 된 것은 하나님이 그 마음을 강퍅하게 하신 결과라고 말하고 있습니다(출 14:8 참조).

하나님은 이 사건을 통해 이스라엘 백성에게 믿음의 훈련을 시키기 원하셨습니다. 그리고 그들이 믿음으로 하나님을 신뢰하고 의지함으로써 그들 가운데 하나님의 영광을 나타내기 원하셨습니다. 그 결과 하나님의 백성이 하나님을 경외하고, 온 열방이 하나님이 하나님이심을 알게 하기를 원하셨습니다(출 14:4; 수 4:23-24 참조).

하나님은 이미 애굽에서의 열 가지 재앙을 통해 하나님의 능하신 손길과 하나님이 이스라엘의 하나님임을 이스라엘 백성에게 보여주셨습니다. 그리고 이제 그들에게 기대하셨던 믿음은 그들이 조용히 하나님을 신뢰함으로 하나님의 지시를 기다리는 것이었습니다(시 78:22, 106:13 참조).

그러나 이스라엘 백성은 그러한 하나님의 의도를 전혀 몰랐습니다(히 3:10 참조). 뿐만 아니라 그들은 그러한 상황이 닥치자 하나님을 전혀 신뢰하지 않았습니다. 물론 그들은 절박하게 기도했을지 모릅니다. 그러나 그들은 하나님을 믿지 않았습니다. 그들은 환경만을 바라보며 하나님께 원망하고 불평했습니다. 이러한 그들의 불신을 두고 하나님은 그들이 하나님을 "시험했다", "대적했다", "화가 활활 타오르게 했다", "배반했다", "하나님께 범죄했다"라고 말씀하셨습니다(시 78:17-22 참조).

하지만 하나님은 그들의 불신에도 불구하고, 모세를 통해 홍해를 가르셨습니다. 그리고 다시 그들에게 기회를 주셨습니다. 그것이 광야에서 먹을 것이 떨어진 사건이고, 마실 물이 없는 사건이고, 물이 써서 먹을 수 없었던 사건 등등이었습니다. 그러나 그때마다 이스라엘 백성은 동일하게 불신으로 화답했습니다.

하나님은 그들에게 열 번의 기회를 주셨습니다. 열 번째는 가데스 바네아에서 그들에게 가나안 땅으로 들어가서 그 땅을 취하라고 말씀하신 것이었습니다. 여태까지 그들이 불신으로 일관했다 할지라도 이번만이라도 그들이 믿음으로 순종하면 하나님은 그들에게 그 땅을 주시려고 계획하셨습니다. 그러나 이스라엘 백성은 이번에도 환경만을 바라보고 하나님께 순종하지 않았습니다. 그래서 하나님은 그들을 광야에서 흩으시기로 최종적으로 결정하셨습니다. 그리고 다음 세대를 세우시기로 결단하셨습니다.

오늘날 우리를 다루실 때에도 하나님의 가장 주된 목적과 목표 중 하나는 우리로 하여금 하나님의 자원으로 사는 삶을 살도록 하기 위함입니다. 그러므로 이러한 하나님의 다루심의 목표와 목적을 우리가 아는 것은 매우 중요합니다. 그래야 하나님이 우리를 다루실 때, 우리가 하나님께 적극적으로 협조함으로써 하나님의 다루심을 빨리 통과할 수 있기 때문입니다. 만약 우리가 광야 생활을 하던 이스라엘 백성처럼 다루심과 관련한 하나님의 의도나 목적이나 목표를 전혀 알지 못한다면, 그 결과는 매우 심각할 것입니다.

그런데 저는 하나님이 개인이나 교회를 다루실 때, 하나님의 백성이 하나님의 의도나 목적이나 목표를 전혀 알지 못하고 그저 당면한 문제의 해결에만 몰두하는 것을 자주 보았습니다. 그것은 매우 안타까운 일입니다. 그러한 경우에는, 설령 그 문제가 해결된다 할지라도, 달라진 것은 아무것도 없을 것입니다. 그것은 마치 홍해가 갈라졌다 할지라도 이스라엘 백성에게 달라진 것이 아무것도 없었던 것과 똑같습니다. 하나님은 다루심을 통해서 우리를 오직 하나님만을 의지함으로 서는 삶으로 세우시기 원하십니다. 때로는 아브라함처럼 우리가 반복적으로 실패할 수도 있습니다. 그러나 하나님은 아브라함처럼 우리를 결국 하나님만을 의지함으로 서는 자리로 세우시기 원하십니다. 그래야 우리가 하나님과 동행하는 삶을 살 수 있기 때문입니다.

하나님의 자원으로 사는 삶으로의 다루심에 있어 또 다른 중요한 한 가지는, 우리로 하여금 철저히 자기 의를 의지하는 것을 버리고 하나님의 은혜와 십자가의 공로만을 믿음으로 의지하여 서도록 가르치시는 것입니다. 하나님이 여러분의 열심을 산산조각 내시고, 여러분이 과거에 장점이라고 생각했던 것들을 산산조각 내시면, 하나님이 지금 여러분으로 하여금 하나님의 은혜만을 의지하여 서도록 다루고 계시다는 사실을 기억하십시오. 그리고 자기 의는 누더기처럼 벗어 던지고, 요한복음 21장의 베드로처럼 오직 하나님의 은혜와 십자가의 공로만을 의지하여 하나님 앞에 서십시오.

하나님의 목적을 위해 사는 삶으로의 다루심

이스라엘 백성이 애굽에서 나오는 데는 단 하루가 걸렸습니다. 이제 하나님은 광야 생활을 통해서 그들 속에 있는 애굽을 빼내기 원하셨습니다. 그러나 그것은 40년이 지나도록 성취되지 않았습니다.

그들은 기회가 있을 때마다 애굽으로 돌아갔습니다. 그들 속에는 항상 애굽이 자리잡고 있었습니다. 그래서 그들은 홍해 앞에서 애굽을 기억하고, 광야에서 먹을 것이 떨어졌을 때에도 애굽을 기억하고, 고기나 채소를 먹지 못할 때에도 애굽을 기억하더니, 급기야 애굽에서 섬기던 금송아지를 만들어 섬기는 데까지 나아갔습니다. 사실, 그들은 가나안 땅에 들어간 후에도 애굽에서 섬기던 신들을 만들어 섬겼습니다. 그 결과 그들은 하나님이 주신 가나안 땅에서 쫓겨났습니다.

하나님은 오늘날 우리로 하여금 하나님의 목적을 위해 사는 삶을 살도록 우리를 집중적으로 다루십니다. 다시 말해서, 하나님만이 우리의 유일한 목적이 되는 삶이 되도록 우리를 집중적으로 다루십니다. 하나님은 이 일을 위해 때로는 우리의 사역과 삶에서 큰 시험이 닥치는 것도 허락하십니다. 그리고 때로는 교회나 개인의 영적인 태를 철저하게 막기도 하십니다. 그러므로 이러한 일이 있을 때 우리는, 그것이 하나님 중심적인 삶, 하나님만이 우리의 유일한 목적된 삶으로 나오라는 하나님의 사랑의 초청인 것을 인식하고 곧 바로 그 자리로 돌이켜야 할 것입니다.

저 개인적으로도 교회에 큰 시험이 든 사건을 통해서 하나님을 찾는 중에 하나님을 알고 사랑하는 것이 저의 유일한 목표가 되는 삶으로 인도하심을 받게 되었습니다. 지금 돌이켜 보면, 그 당시에는 그 시험이 너무나 가슴 아픈 일이었지만, 지금은 저에게 얼마나 유익하고 소중한 일이었는지 모르겠습니다. 그 이후에도 하나님은 지속적으로 저의 마음의 동기까지 들추어 내시며, 진정으로 하나님 그분만이 저의 유일한 목표와 목적이 되는 삶으로 인도하셨습니다.

하나님은 또한 하나님만이 우리의 목적이 되는 삶으로 인도하시기 위해 우리의 탐심과 세상 사랑을 다루시기도 합니다. 하나님이 우리를 세상에서 건져내셨습니다. 그리고 하나님은 이제 우리 속에서 세상을 뽑아내기 원하십니다. 이 일을 위해 하나님은 우리가 때로 경제적인 부분에서 큰 손해를 보는 것을 허락하시기도 하고, 경제적으로 큰 어려움에 처하는 것을 허락하시기도 합니다. 그러므로 우리는 이 모든 것들이 우리 속에서 탐심과 세상 사랑을 제거하시고, 우리로 하여금 하나님의 목적을 위해 살도록 우리를 인도하시는 하나님의 사랑의 손길임을 기억해야 합니다. 하나님은 또한 우리의 재물에 있어서 하나님의 진정한 주권을 세우기 위해 그리고 경제적인 면에서 하나님의 법을 따라 성실하게 사는 것을 가르치기 위해 그렇게 하시기도 합니다.

하나님의 방법으로 사는 삶으로의 다루심

하나님이 이스라엘 백성을 광야로 인도하신 목적 중 하나는 그들로 하여금 하나님의 인도를 따라 사는 삶으로 훈련시키기 위함이었습니다. 신명기 8장은 그것을 이렇게 표현하고 있습니다.

> "너를 낮추시며 너를 주리게 하시며 또 너도 알지 못하며 네 조상들도 알지 못하던 만나를 네게 먹이신 것은 사람이 떡으로만 사는 것이 아니요 여호와의 입에서 나오는 모든 말씀으로 사는 줄을 네가 알게 하려 하심이니라"(신 8:3).

이 구절은 하나님이 이스라엘 백성을 광야로 인도하신 이유는 그들로 하여금 단순한 육의 양식뿐 아니라, 영의 양식인 말씀(율법)을 먹고 사는 것을 가르치기 위함이었다는 말 그 이상을 의미하고 있습니다. 여기에서 하나님은 그들을 광야로 인도하신 이유가 하나님의 입으로부터 나오는 말씀으로 사는 것을 가르치기 위함이었다고 말씀하십니다. 다시 말해서, 하나님의 인도를 따라 사는 삶을 가르치기 위함이었다는 말입니다. 광야 생활을 하던 이스라엘 백성에게 있어 하나님의 입으로부터 나오는 말씀은 생명 그 자체였습니다. 그들은 먹을 것이 없을 때, 구체적으로 하나님의 인도에 따라 순종해야 했습니다. 이것은 마실 물이 없었을 때에도, 홍해 앞의 위기 때에도 그리고 모든 면에서도 마찬가지였습니다. 한 예를 들어, 만나만 하더라도 그렇습니다. 그들은 하나님의 말씀대로 매일 하루 분만 거두어야 했습니다. 그리고 안식일 전날에는 이틀 분을 거두어야 했습니다. 그들이 하나님의 말씀대로 순종하지 않았을 때, 그들은 굶거나 큰 낭패를 보았습니다.

오늘날 우리를 다루심에 있어서도 마찬가지입니다. 하나님이 우리를 다루시는 것 중 하나는 우리로 하여금 철저하게 하나님의 인도를 따르는 삶을 살게 하시는 것입니다. 하나님은 이 삶을 우리에게 가르치기 위해 때로는 우리가 하나님께 묻지 않고 임의대로 했다가 큰 낭패를 보도록 허락하시기도 합니다. 또는 세상의 방법대로 했다가 큰 실패를 경험하게 하시기도 합니다. 하지만 우리는 이 모든 것들이 하나님의 방법대로 살도록 우리를 다루시는 하나님의 사랑의 손길임을 기억해야 할 것입니다.

저는 얼마 전에 미국에 있는 한 교회의 집회를 다녀온 적이 있습니다. 그곳에서 집회를 인도해 달라는 초청에 수락할 때 저는 깊이 기도해보지 못했습니다. 그런데 비행기 표 등 모든 일정의 준비가 끝났을 때, 한 기독교 TV 방송국에서 신년도에 나갈 큐티 방송 일주일분을 녹화해 달라는 요청을 받았습니다. 저는 미국 집회 일정으로 인해 시간을 낼 수 없어 그 요청을 받아들일 수 없었습니다. 그 일이 있고난 후 저는 매우 두려웠습니다. TV 방송에 나가지 못한 것이 두려운 것이 아니라, 제가 깊이 하나님의 의중을 묻지 않음으로 인해 하나님의 의도하시고 계획하신 바가 빗나갔을까봐 두려웠습니다.

그 일을 통해 앞으로는 더욱 철저히 하나님께 물어야겠다고 다짐했음에도 불구하고, 저는 그 이후에 그와 비슷한 경험을 또 한번 했습니다. 그런데 이번에는 치룬 대가가 더 컸습니다. 오, 우리는 얼마나 자기 생각대로 하려는 자기 중심적인 사고를 가지고 있는지요. 그러나 하나님은 지속적으로 우리에게 하나님 방법대로 사는 것을 훈련시키십니다.

하나님은 우리가 하나님과의 친밀한 교제를 가질 수 있도록 그리고 우리를 통해서 하나님의 목적을 이루실 수 있도록 우리를 사랑의 손길로 다루시고 빚으십니다. 그러므로 하나님이 우리를 다루실 때 우리는 그 다루심의 손길을 인식해야 합니다. 그리고 하나님의 다루심의 목적을 이해하고, 그 목적으로 우리의 삶을 조정해야 합니다. 만약 그렇지 못하면 광야 생활을 하던 이스라엘 백성처럼 될 수 있습니다. 하나님의 다루심을 통해 하나님 중심적인 삶으로 더욱 조정되어지는 여러분이 되시기를 축원합니다.

"그러나 백성 가운데 또한
거짓 선지자들이 일어났었나니
이와 같이 너희 중에도
거짓 선생들이 있으리라
그들은 멸망하게 할 이단을
가만히 끌어들여 자기들을 사신
주를 부인하고 임박한 멸망을
스스로 취하는 자들이라"

(벧후 2:1)

요단 사역정신

"그러므로 너희는 가서 모든 민족을 제자로 삼아 아버지와 아들과 성령의 이름으로 침(세)례를 베풀고 내가 너희에게 분부한 모든 것을 가르쳐 지키게 하라 볼지어다 내가 세상 끝날까지 너희와 항상 함께 있으리라 하시니라"

1. For God and Church
   하나님의 영광과 그의 몸 된 교회의 영적 성장과 성숙을 위한 도서를 엄선하여 출판한다.

2. Prayer-focused Ministry
   기획・편집・제작・보급의 전 과정을 기도 가운데 진행한다.

3. Path to Church Growth
   건강한 교회를 세우는 축복의 통로로 섬긴다.

4. Good Stewardship and Professionalism
   선한 청지기와 프로정신으로 문서 사역에 임한다.

5. Creating a Culture of Christianity by Developing Contents
   각종 문화 컨텐츠를 개발함으로 기독교 문화 창달에 기여한다.